SchulAtlas

ALEXANDER

Schule an der Melanchthonstraße
Grundschule
Melanchthonstraße 150/152
28217 Bremen

Klett-Perthes Verlag

Gotha und Stuttgart

2 Themenübersicht nach Sachwörtern

Hinweis auf die Region, in der das Thema dargestellt ist

D : Deutschland-Übersicht
E : Europa-Übersicht
K : Kontinent-Übersicht
W : Welt-Übersicht
Rom : Beispielkarte

Die große Ziffer kennzeichnet die Seitenzahl im Atlas. Die kleine Ziffer kennzeichnet die Kartennummer auf der Atlasseite.

A

Abtauchzone: W 147.1
Abwasser: D 17.3; Tegernsee 33.4
Ackerland: W 145.4 → Landwirtschaft
Agglomeration → Ballungsgebiet
Agrarrohstoffe (pflanzliche und tierische): W 145.4
Alpenpässe: E 57.1
Alpidische Faltung → Faltungszonen
Anbaugebiete → Landwirtschaft
Anbaugrenzen: E 47; W 145.4
Apfelblüte → Frühlingseinzug
Atmosphäre: 153 (Schema)
Auftriebswasser: W 140/141
Ausfuhr (Export): W 149.2
Auslandsschulden: W 151.1
Azteken: Mexiko 125.3

B

Ballunggebiete (Ballungsraum): Hinterer Einband; E 51; New York 122.3 → Verdichtungsraum
Baumwolle: W 145.4
Bebauungsstruktur: Frankfurt 31.2; Euregio 64.3; Beijing 94.2; New York 123.1
Bergbau (Übersicht): D 20, 21; E 48, 49; K 82/83.1, 99.4, 117, 128.2
Bergbaugebiete (Beispiele): 28.1, 29.4-5, 31.3, 32.3, 60.1-3, 64.1, 69.1, 72.1, 85.2-3, 88.3-4, 93.1, 94.3, 99.3, 109.4, 122.1-2, 124.2, 125.2, 129.1, 129.3
Besatzungszonen: Mitteleuropa 15.2
Bevölkerungsbewegung → Wanderungen
Bevölkerungsdichte: D 23; E 53; K 83.3; W 150.1
Bevölkerungsentwicklung: D 23; NO-England 61.2
Bevölkerungsstruktur: New York 123.2
Bevölkerungswachstum: W 150.2
Bewässerung: E 47; Murcia 68.2; Aralsee 88.1-2; Niloase 108.2; Kalifornien 124.3; SO-Anatolien 73.2-3
Binnendeich: Küstenschutz 26.1
Binnenhandel: W 149.2
Bioklima: D 17.2
Biosphärenreservat → Naturschutz
Blockbild: 8/9 (Schema)
Bodennutzung → Landwirtschaft
Borealer Nadelwald → nördlicher Nadelwald
Brache: O-Afrika 109.3
Braunkohle: D 20; E 48 → Bergbau
Bruchzone („Graben"): W 147.1 → Tektonik (Teilräume)
Bruttoinlandsprodukt: E 43.5; Asien 83.2
Bruttosozialprodukt: W 151.1

C

City: London 61.3

D

Datumsgrenze: W 151.2
Deich: Küstenschutz 26.1; Borkum 26.3-4; Hamburg 27.1
Desertifikation: Aralsee 88.1-2, Sahel 108.3
Dienstleistungen → Tertiärer Sektor
Dornsavanne: Landschaftskarten; W 144.1
Dornwald: W 144.1
Dünen: Küstenschutz 26.1; Borkum 26.3-4

E

Einfuhr (Import): W 149.2
Einkommen: New York 123.3
Einwohner (der Staaten): Vorderer Einband (Tabelle)
Einwohnerdichte → Bevölkerungsdichte
Eisenerz → Bergbau
Eiswüste: W 144.1
Eiszeit: E 46.1 → Endmoränen
Elendsviertel → Slums
Endmoränen: D 18
Energierohstoffe: D 20; E 48; W 148.2
Energieverbrauch: E 48; W 148.2
Energieverbund: E 48

Energieversorgung: D 20; E 48; W 148.2
Entlastungsstädte: Paris 65.2
Entsorgung → Abwasser
Entwicklungsstand: W 151.1
Erdatmosphäre: 153
Erdbeben: E 46.2; W 147.1 → Naturkatastrophen
Erdöl, Erdgas: D 20; E 48; Nordsee 60.1; Persischer Golf 88.4 → Bergbau
Erdpole
Erg → Sandwüste
Ernährung: W 149.1 → Landwirtschaft
Erneuerbare Energien: D 20
Erwerbstätige: NO-England 61.1
Ethnische Gruppen: New York 123.2
EU (Europäische Union): E 43.3
Euregio: Maas-Rhein 64.3
Euro: E 43.4
Europäischer Binnenmarkt: E 43.4
EWR (Europäischer Wirtschaftsraum): E 43.5
Export (Ausfuhr): W 149.2

F

Faltungszone: W 147.1 → Tektonik (Teilräume)
Felswüste (Hammada): K 106/107
Festlandskerne: E 46.2; W 147.1
Feuchtsavanne: Landschaftskarten; W 144.1
Fischfang: E 60.1; W 145.4
Fleisch, Fisch (Produktion): W 145.4
Föhn: D 17.2 → Lokale Winde
Forschungsstation: 133.1, 133.2
Forstwirtschaft → Landwirtschaft
Fremdenverkehr → Tourismus
Frühlingseinzug: D 17.1

G

Gebirgsbildung → Faltungszonen
Geest: D 18; Küstenschutz 26.1; Hamburg 26.2
Gemäßigte Zone: E 46.3-4; W 144.1-2, 145.3
Genussmittel (Produktion): W 145.4
Geotektonik: W 147.1 → Tektonik
Geothermisches Kraftwerk: E 48
Gesellschaftsordnung → Kasten
Gesundheit: W 149.1
Getreide (Produktion): W 145.4 → Landwirtschaft
Gewässerbelastung: D 17.3
Gewässerschutz: Tegernsee 33.4
Gletscher: Aletschgletscher 57.3; Saas Fee 57.2
Globalstrahlung: W 146.6
Grabenbruch → Bruchzone
Grundgebirgsschild → Tektonik
Grünland → Landwirtschaft
GUS (Gemeinschaft Unabhängiger Staaten): K 81.2; W 142.2

H

Hafen (Binnen-, See-, Containerhafen): E 52; Hamburg 27.1; Rostock 27.1; Singapur 95.3
Hallig: Küstenschutz 26.1
Hammada → Felswüste
Handel: W 149.2
Hauptstädte (der Staaten): W 142/143 (Karte), Vorderer Einband (Tabelle)
Heide: Landschaftskarten; E 46.3-4
High-Tech-Betriebe: Singapur K 95.3
Himmelskunde: 154/155
Himmelsstrahlung: 153 → Globalstrahlung
Hochgebirgsklima: W 144.1, 145.3
Hochgebirgsregion: Landschaftskarten; 9 (Schema)
Hochgeschwindigkeitsstrecken: D 22; E 52; Niederlande 64.2; Maas-Rhein 64.3; Paris 65.2
Hochgestade: Rheinniederung 32.1
Hochspannungsleitungen: D 20; E 48
Hochwasserregulierung: Rheinniederung 32.1
Höhenschichtenkarte: 8 (Schema)
Höhenstufen der Vegetation: 9 (Schema)
Holz (Produktion): W 145.4
Horizontalverschiebung: W 147.1

I

Import (Einfuhr): W 149.2
Indianerreservate: USA 124.1
Indioschutzgebiete: Carajás 129.3
Industrie (Übersicht): D 20, 21; E 48, 49; K 82/83.1, 99.4, 117, 128.2
Industriegebiete (Beispiele): 26.2, 28.1, 29.4-5, 30.3, 31.1, 31.3, 32.2-3, 33.2, 60.1-3, 60.3, 64.1, 65.1, 68.1, 69.1, 72.1, 85.2-3, 88.3-4, 93.1, 94.3-4, 99.3, 109.4, 122.1-2, 124.2, 125.2, 129.1, 129.3
Innenstadt: Berlin 30.1-2, Frankfurt 31.1, London 61.3, Paris 65.3, Rom 69.3
Innertropische Konvergenzzone (ITC): K 80.3-4, 105.1-2; W 144.1, 146.1-2

Investitionsvolumen: Barcelona 68.4
Isobare: 152, 153
Isotherme: E 45.3-4; W 146.4-5

J

Jungmoränen → Endmoränen

K

Kaffee: K 109.1, 109.3 → Genussmittel
Kakao: K 109.1 → Genussmittel
Kaledonische Faltung → Faltungszonen
Kalte Zone: E 46.3-4; W 144.1, 145.3
Kanaltunnel: 65.1
Kartennetzentwürfe: 156
Kasten: Indien 95.2
Kernkraftwerk → Kraftwerke
Kieswüste (Serir): K 106/107
Kläranlagen: Borkum 26.3-4; Rhein/Ruhr 28.2; Rheinniederung 32.1; Tegernsee 33.4, Tokyo 93.3
Klimadiagramme: E 44/45; W 144.1
Klimazonen: W 144.1, 144.2, 145.3
Knollenfrüchte (Produktion): W 145.4
Kohle → Braunkohle, → Steinkohle
Kohleveredelungsbetriebe: Halle/Leipzig 29.5
Kolonien / Kolonialbesitz: Afrika 104.2; N-Amerika 116.1
Kontinentalsockel (Schelf) → Tektonik → Höhenschichten
Kontinentalverschiebung: W 147.1
Korallenriff: W 140/141
Kraftwerke (Standorte): D 20; E 48; Sibirien 85.2
Kreml: 85.1
Kulturlandschaft: E 46.4
Kurort: D 17.2, 22
Küstenschutz: Küstenschutz 26.1; Borkum 26.3-4

L

Landgewinnung : Küstenschutz 26.1
Landnutzung → Landwirtschaft
Landschaftskarte: 9 (Kartentyp); Vordere Klappe (Kartenzeichen: Generallegende)
Landschaftsschutz → Naturschutz
Landwirtschaft (Übersicht): D 19; E 47; W 145.4; Landschaftskarten
Landwirtschaft (Regionen) 29.4, 94.3, 97.1, 109.1, 109.3
Lawinenzonen: Saas Fee 57.2
Lebenserwartung: W 150.2
Lebensstandard: W 151.1
Lithosphäre
Lokale Winde: E 44.3-4
Luftbild: 4

M

Maccie: E 46.3-4
Mangrove: W 140/141
Manufacturing Belt: 122.1
Marsch: D 18; Küstenschutz 26.1; Hamburg 26.2
Mediterrane Vegetation → Mittelmeervegetation
Meeresströmung: W 140/141
Meteorologie: 152
MEZ (Mitteleuropäische Zeit): W 151.2
Migration: → Wanderungen
Minderheiten: USA 124.1
Mittelmeerklima: E 46.3-4 → Subtropische Zone
Mittelmeervegetation: E 46.3-4; W 144.1
Mittelozeanische Rücken → Ozeanische Rücken
Monsun: Asien 80.3-4
Moränen → Endmoränen

N

Naherholung: E 51; München 33.2-3
Nahost-Konflikt: K 89.2-5
Nahrung → Ernährung
Nahrungsmittelproduktion → Landwirtschaft
Nationalpark → Naturschutz
Naturpark → Naturschutz
Naturkatastrophe: W 147.2
Naturräume → Vegetationszonen
Natürliche Vegetation: E 46.3-4
Naturschutz: E 50; Küstenschutz 26.1; Borkum 26.3-4; Rheinniederung 32.1
Neulandgewinnung: Tokyo 93.3; New York 123.4
Niederschläge: D 16.1-2; E 44.1-2; K 81.5, 99.2, 116.3, 128.3; W 146.1-2
Niederschlagsvariabilität: W 146.3
Nomaden: Sahel 108.3
Nördlicher Nadelwald (Taiga): E 46.3-4; W 144.1; Landschaftskarten
Nordseeheilbad: Borkum 26.3-4 →Kurort

O

Oasen: N-Afrika 106/107; Niloase 108.2
Obst (Produktion): W 145.4
Öl liefernde Pflanzen (Produktion): W 145.4
Ozeanischer Rücken: W 147.1 → Tektonik (Teilräume)
Ozonschicht → Atmosphäre

P

Passat: Asien 80.3-4; Afrika 105.1-2
Passatzone: W 145.3
Pendler: Sindelfingen 33.1
Pflanzliche Rohstoffe → Landwirtschaft
Pipelines: Nordsee 60.1; Persischer Golf 88.4 →Bergbaugebiete
Plattengrenze: W 147.1
Plattentektonik: → Tektonik
Polare Zone: W 145.3 → Kalte Zone
Polargebiete: 133.1-2
Politische Bündnisse: E 43.3-4; W 143.3
Politische Gliederung: D 14; GUS 81.2; S-Asien 95.1; USA 121.1
Politischer Wandel: D 15
Primärer Sektor → Landwirtschaft
Profil: 8 (Schema)
Projektionen → Kartennetzentwürfe

R

Raffinerie → Erdöl
Rassen → Ethnische Gruppen → Minderheiten
Raumordnung: Niederlande 64.2; Euregio Maas-Rhein 64.3; Paris 65.2
Religion: 148.1
Rift-Valley („Rifts") → Ozeanischer Rücken
Rodungsflächen: Carajás 129.3
Rohstoffe → Landwirtschaft → Bergbau → Industrie

S

Sahel: 106/107, 108.3
Salzwiesen: Küstenschutz 26.1
Sandwüste (Erg): K 106/107
Sanierungsgebiete → Stadtsanierung
Savanne: W 144.1; Landschaftskarten
Schelf (Kontinentalsockel) → Tektonik → Höhenschichten
Schengener Abkommen: E 43.3
Schifffahrtsstraße: Untere Saar 32.4
Sekundärer Sektor → Bergbau → Industrie
Serir → Kieswüste
Siedlungsgebiete: SO-Europa 72.4-5; USA 124.1
Siel: Küstenschutz 26.1
Skigebiet: Saas Fee 57.2 → Wintersport
Slums: Mexiko 125.3
Sonderkulturen → Landwirtschaft
Sonderwirtschaftszone: China 94.1
Sonderverwaltungszone: China 94.1
Sonnen- und Himmelsstrahlung: W 153 → Globalstrahlung
Sonnenenergieanlage: D 20 → Kraftwerke
Sprachen: E 43.2; S-Asien 95.1
Spreizungszone: W 147.1
Staaten (Karten): E 42.1-43; Asien 80.1; Afrika 104.3; Amerika 116.2, 128.1; W 142/143
Staaten (Statistische Übersicht): Vorderer Einband
Stadtentwicklung: Rostock 27.2; Berlin 30.1; Beijing 94.2; Singapur 95.3; Mexiko 125.3; Brasília 129.4
Stadtsanierung: New York 123.4
Steinkohle: D 20; E 48 → Bergbau
Steppe: W 144.1-2; Landschaftskarten
Stromerzeugung → Kraftwerke
Stromverbrauch: E 48
Strukturwandel → Wirtschaftlicher Strukturwandel
Sturmflut: Küstenschutz 26.1
Subduktionszone → Abtauchzone
Subpolare Zone: W 145.3 → Kalte Zone
Subtropische Zone (Subtropen): E 46.3-4; W 144.1, 145.3
Subtropischer Feuchtwald: W 144.1 → Subtropische Zone

T

Tagebau: Halle/Leipzig 29.5
Tageszeiten: W 151.2
Tag-Nacht-Bevölkerung: Frankfurt 31.2
Taiga → nördlicher Nadelwald
Tee → Genussmittel
Tektonik (Übersicht): W 147.1
Tektonik (Teilräume): E 46.2; K 81.3, 99.1, 104.4, 116.4, 128.4
Temperaturen: D 16.3-4; E 44.3-4; W 146.4-5

Inhaltsübersicht nach Regionen

NAVIGATION durch den Atlas	Themenübersicht nach Sachwörtern		2
	Inhaltsübersicht nach Regionen		3
ERSCHLIESSUNGSHILFEN für den Atlas	Kartenzeichen: Generallegende	Vordere und hintere Klappe	
	Register geographischer Namen		157
	Quellenverzeichnis		178
EINFÜHRUNG in den Atlas	Vom Bild zur Karte		4
	Vom Bild zum Kartenzeichen		6
	Zwei Karten: Höhenschichten und Landschaften		8
	Grundlagen der Kartennetzentwurfslehre		156

Deutschland 10

Europa 36

Asien 74
Australien
Afrika

Nordamerika 112
Südamerika
Polargebiete

Erde 134
Erde im Weltall

STATISTIK UND INTERNET	Erde: Staaten und Hauptstädte	Vorderer Einband
	Erde: Größte Städte, höchste Berge, längste Flüsse	Hinterer Einband
ALEXANDER extra		www.klett.de/extra

4 Vom Bild zur Karte

Schräg-Luftbild — Residenzstadt Gotha: Ansicht schräg von oben

Margarethenkirche

Historisches Rathaus

Schloss Friedenstein

Bild — markante Gebäude: Ansicht von der Erde

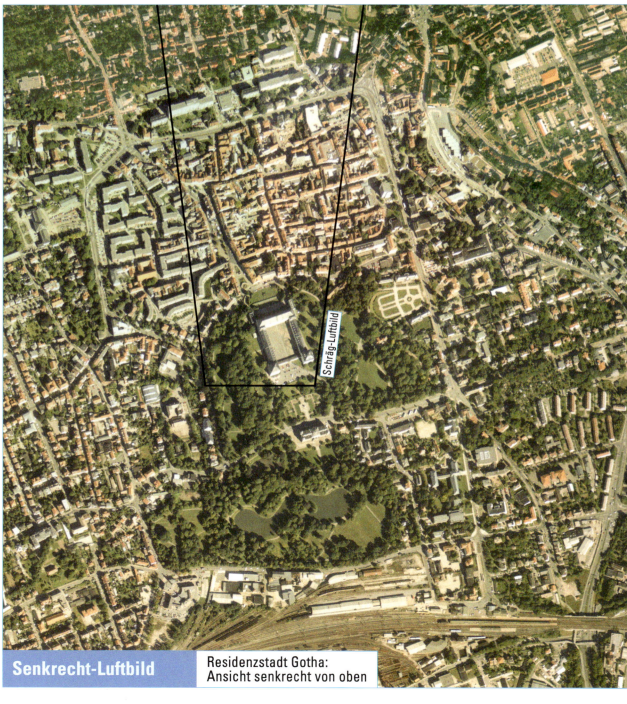

Senkrecht-Luftbild — Residenzstadt Gotha: Ansicht senkrecht von oben

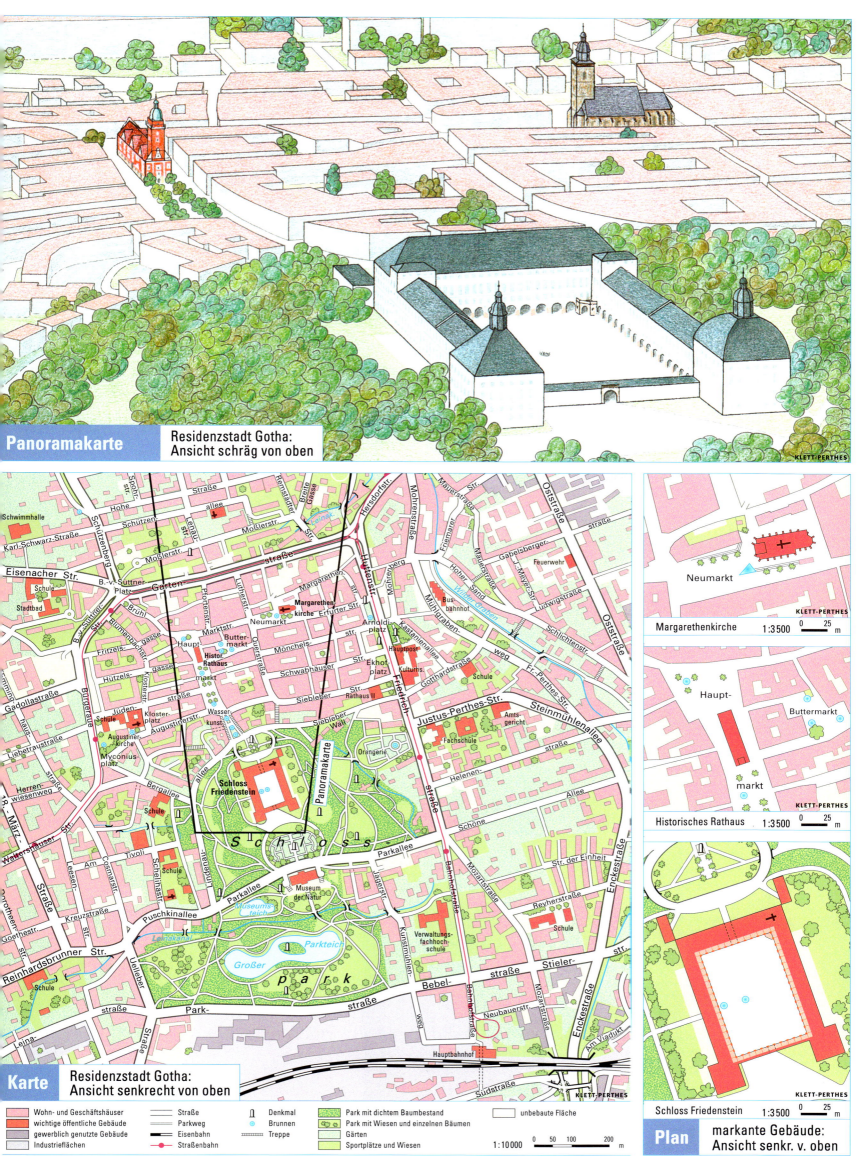

6 Vom Bild zum Kartenzeichen

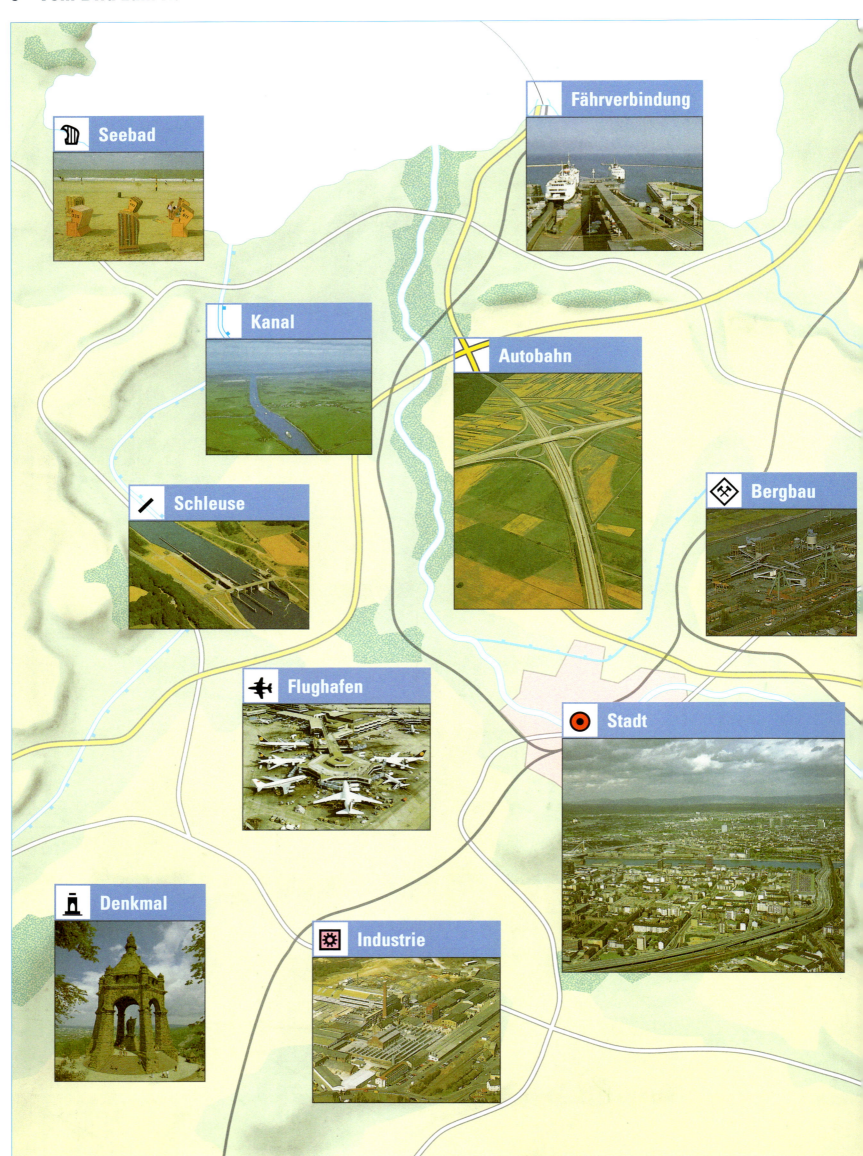

8 Zwei Karten: Höhenschichten und Landschaften

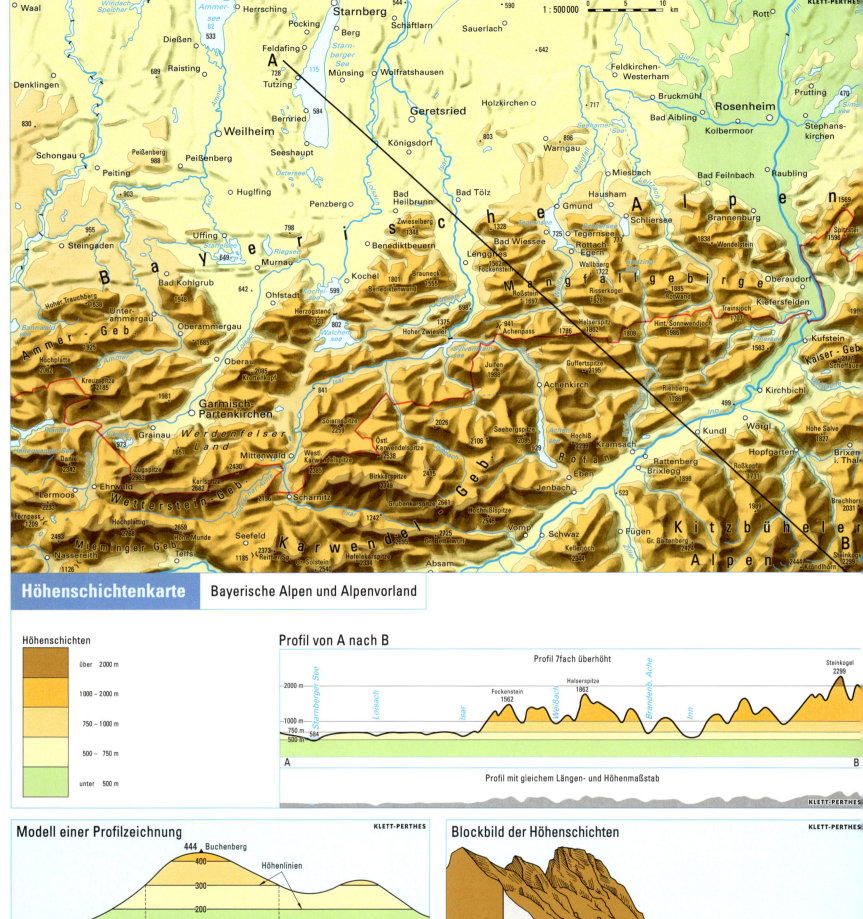

Höhenschichtenkarte — Bayerische Alpen und Alpenvorland

Höhenschichten:
- über 2000 m
- 1000 – 2000 m
- 750 – 1000 m
- 500 – 750 m
- unter 500 m

Profil von A nach B — Profil 7fach überhöht — Profil mit gleichem Längen- und Höhenmaßstab

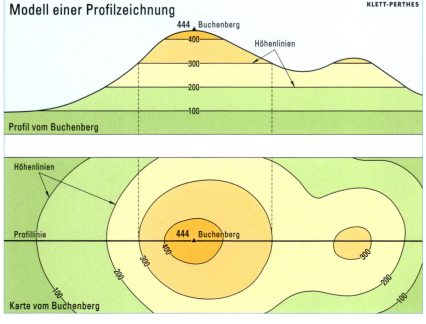

Modell einer Profilzeichnung

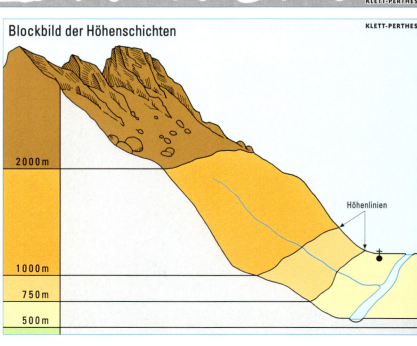

Blockbild der Höhenschichten

Landschaftskarte — Bayerische Alpen und Alpenvorland

Beide Karten zeigen den gleichen Ausschnitt der Bayerischen Alpen südlich von München. Man kann sehr unterschiedliche Informationen aus ihnen herauslesen.

Kartenzeichen

- Grünland und Ackerland gemischt
- Sumpf, Moor
- Weiden in den Talauen und im Alpenvorland
- Wald
- Hochgebirgsregion, Hochalmen
- Hochgebirgsregion, Felsen, Gletscher
- See, Seetiefe
- Fluss
- Ort, Stadt
- Kirche, Kloster
- Burg, Schloss
- Autobahn
- Bundesstraße
- Eisenbahn, Hauptstrecke
- Eisenbahn, Nebenstrecke
- 1786 Höhenangabe in Metern

Blockbild der Vegetationsstufen

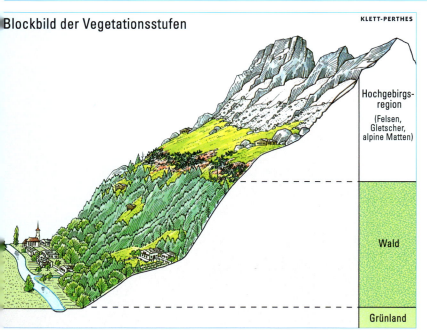

Hochgebirgsregion (Felsen, Gletscher, alpine Matten)

Wald

Grünland

Foto der Vegetationsstufen

Deutschland

▶ Auf einen Blick

Höhenschichten, 1:3 Mio	12
Landschaften, 1:3 Mio	13

▶ Thematische Übersichten

Bundesländer, 1:3 Mio	14
Politischer Wandel in Mitteleuropa	
Mitteleuropa 1937, 1:15 Mio	15.1
Mitteleuropa 1945-1949, 1:15 Mio	15.2
Mitteleuropa 1949-1990, 1:15 Mio	15.3
Mitteleuropa heute, 1:15 Mio	15.4
Niederschläge, Temperaturen	
Niederschläge im Januar, 1:6 Mio	16.1
Niederschläge im Juli, 1:6 Mio	16.2
Temperaturen im Januar, 1:6 Mio	16.3
Temperaturen im Juli, 1:6 Mio	16.4
Klima, Umweltbelastung	
Frühlingseinzug, 1:6 Mio	17.1
Bioklima, 1:6 Mio	17.2
Gewässerbelastung, 1:6 Mio	17.3
Zustand des Waldes, 1:6 Mio	17.4
Naturräume, Landwirtschaft	
Naturräumliche Gliederung 1:3 Mio	18
Landwirtschaft, 1:3 Mio	19
Energie, Wirtschaft	
Energiewirtschaft, 1:3 Mio	20
Wirtschaft, 1:3 Mio	21
Tourismus, Bevölkerung	
Tourismus und Verkehr, 1:3 Mio	22
Bevölkerungsdichte, 1:3 Mio	23

▶ Großräume und thematische Beispiele

Deutschland (Nordteil): Landschaften, 1:1,5 Mio	24 – 2
Nordseeküste, Hamburg, Borkum	
Küstenschutz in Schleswig - Holstein	26.
Wirtschaftsraum Hamburg	26.
Landschaftsschutz und sanfter Tourismus auf Borkum	26.
Nordseeheilbad Borkum	26.
Hamburger Hafen, Rostock	
Hamburger Hafen: Funktionsbereiche und Umbau	27.
Die Entwicklung Rostocks: 1950 - 2001	27.2
Rhein und Ruhr	
Wirtschaftsraum Rhein – Ruhr	28.
Wasserversorgungssystem Ruhr	28.
Essen, Hannover, Halle und Leipzig	
Strukturwandel im Ruhrgebiet: Essen 1850 – 1967 – 1998	29.1-
Wirtschaftsraum Hannover	29.
Wirtschaftsraum Halle – Leipzig	29.
Residenzstadt Gotha	
Schräg-Luftbild	
Senkrecht-Luftbild	
Panoramakarte	
Karte	
Hauptstadt Berlin	
Berlin: Innere Stadt	30.
Innere Stadt: Historischer Kern und Bauperioden	30.
Berlin und Potsdam: Wirtschaft	30.
Frankfurt, Rhein – Main – Neckar	
Dienstleistungszentrum Frankfurt	31.
Wohnen und Arbeiten im Frankfurter Westend	31.
Wirtschaftsraum Rhein – Main – Neckar	31.
Rheinniederung, Saarland, Stuttgart	
Rheinniederung: Umweltschutz	32.
Wirtschaftsraum Stuttgart	32.
Wirtschaftsraum Saarland	32.
Schifffahrtsstraße „Untere Saar"	32.
Sindelfingen, München, Tegernsee	
Automobilwerk Sindelfingen: Pendler-Einzugsbereich	33.
Wirtschaftsraum München	33.
Freizeitgestaltung und Naherholung in München	33.
Tegernsee und Schliersee: Gewässerschutz	33.
Bayerische Alpen und Alpenvorland	
Höhenschichten	
Landschaften	
Deutschland (Südteil): Landschaften, 1:1,5 Mio	34 – 3

Norddeutsches Tiefland: Ostfriesland, Land zwischen Ems und Jade

Mittelgebirge: Vogelsberg in Mittelhessen

Hochgebirge: Karwendelgebirge bei Mittenwald

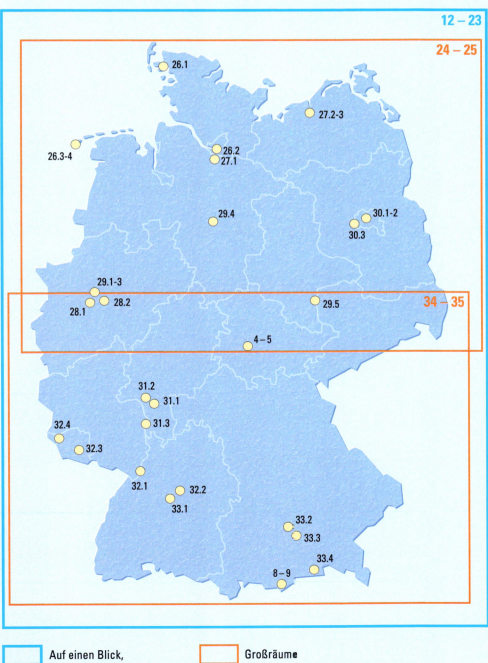

Auf einen Blick, Thematische Übersichten — Großräume — Thematische Beispiele

KLETT-PERTHES

12 Deutschland: Höhenschichten

1:3 000 000

KLETT-PERTHES

DÄNEMARK

Nordsee

Ostsee

O s t s e e

POLEN

NIEDER-

LANDE

Hamburg

Bremen

Bremerhaven

N o r d d e u t s c h e s   T i e f l a n d

Berlin

Hannover

Magdeburg

BELGIEN

LUXEM-
BURG

Frankfurt

Köln

Dortmund
Essen
Duisburg
Düsseldorf

TSCHECHISCHE

REPUBLIK

Prag (Praha)

FRANK-

REICH

Stuttgart

München

Nürnberg

SCHWEIZ

ÖSTERREICH

Erklärungen siehe Generallegende

Flächentreuer Schnittkegelentwurf

Mitteleuropa: Politischer Wandel

Mitteleuropa 1937
Grenzen und Staaten vor dem 2. Weltkrieg

— Staatsgrenze
• Hauptstadt
DANZIG: seit 1920 Freie Stadt unter dem Schutz des Völkerbundes
LUX. LUXEMBURG
L. Luxemburg
LIE. LIECHTENSTEIN
V. Vaduz
— Grenze der Sozialistischen Sowjetrepubliken (SSR)
• Hauptstadt einer SSR

Mitteleuropa 1945–1949
Besatzungszonen in Deutschland und Österreich nach dem 2. Weltkrieg

— Staatsgrenze • Hauptstadt
-·-·- Oder-Neiße-Linie seit Juli 1945
····· Grenze des damaligen Dt. Reiches u. Danzig von 1937
— Grenze der Besatzungszonen
Ⓐ Amerikanische Zone ⎫
Ⓑ Britische Zone ⎬ Westzonen
Ⓕ Französische Zone ⎭
Ⓢ Sowjetische Zone = SBZ
--- Grenze zwischen den Westzonen und der SBZ
★ Berlin und Wien unter Viermächtestatut
— Grenze der Sozialistischen Sowjetrepubliken (SSR)
• Hauptstadt einer SSR

Mitteleuropa 1949–1990
Zwei deutsche Staaten

— Staatsgrenze
• Hauptstadt
--- Grenze Bundesrepublik Deutschland – DDR bzw. Grenze von Gesamtberlin (Viermächtestatus)
— Grenze zwischen Berlin (West) und Berlin (Ost)
····· Grenze des Deutschen Reiches von 1937 (unter Berücksichtigung der Viermächteverantwortung für Deutschland als Ganzes)
— Grenze des Saarlandes (1946 aus der franz. Zone ausgegliedert, 1947 autonom, ab 1.1.1957 zur Bundesrepublik Deutschland)
— Grenze der Sozialist. Sowjetrepubliken (SSR)
• Hauptstadt einer SSR

Mitteleuropa heute
Neue Grenzen und neue Staaten seit 1990

Stand: 01.01.2007

— Staatsgrenze
• Hauptstadt

LUX. LUXEMBURG
L. Luxemburg
LIE. LIECHTENSTEIN
V. Vaduz

NIEDERLANDE
Amsterdam: Hauptstadt
Den Haag: Regierungssitz und Residenz

16 Deutschland: Niederschläge • Temperaturen

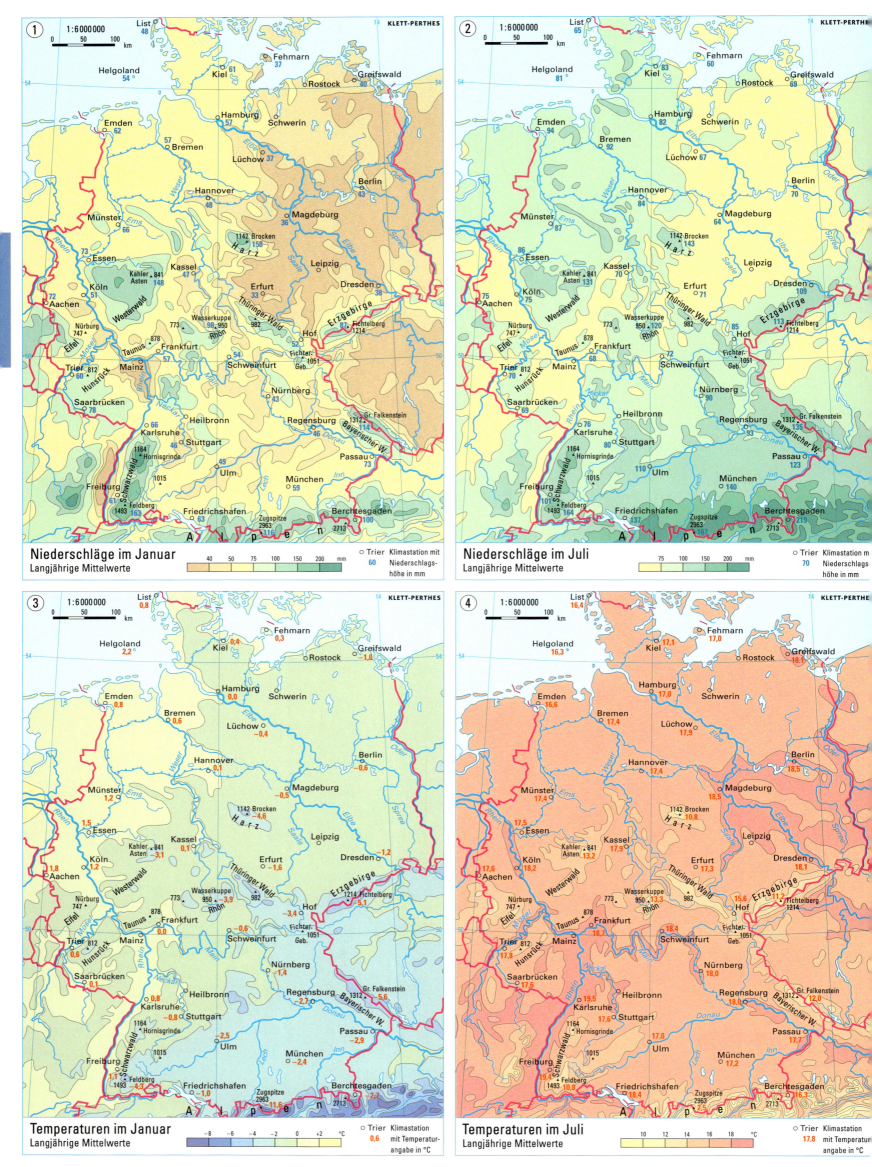

Deutschland: Klima • Umweltbelastung

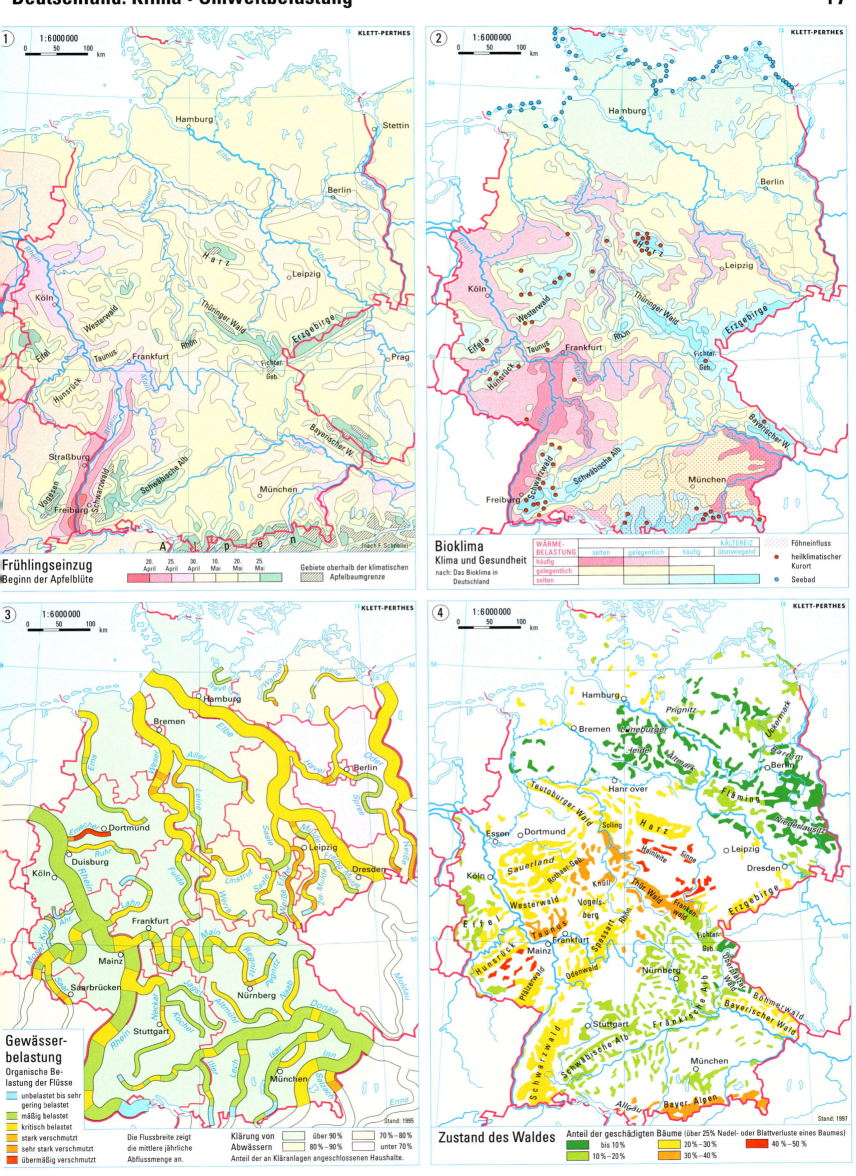

Deutschland: Landwirtschaft

22 Deutschland: Tourismus

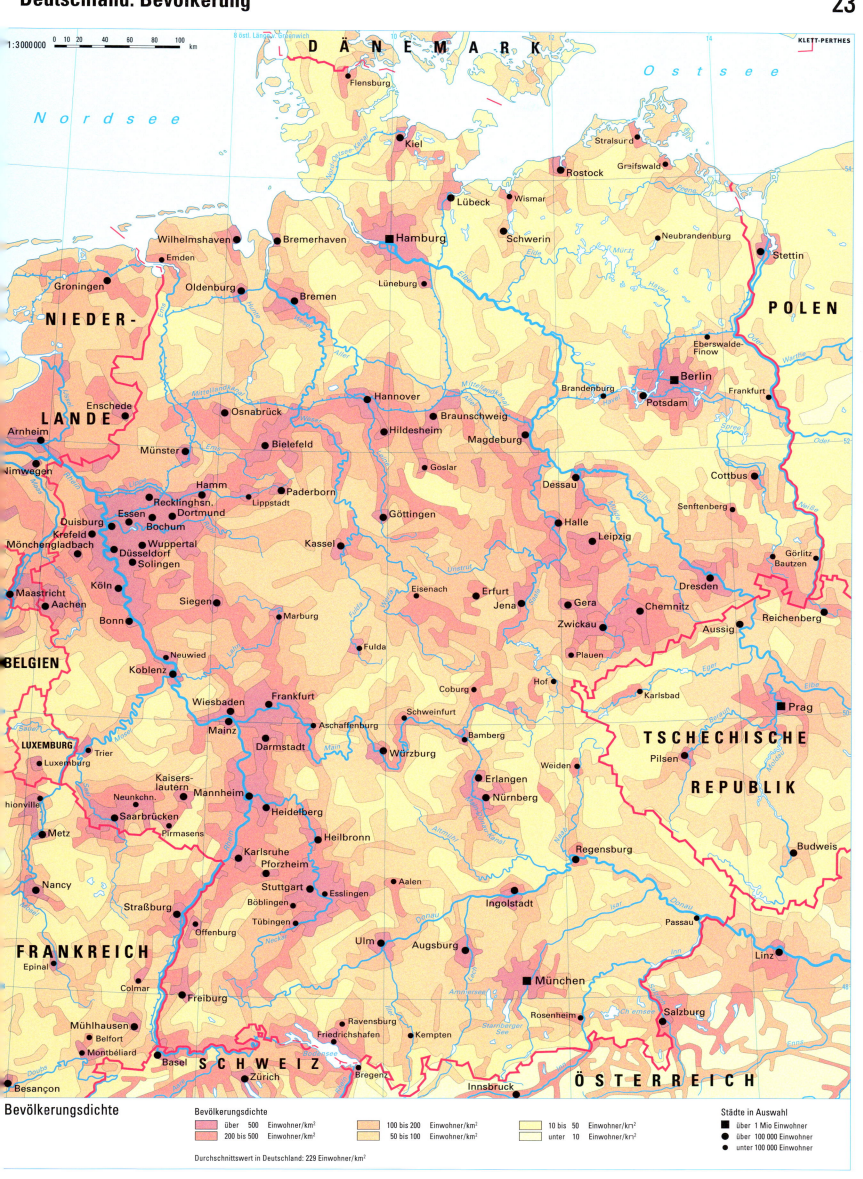

24 Deutschland (Nordteil): Landschaften

KLETT-PERTHES

Nordsee

Nordfriesische Inseln

Ostfriesische Inseln

Westfriesische Inseln

Helgoländer Bucht

NIEDER-LANDE

N I E D E R S A C H S E N

Lüneburger Heide

Münsterland

Nordrhein-

Sauerland

Westfalen

H E S S E N

Erklärungen siehe Generallegende

25

1 : 1 500 000

0 10 20 30 40 50 km

R Femø **K** Bogø Stege Aborrebjerg Møns Klint
Nakskov Maribo Nykøbing Møn
Rødby Havn Falster Stubbekøbing
Gedser Gedser Odde

O s t s e e

Kap Arkona
Hiddensee Lohme Stubbenkammer
Saßnitz
Darßer Ort **Rügen**
Prerow Zingst Bergen Binz
Ahrenshoop Wustrow Zingst Sellin
Barth Putbus Göhren Mönchgut
Graal-Müritz Stralsund Granitz
Ribnitz- Greifswalder
R.-Warnemünde Damgarten Bodden
Kühlungsborn Grimmen Greifswald Greifswalder Oie
Rerik Bad Doberan **Rostock** Lubmin Ruden Peenemünde
Poel Schwaan Laage Demmin Stresow Wolgast Zinnowitz Pommersche Bucht
Grevesmühlen Wismar Bützow Jarmen Anklam Bansin Heringsdorf Swinemünde Kolberg
Schwerin Güstrow Teterow Ahlbeck (Kołobrzeg)
Schwaan **M e c k l e n b u r g** Misdroy Körlin
Gadebusch Sternberg Krakow Malchin Altentreptow Ueckermünde Stettiner Haff Treptow Belgard
Mestlin **Vorpommern** Neubrandenburg Pölitz Cammin (Białogard)
Crivitz Waren Ziegenort Ueckermünder Heide Greifenberg
Parchim Malchow Höhenzieritz Strasburg Pasewalk Naugard Schivelbein
Neustadt- Röbel Heide **Stettin** Gollnow Labes
Ludwigslust Glewe Müritz Neustrelitz Dedelow Prenzlau Uckermünde (Szczecin) Stargard Falkenburg
Grabow Ruhner Berge Wittstock Fürstenberg Königsberg Soldin (Stargard Szczeciński) Klützow Arnswalde
Dömitz Pritzwalk Rheinsberg Templin Angermünde Berlinchen Pyritz Kallies
Perleberg Gransee Schwedt Friedeberg
Wittenberge Kyritz Zehdenick Schorfheide Chorin Mohrin Königsberg Soldin Landsberg
Neustadt Eberswalde Neudamm (Gorzów Wielkopolski) Birnbaum
Salzwedel Wische Havelberg Bad-Freienwalde Küstrin Wartebruch Schwerin
Brandenburg Oranienburg Bernau Wriezen Letschin
Rathenow Hennigsdorf **Berlin** Strausberg Seelow **P O L E N**
Stendal Nauen Zielenzig Meseritz
Gardelegen Tangermünde Falkensee Rüdersdorf Küstrin Buchwald Paradies
Colbitz Brandenburg **Potsdam** Fürstenwalde Frankfurt (Słubice) Reppen Lagow
Genthin Werder Teltow Königs Schwiebus
Burg Lehnin Ludwigsfelde Wusterhausen Beeskow Eisen- Züllichau
Magdeburg Zossen hüttenstadt Crossen
Anhalt Hagelberg Belzig Luckenwalde Baruth Guben Grünberg
Marienborn Rabenstein Zinna Juterbog Lübben (Gubin) (Zielona Góra)
Wanzleben Zerbst Treuenbrietzen Lübbenau Sommerfeld Neusalz
Schönebeck Roßlau Coswig Wittenberg Wiepersdorf Lehde Peitz (Nowa Sól)
Halberstadt Calbe Jessen Luckau Vetschau Forst Freystadt
Staßfurt Dessau Wörlitz Herzberg Calau **Cottbus** Forst (Zasieki) Sorau Sagan
Quedlinburg Bernburg Köthen Wolfen Torgau Finsterwalde Branitz (Żary) (Żagań)
Aschersleben Bitterfeld Falkenberg Spremberg Sprottau
Hettstedt Petersberg Bad Lauchhammer Senftenberg Schwarze Bunzlau
Mansfeld Delitzsch Liebenwerda Pumpe Weißwasser (Bolesławiec)
Eisleben **Halle** Eilenburg Elsterwerda Lauta Hoyerswerda Niesky Kohlfurt
Sangerhausen Merseburg **Leipzig** Wurzen Gröditz Kamenz Görlitz
Querfurt Leuna Collm Oschatz Riesa Großenhain Bautzen (Zgorzelec) Lauban
Naumburg Weißenfels Grimma Leisnig Meißen Bischofswerda Löbau Greiffenberg
Sömmerda Rudolstadt Borna Döbeln Radebeul Coswig Radeberg Hirschberg
Erfurt Weimar Zeitz Rochlitz Kriebstein **Dresden** Freital Pirna Reichenbg. (Jelenia Góra)
Jena Gera Altenburg Mittweida Freiberg Dippoldiswalde Zittau
Bad Berka Meerane **Chemnitz** Glashütte
Arnstadt Crimmitschau Glauchau

12 östliche Länge von Greenwich **TSCHECH. REP.**

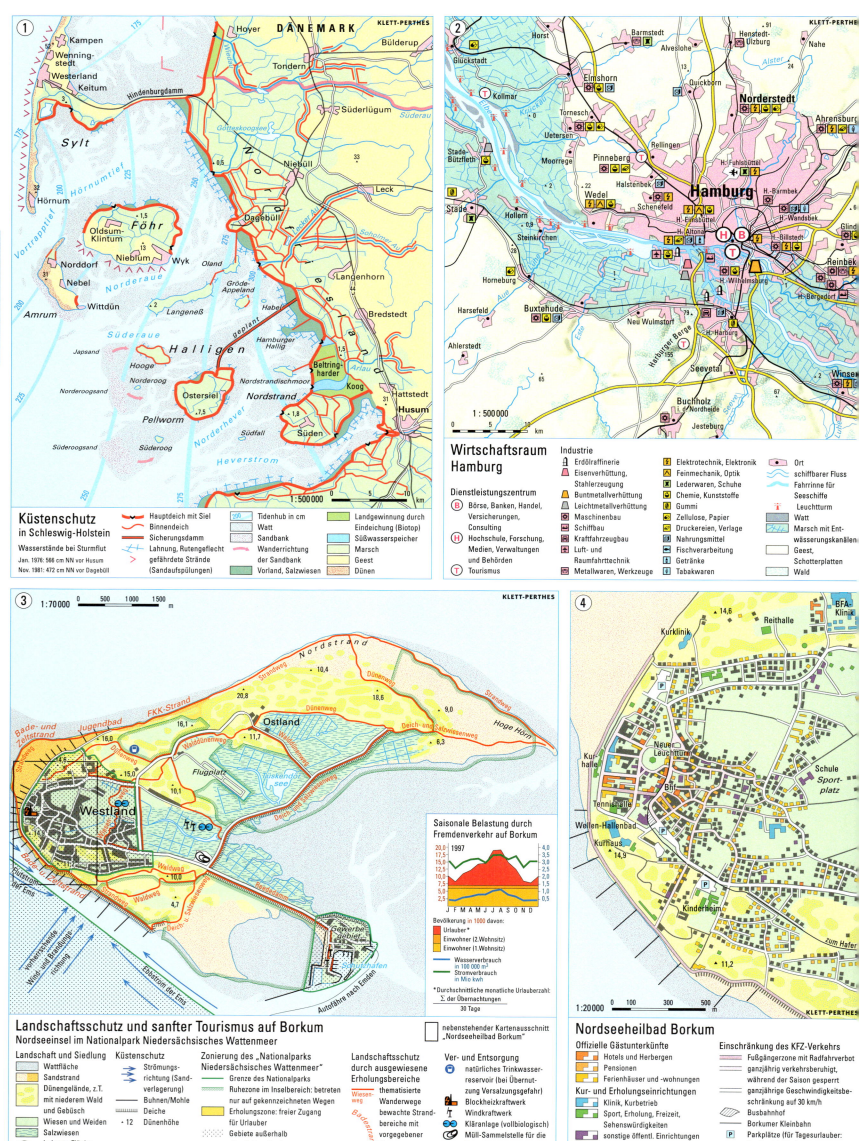

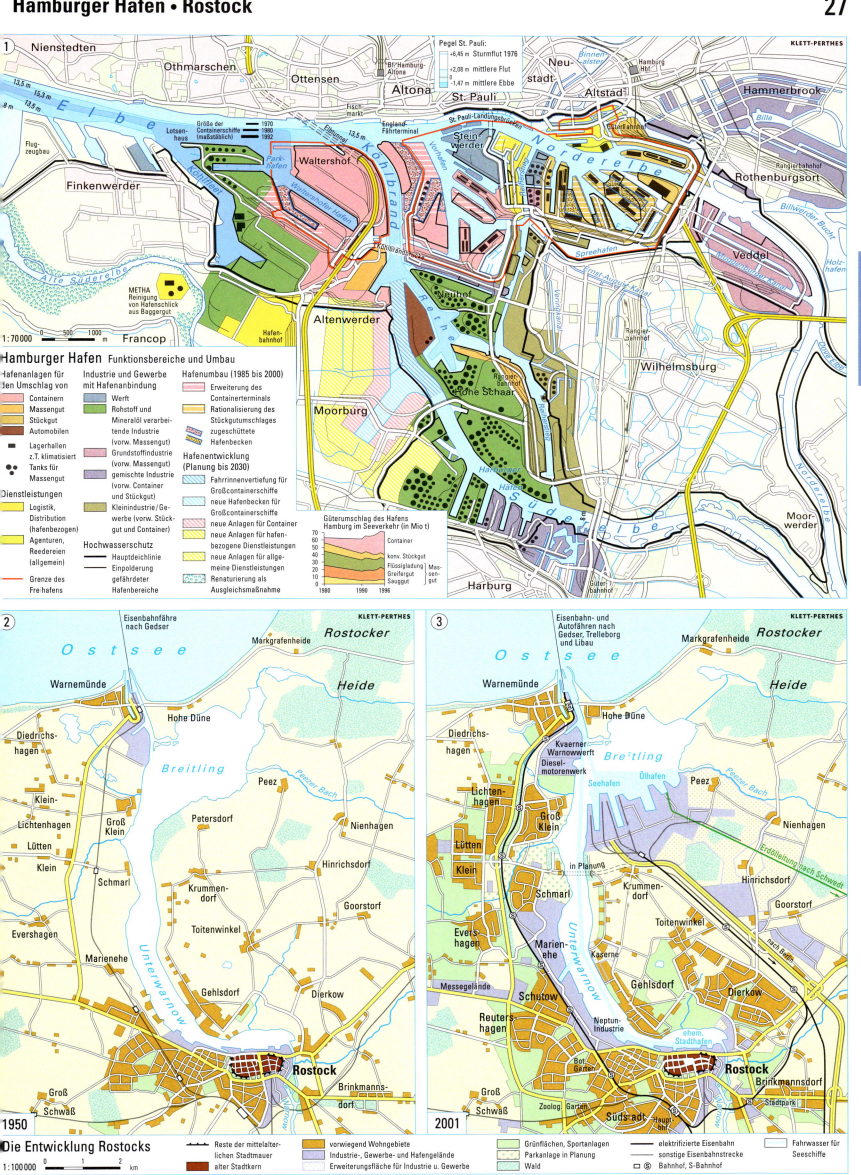

28 Deutschland: Rhein und Ruhr

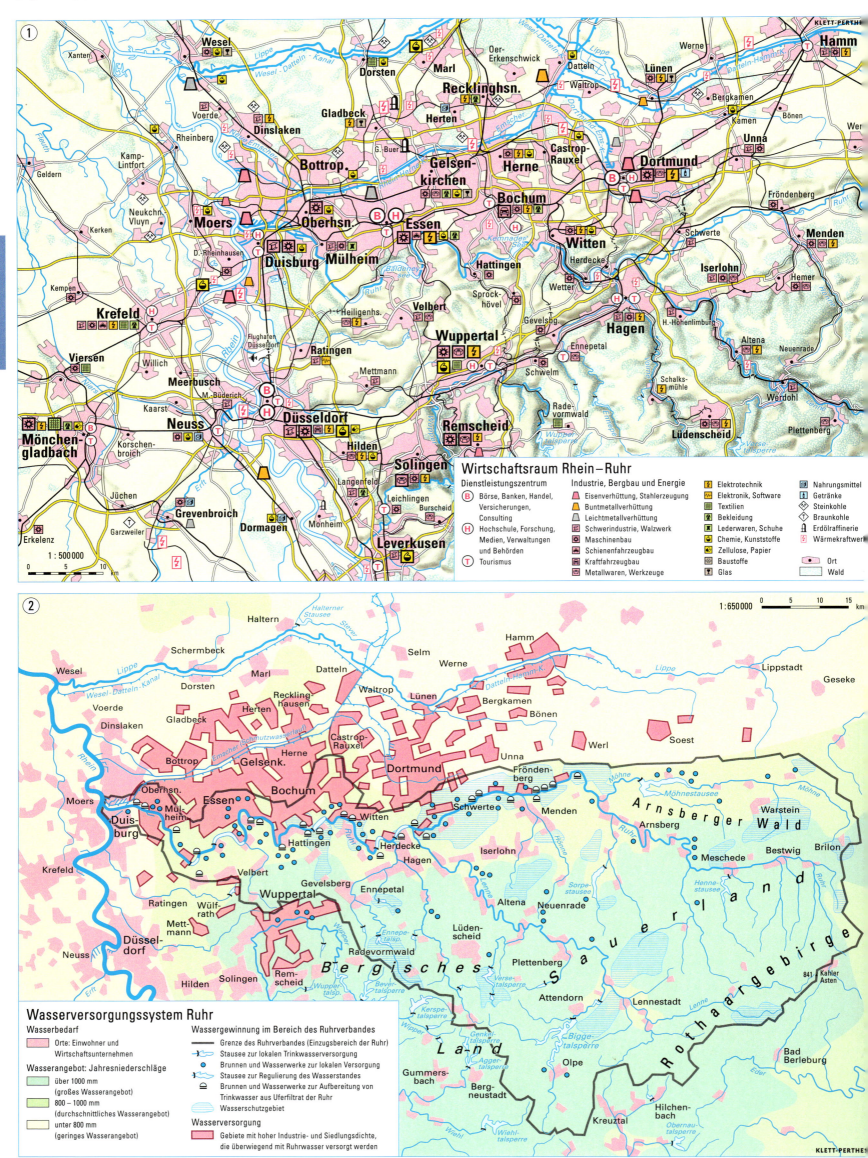

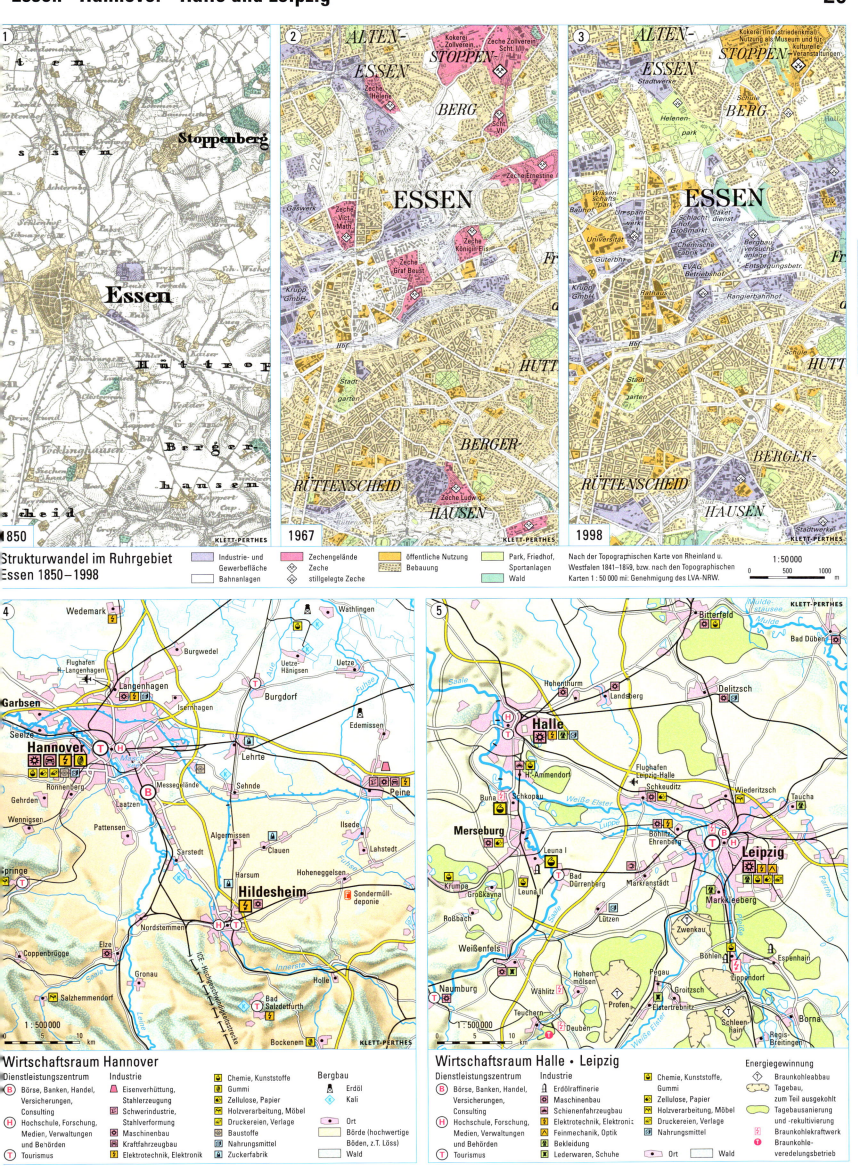

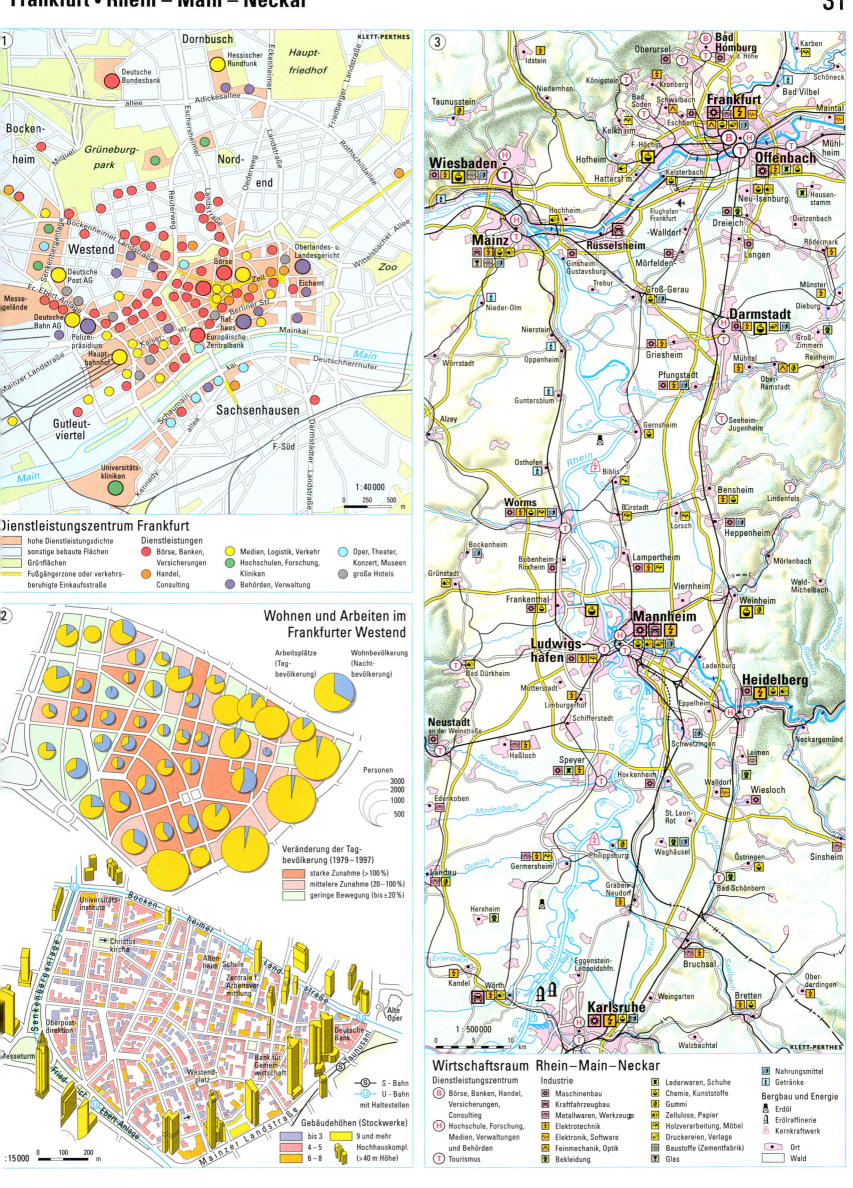

32 Deutschland: Rheinniederung · Saarland · Stuttgart

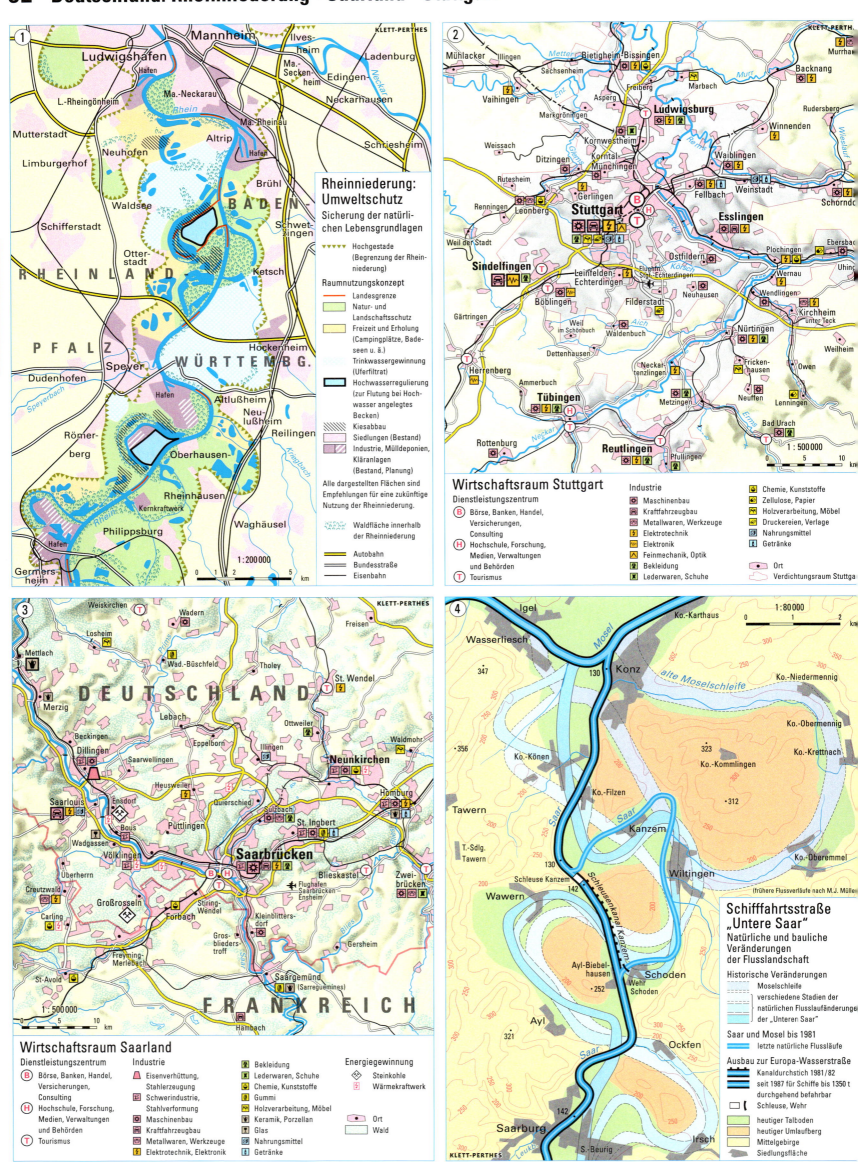

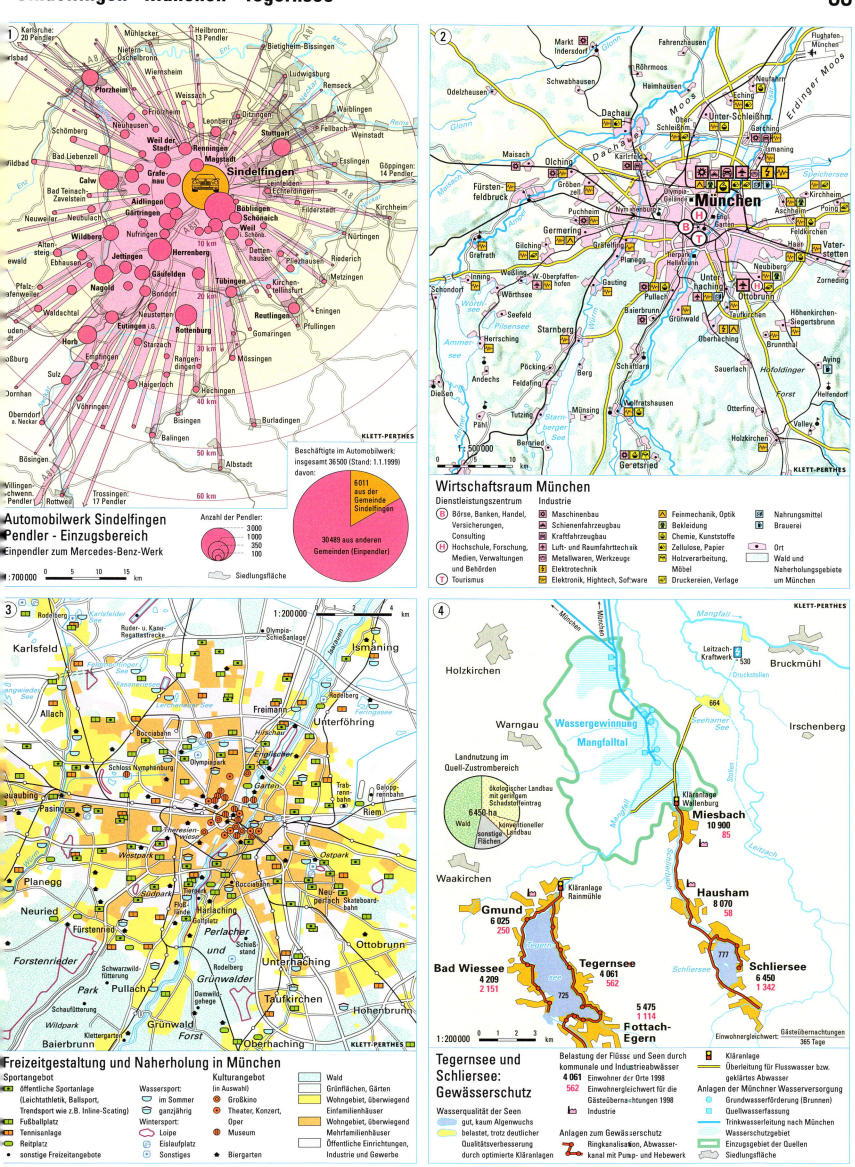

34 Deutschland (Südteil): Landschaften

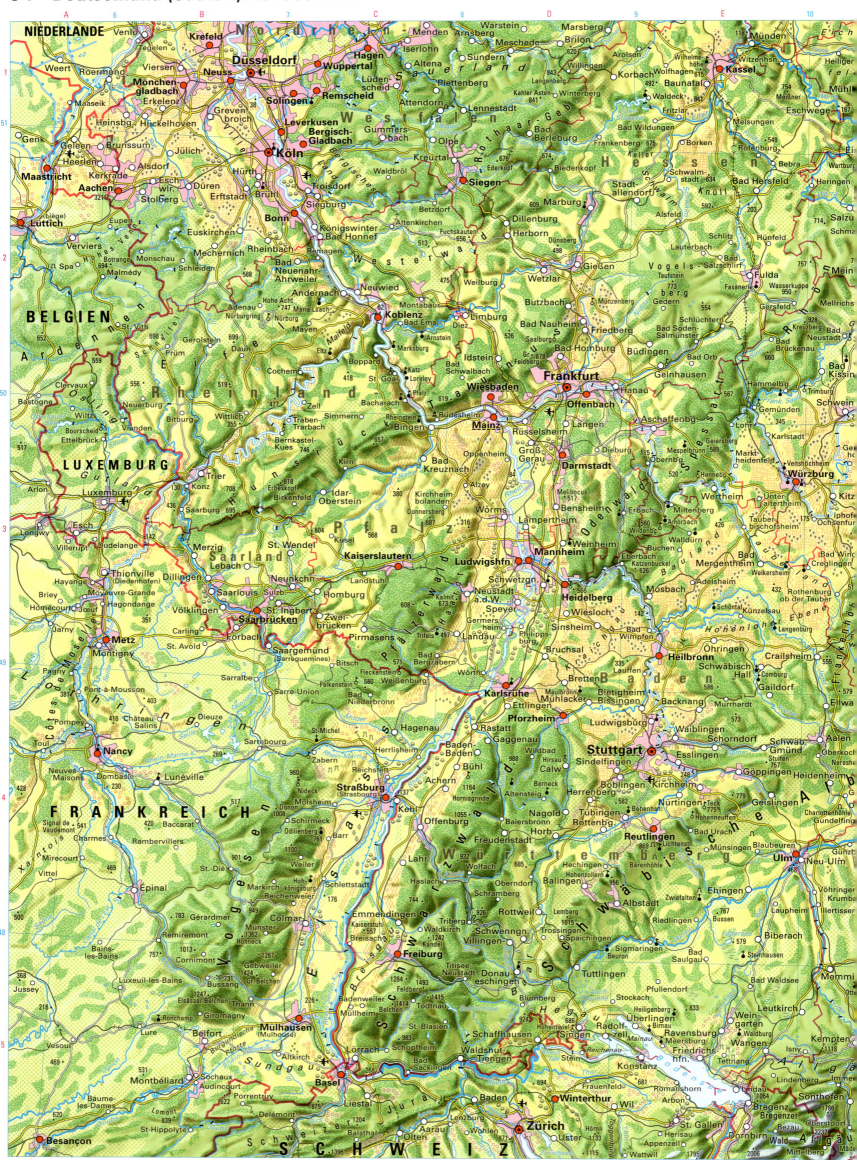

KLETT-PERTHES
POLEN
TSCHECHISCHE REPUBLIK
ÖSTERREICH
Halle
Leipzig
Eilenburg
Elsterwerda
Görlitz
Zgorzelec
Sangerhsn.
Merseburg
Weißenfels
Naumburg
Riesa
Meißen
Radebeul
Dresden
Coswig
Bischofswerda
Bautzen
Erfurt
Weimar
Jena
Gera
Zeitz
Altenburg
Chemnitz
Zwickau
Glauchau
Freiberg
Pirna
Zittau
Reichenbg. (Liberec)
Gablonz (Jablonec)
Plauen
Aue
Tetschen (Děčín)
Aussig (Ústí)
Teplitz
Leitmeritz (Litoměřice)
Brüx (Most)
Komotau (Chomutov)
Jungbunzlau (Mladá Boleslav)
Mělník
Suhl
Saalfeld
Rudolstadt
Sonneberg
Coburg
Hof
Karlsbad (Karlovy Vary)
Eger (Cheb)
Marienbad
Kladno
Prag (Praha)
Kolín
Kutná Hora
Beroun
Lichtenfels
Kulmbach
Bayreuth
Bamberg
Erlangen
Fürth
Nürnberg
Pilsen (Plzeň)
Rokycany
Příbram
Klattau (Klatovy)
Tábor
Písek
Strakonitz (Strakonice)
Budweis (České Budějovice)
Krumau
Amberg
Weiden
Schwandorf
Cham
Regensburg
Straubing
Deggendorf
Passau
Ingolstadt
Landshut
Freising
Augsburg
München
Dachau
Linz
Wels
Steyr
Salzburg
Rosenheim
Innsbruck
Erzgebirge
Fichtelgebirge
Böhmerwald
Bayerischer Wald
Oberpfälzer Wald
Frankenwald
Fränkische Alb
Donau
Mühlviertel
Innviertel
Hausruck
Bayerische Alpen
Karwendel Geb.
Kitzbüheler A.
Salzburger Alpen
Niedere Tauern
Totes Gebirge
Eisenwurzen
Steiermark
Garmisch-Partenkirchen
Zugspitze 2963
Berchtesgaden
Watzmann 2713
Bad Ischl
Leoben
Judenburg
12 östliche Länge von Greenwich
Flächentreuer Schnittkegelentwurf

Europa

▶ Auf einen Blick

Höhenschichten, 1:12,5 Mio	**38 – 39**
Landschaften, 1:12,5 Mio	**40 – 41**

▶ Thematische Übersichten

Staaten, Sprachen, Wirtschaftsraum Europa
Staaten , 1:15 Mio	42.1 - 43
Sprachen, 1:55 Mio	43.2
Europäische Union, 1:55 Mio	43.3
Europäische Währungsunion, 1:55 Mio	43.4
Wirtschaftskraft, 1:55 Mio	43.5

Niederschläge, Temperaturen, Klimadiagramme
Niederschläge im Januar, 1:30 Mio	44.1
Niederschläge im Juli, 1:30 Mio	44.2
Temperaturen im Januar, 1:30 Mio	45.3
Temperaturen im Juli, 1:30 Mio	45.4
Klimadiagramme	44 – 45

Eiszeit, Tektonik, Natur- und Kulturlandschaft, Landwirtschaft
Letzte Eiszeit: Weichsel- und Würmeiszeit, 1:30 Mio	46.1
Tektonik, 1:30 Mio	46.2
Natürliche Vegetation, 1:30 Mio	46.3
Kulturlandschaft, 1:30 Mio	46.4
Landwirtschaft, 1:15 Mio	47

Energie, Wirtschaft
Energiewirtschaft, 1:15 Mio	48
Wirtschaft, 1:15 Mio	49

Naturschutz, Tourismus
Naturschutz, 1:15 Mio	50
Tourismus, 1:15 Mio	51

Verkehr, Bevölkerung
Verkehr, 1:15 Mio	52
Bevölkerungsdichte, 1:15 Mio	53

▶ Großräume und thematische Beispiele

Mittel- und Osteuropa: Landschaften, 1:5 Mio	**54 – 5**
Alpen: Höhenschichten, 1:3 Mio	**5**

Alpen
Alpen: Tourismusregion und Barriere für den Fernverkehr	57
Saas Fee im Wallis: Sommer- und Wintertourismus	57
Aletschgletscher: Rückgang alpiner Vergletscherung	57

Nordeuropa: Landschaften, 1:5 Mio	**58 – 5**

Nordostatlantik, Südschweden
Nordostatlantik: Das Meer als Wirtschaftsraum	60
Wirtschaftsraum Südschweden	60

England
Wirtschaftsraum Mittelengland	60
Strukturwandel in Nordostengland: Industrie und Beschäftigte	61
Strukturwandel in Nordostengland: Bevölkerungsentwicklung	61
London: Innere Stadt	61

Westeuropa: Landschaften, 1:5 Mio	**62 – 6**

Niederlande, Belgien
Wirtschaftsraum Niederlande • Belgien	64
Randstad Holland: Entwicklungsschwerpunkt der Niederlande	64
Euregio Maas – Rhein: Ein grenzüberschreitendes Projekt	64

Frankreich
Wirtschaftsräume London • Paris	65
Die Region Ile de France: Ballungsraum Paris	65
Paris: Innere Stadt	65

Südeuropa (Westteil): Landschaften, 1:5 Mio	**66 – 6**

Spanien
Wirtschaftsraum Nordostspanien • Balearen	68
Huerta von Murcia: Bewässerungswirtschaft	68
Barcelona: Unternehmensgründungen und Unternehmensdichte	68
Barcelona: Investitionen und Wertschöpfung	68

Italien
Wirtschaftsraum Oberitalien	69
Vesuv: Vulkanismus und Landwirtschaft	69
Rom: Innere Stadt	69

Südeuropa (Ostteil) und Türkei: Landschaften, 1:5 Mio	**70 – 7**

Südosteuropa
Wirtschaftsraum Donauniederung	72
Jugoslawien: Politische Gliederung 1945 – 1990	72
Gründung neuer Staaten: Politischer Wandel 1990 – 2003	72
Vielvölkerstaat Jugoslawien: Siedlungsgebiete bis 1990	72
Neue Staaten: Siedlungsgebiete der Völker 2003	72

Türkei
Oberflächenformen in Südostanatolien	73
Entwicklungsprojekt Südostanatolien: Landnutzung 1995	73
Entwicklungsprojekt Südostanatolien: Planungen bis 2010	73

Alpen: Geisslerspitzen in den Dolomiten

Färöer: vom Eis überformte Inselgruppe im Atlantischen Ozean

Auvergne: Lavastock, Zeuge vulkanischer Vergangenheit

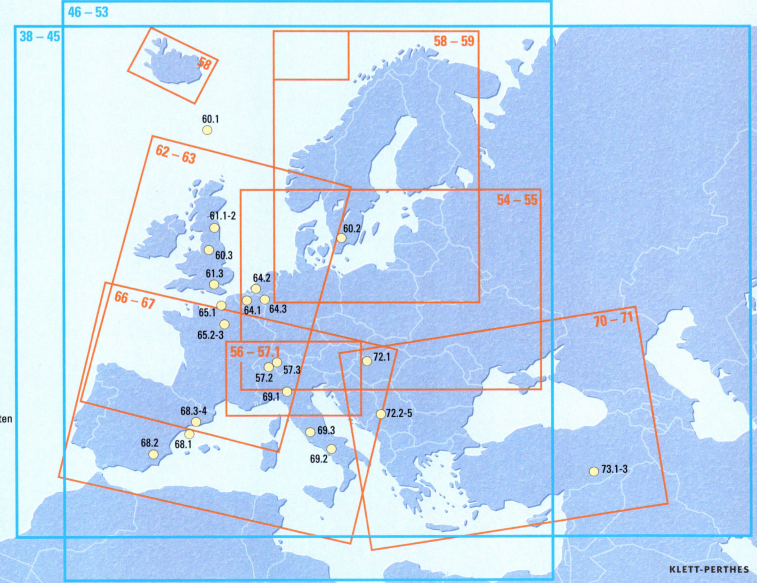

auf einen Blick, thematische Übersichten
Großräume
thematische Beispiele

38 Europa: Höhenschichten

39

1 : 12 500 000

0 100 200 300 400 500 km

FINNLAND

Nordkap · Kirkenes · Petschenga · Murmansk · Montschegorsk · Kirowsk · *Kola* · *Halbinsel* · 718 · 1191 · Kemijärvi · Rovaniemi · Oulu · Luleå · Mesen · Uchta · 463 · **Narodnaja** 1894 · Beresowo · Priobje · Chanti-Mansisk

Westsibirisches

Helsinki (Helsingfors) · Espoo · Tampere · *Finnische* · Kuopio · Petrosawodsk · *Ladogasee* · *Onegasee* · Archangelsk · Sewerodwinsk · Onega · Belomorsk · Segescha · Syktywkar · Kotlas · *Osteuropäisches* · Iwdel · Serow · 1569 · Konschakowski Kamen · Tjumen · Tobolsk · Ischim · *Tiefland* · Ust-Ischim · Petropawlowsk

RUSSLAND

St. Petersburg · Nowgorod · Tscherepowez · Wologda · Rybinsk · Jaroslawl · Iwanowo · Wjatka · Glasow · Ischewsk · Perm · 452 · Perwouralsk · **Jekaterinburg** · 724 · Kamensk-Uralski · Kurgan · **Tscheljabinsk** · Kopeisk · Miass · Slatoust · Kostanai · Kuschmurun · Rudny

FINNLAND · *Finnische* · *Seenplatte* · Wiborg · Narva · Tallinn · **ESTLAND** · Pleskau (Pskow) · *Ilmensee* · *Waldaihöhe* · Twer · Sergijew Posad · Zelenograd · **Moskau** (Moskwa) · Wladimir · Kowrow · **Nischni Nowgorod** · Murom · Tscheboksary · **Kasan** · Nabereschnyje Tschelny · Sterlitamak · Ischimbai · Salawat · **Ufa** · 1640 · Jamantau · Magnitogorsk · Orsk · Aktöbe · Chromtau

LETTLAND · Ventspils · Riga · Dünaburg · **LITAUEN** · Schaulen (Siauliai) · Kaunas · Wilna (Vilnius) · Memel (Klaipeda) · Königsberg (Kaliningrad) · Grodno · Polozk · Witebsk · Smolensk · **Minsk** · 346 · Borisow · Mogilew · Bobruisk · Gomel · **WEISSRUSSLAND** · Baranowitschi · Brest · *Pripjetniederung* · *Pripjet* · Kiew (Kiiw) · Schitomir · Bila Zerkwa · **Kiew** · Tschernihiw · Sumi · Poltawa · Krementschuk · Kirowohrad · **Dnipropetrowsk** · Dniprodserschinsk · Saporischja · **Donezk** · **Rostow** · Taganrog · Schachty · Nowoschachtinsk · Wolgodonsk

WEISSRUSSLAND · **UKRAINE** · Lemberg (Lwiw) · Ternopil · Iwano-Frankiwsk · Czernowitz (Tscherniwzi) · **MOLDAU** · Bălți · Chișinău · Tiraspol · **Odesa** · Mikolajiw · Cherson · Simferopol · Sewastopol · *Krim* · 1545 · Kertsch · *Asowsches Meer* · Melitopol · Mariupol · Kriwi Rih · Nikopol

RUMÄNIEN · Baia Mare · Klausenburg (Cluj-Napoca) · 1847 · Oradea · Arad · Timișoara · Hermannstadt · 2543 · Kronstadt (Brasov) · Pitești · **Bukarest** (București) · Plojești · Craiova · Galați · Brăila · Constanța · Ruse · Varna · Burgas · **BULGARIEN** · **Sofia** · 2376 · Stara Zagora · Plovdiv · 2191 · *Rhodopen*

MAZEDONIEN · Skopje · 2925 · *Olymp* 2911 · Saloniki · *Ägäisches* · Lesbos · Chios · *Meer* · **Athen** (Athinai) · 2510 · 2376 · *Kykladen* · 2404 · *Kreta* · Iraklion · 2456

Schwarzes Meer

Sotschi · Noworossisk · Krasnodar · Armawir · Maikop · Pjatigorsk · Stawropol · Naltschik · Grosny · Machatschkala · **Kaukasus** · 5633 · Elbrus 5642 · 5047 · Kasbek · Wladikawkas · **GEORGIEN** · Kutaissi · Batumi · **Tiflis** (Tbilisi) · Gumri · 4090 · Wanadsor · Gjandscha · Sumgait · **Baku** (Bakı) · **ASER-BAIDSCHAN** · **ARME-NIEN** · **Eriwan** (Jerewan) · 5165 · Ararat 5137 · 3904 · **IRAN** · *Elburs* · Demawend 5604 · Rasht · Ardabil · 4821 · Qazvin · **Teheran** · Qom · Kaschan · Arak · Hamadan

TURKMENISTAN · 1880 · Turkmenbaschi · Nebit-Dag · *Kaspisches Meer* · Bekdasch · *Kara-Bogas-Gol* · Aktau · -132 · Ust-Urt-Plateau · 341 · 556 · **USBEKI-STAN** · *Aralsee* · 250 · **KASACHSTAN** · *Kaspische Senke* · -28 · Atyrau · Astrachan · Wolgograd

TÜRKEI · Istanbul · Izmit · Adapazari · Bursa · Eskişehir · **Ankara** · 2543 · Zonguldak · *Pontisches Gebirge* · Samsun · Giresun · Trabzon · Erzurum · Kars · 3937 · Erzincan · Sivas · Kirikkale · Kayseri · Malatya · Elazig · 4168 · Van · Urumieh · Tebris (Tabriz) · Zanjan · *Inneranatolische Hochfläche* · Afyonkarahisar · 2600 · Konya · Balikesir · Manisa · Izmir · Denizli · 3086 · *Taurus* · Antalya · Adana · Mersin · Iskenderun · Gaziantep · Kahramanmaraş · Diyarbakir · Batman · Al Qamishli · Mosul (Al Mawsil) · Arbil · Kirkuk · Sulaimaniya · *Zagros-Geb.* · 4548 · Ahvaz · Dezful · Masjed Soleyman

SYRIEN · Aleppo (Halab) · Assad-Stausee · Ar Raqqah · Dayr az Zawr · *Euphrat* · Hamah · Hims · Tripoli · **LIBANON** · 3063 · Al Ladhiqiya · **ZYPERN** · Nikosia · 1951 · **IRAK** · **Bagdad** · Ar Ramadi · Al Hilla · Karbala · An Najaf · Al Kut · Ad Diwaniya · Al Amarah

GRIECHENLAND · *Rhodos* · 1215

Flächentreuer Azimutalentwurf

RUSSLAND
KASACHSTAN
UKRAINE
WEISSRUSSLAND
FINNLAND
ESTLAND
LETTLAND
LITAUEN
RUMÄNIEN
MOLDAU
BULGARIEN
GRIECHENLAND
TÜRKEI
GEORGIEN
ARMENIEN
ASERBAIDSCHAN
IRAN
IRAK
SYRIEN
ZYPERN
LIBANON
TURKMENISTAN
USBEKISTAN
Schwarzes Meer
Kaspisches Meer
Asowsches Meer
Weißes Meer
Aralsee
Halbinsel Kola
Kleinasiatische Halbinsel
Pontisches Gebirge
Kaukasus
Ural
Kasachensteppe
Mesopotamien
Nordkap
Murmansk
Archangelsk
Petrosawodsk
St. Petersburg
Helsinki (Helsingfors)
Tallinn
Riga
Minsk
Moskau (Moskwa)
Nischni Nowgorod
Kasan
Perm
Jekaterinburg
Tscheljabinsk
Ufa
Samara
Orenburg
Saratow
Wolgograd
Astrachan
Rostow
Donezk
Charkiw
Kiew (Kiiw)
Dnipropetrowsk
Odesa
Chişinău
Bukarest (Bucureşti)
Sofia (Sofija)
Istanbul
Ankara
Izmir
Athen (Athinai)
Tiflis (Tbilisi)
Eriwan (Jerewan)
Baku (Bake)
Teheran
Täbris (Tabriz)
Mosul (Al Mawsil)
Bagdad
Aleppo (Halab)
Adana
Kreta
Iraklion
Nikosia
Kirkenes
Syktywkar
Kotlas
Wologda
Jaroslawl
Twer
Smolensk
Kursk
Woronesch
Tambow
Pensa
Uchta
Tobolsk
Tjumen
Kurgan
Aktöbe
Atyrau
Aktau
Krasnodar
Stawropol
Grosny
Machatschkala
Trabzon
Samsun
Erzurum
Bursa
Konya
Kayseri
Antalya
Sewastopol
Simferopol
Lemberg (Lwiw)
Brest
Grodno
Wilna (Vilnius)
Kaunas
Pskow
Nowgorod
Narodnaja 1894
Elbrus 5633
Kasbek 5047
Ararat 5165
Demawend 5604
Flächentreuer Azimutalentwurf

42 Europa: Staaten • Sprachen • Wirtschaftsraum Europa

44 Europa: Niederschläge • Temperaturen • Klimadiagramme

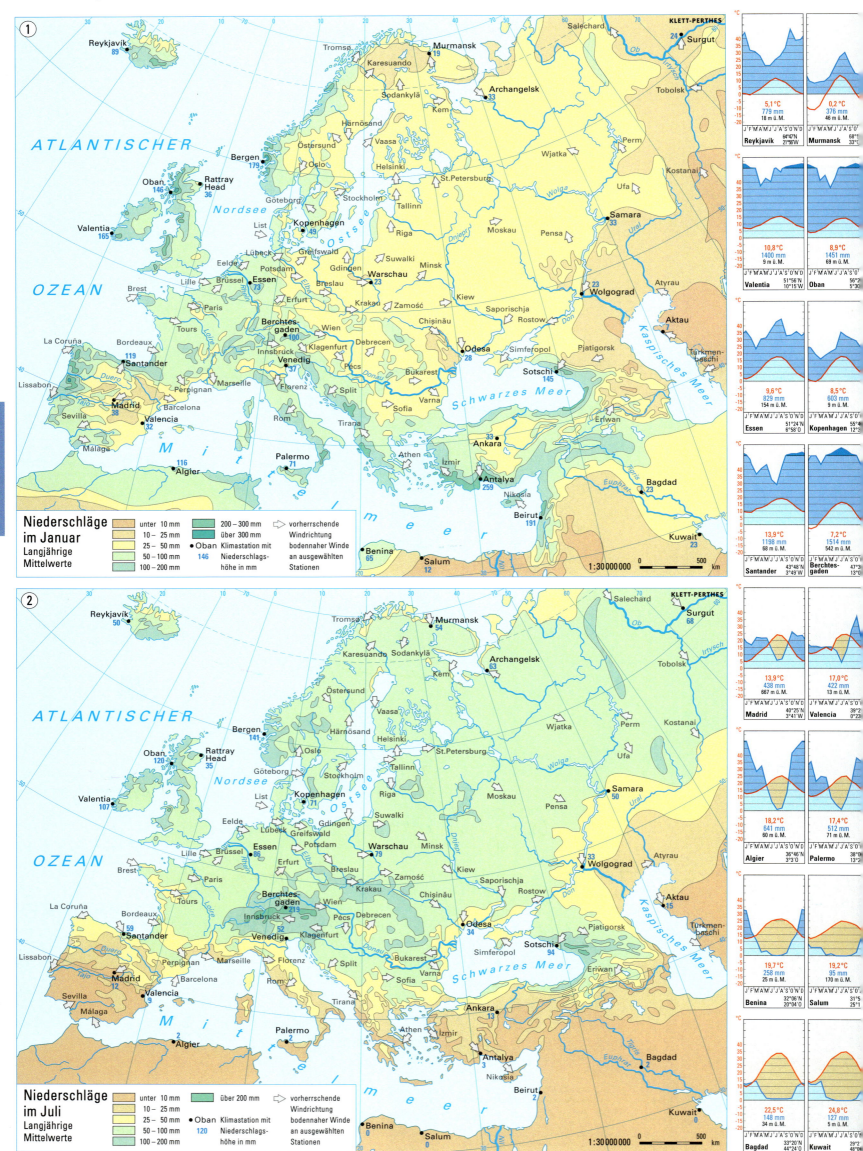

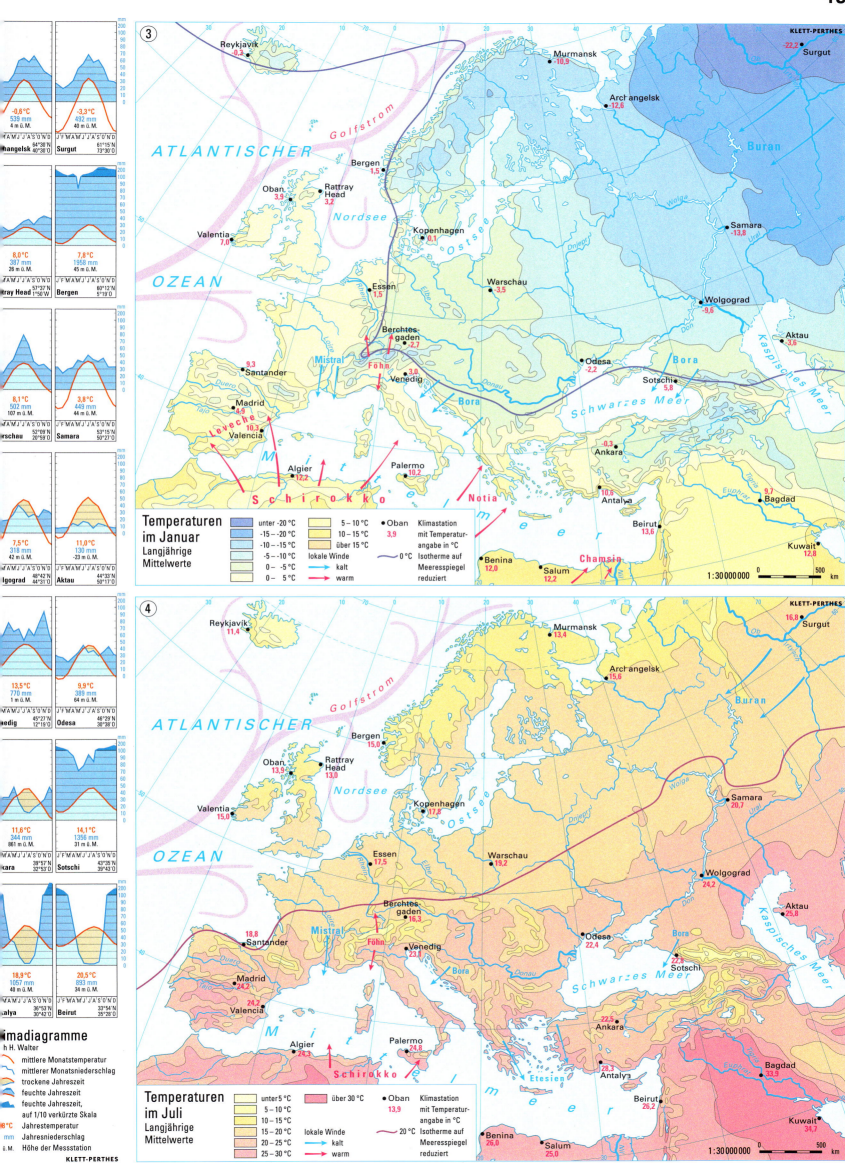

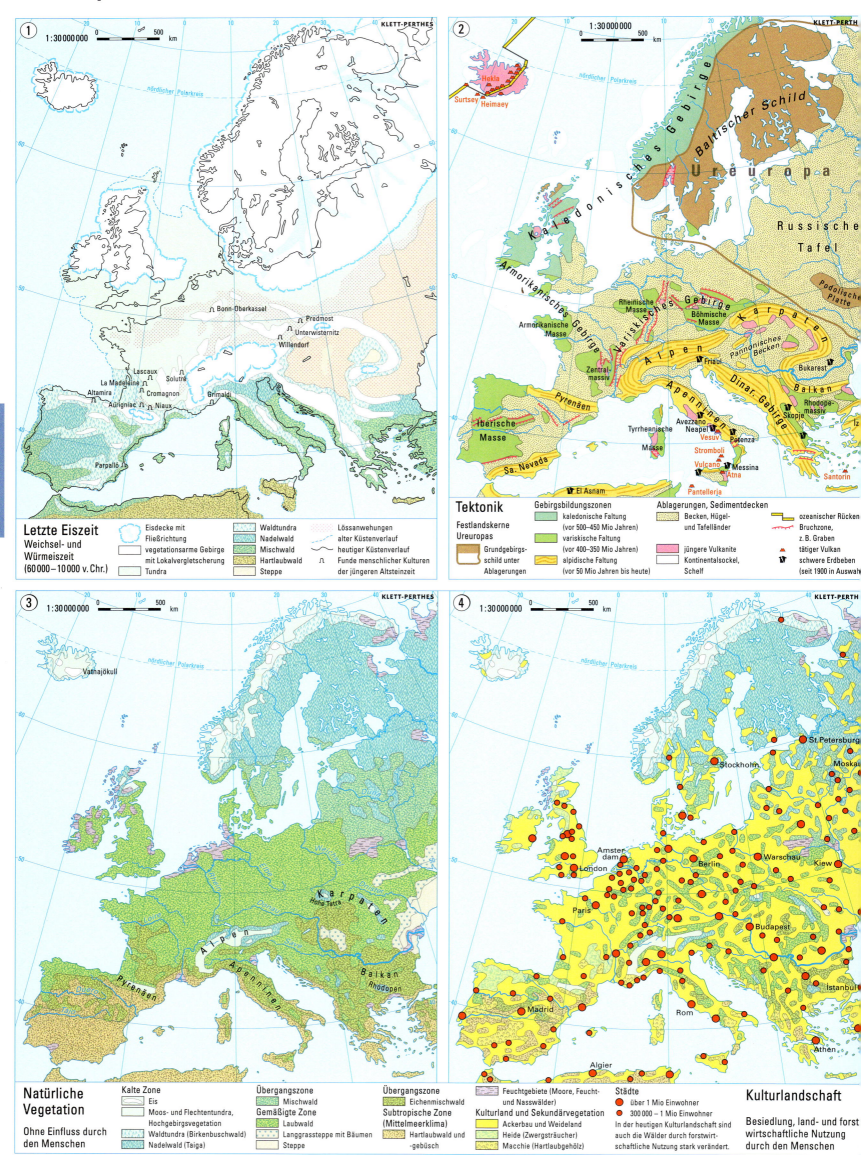

Europa: Landwirtschaft

48 Europa: Energie

Europa: Wirtschaft

50 Europa: Naturschutz

Europa: Tourismus

52 Europa: Verkehr

54 Mittel- und Osteuropa: Landschaften

FINNLAND
Helsinki (Helsingfors)
Espoo (Esbo)
Hanko (Hangö)
Finnischer Meerbusen
St. Petersburg
Lomonossow
Petrodworez
Puschkin
Gatschina
Narva
Kohtla-Järve
Tallinn
Paldiski
Rakvere
Emumägi 166
Ingermanland
Tschudowo
Slanzy
Luga
Nowgorod
Borowitschi
Rybinsk
Rybinsker Stausee
Jaroslawl
Vormsi
Haapsalu
Hiiumaa (Dagö)
Muhu
ESTLAND
Peipussee
Gdow
Tartu
Viljandi
Pärnu
Kuressaare
Saaremaa (Ösel)
Rigaischer Meerbusen
Ilmensee
Staraja Russa
Dno
Pleskau (Pskow)
Pleskauer See
Võru
Suur-Munamägi 318
Wyschn Wolotschek
Waldaihöhe
Pereslawl Saleskij
Twer
Konakowo
Sergijew-Posad
Ostrow
Cēsis
Livland
Riga
Jūrmala
LETTLAND
Jelgava
Kurland
Opotschka
Welikije Luki
RUSSLAND
Rschew
Selenograd
Klin
Oreschowo-Zujewo
Noginsk
Mitischtschi
Moskau (Moskwa)
Ljuberzy
Wolokolamsk
Moschaisk
Naro-Forminsk
Podolsk
Kolomna
Tschechow
Serpuchow
Kaschira
Rēzekne
Dünaburg (Daugavpils)
Libau (Liepāja)
Schaulen (Šiauliai)
Telšiai
Palanga
Panevezys
Memel (Klaipeda)
LITAUEN
Polozk
Witebsk
Smolensk
Wjasma
Safonowo
Kaluga
Tula
Nowomoskowsk
Kėdainiai
Postawy
Lepel
Tilsit (Sowjetsk)
Kaunas
Wilna (Vilnius)
Memel
Orscha
Gorki
Bachmugowo
Borisow
Roslawl
Ljudinowo
Molodetschno
Minsker Höhe
Minsk
Mogilew
Kritschow
Brjansk
Orel
Mzensk
Lida
WEISSRUSSLAND
Grodno
Osipowitschi
Bobruisk
Dowsk
Klinzy
Sosna
Wolkowysk
Baranowitschi
Sluzk
Schlobin
Białystok
Soligorsk
Retschiza
Gomel
Kursk
Lgow
Iwazewitschi
Pripjetniederung
Warschau (Warszawa)
Brest
Pinsk
Mosyr
Tschernihiw
Konotop
Bachmatsch
Sumi
Belgorod
Sarny
Tschernobyl
Nischin
Radom
Lublin
Kowel
Wolynien
Korosten
Kiewer Stausee
Kiew (Kiiw)
Charkiw
Luzk
Riwne
Nowohrad Wolinski
Mirhorod
Lubni
Tschutowe
Dobno
Schitomir
UKRAINE
Poltawa
Krasnohrad
Rzeszów
Bila Zerkwa
Tscherkasi
Krementschuker Stausee
Krementschuk
Pawlohrad
Lemberg (Lwiw)
Galizien
Chmelnizki
Winnizja
Ternopil
Oleksandria
Dniprodserschinsker Stausee
Dnipro-dserschinsk
Dnipro-petrowsk
Iwano-Frankiwsk
Podolien
Haisin
Uman
Kirowohrad
Saporischja
Kamjanez-Podilski
Mohiliw-Podilski
Perwomaisk
Kriwi Rih
Nikopol
Uschhorod
Waldkarpaten
Czernowitz (Tscherniwzi)
Bukowina
Tokmak
Kachowkaer Stausee
Gowerla 2061
Nyíregyháza
Satu Mare
Botoşani
Bălţi
Ribniţa
Stausee von Dubăsari
Woschnesensk
Schwarzmeersteppen
Melitopol
Debrecen
Baia Mare
Pietrosul 2303
Voroneţ
Ostkarpaten
Bessarabien
Moldau
Dubăsari
Mikolajiw
Cherson
Kachiwka
Piatra Neamţ
Iaşi
MOLDAU
Chişinău
Tiraspol
Tighina
Odesa
Oradea
Klausenburg (Cluj-Napoca)
Neumarkt (Tîrgu Mureş)
Bacău
Bilhorod-Dnistrowski
Karkinitbucht
Dschankoj
Siebenbürgen
Schwarzes Meer
Kap Tarchankut
H.-I. Krim
Arad
RUMÄNIEN
Hermannstadt (Sibiu)
Bolhrad
Timişoara
Simferopol

Große Wasserkraftwerke, Kraftwerksgruppen (über 250 Megawatt Leistung)

DEUTSCHLAND
1 Hornberg 1300 MW

FRANKREICH
2 Bollène 390 MW
3 Châteauneuf-sur-Rhône 290 MW
4 Serre-Ponçon 350 MW
5 Monteynard 320 MW
6 Villarodin 380 MW
7 La Coche 320 MW
8 Malgovert 300 MW
9 San Floriano Egna 260 MW
10 Genissiat 410 MW
11 Vouglans 320 MW
12 La Bâthie-Roselend 520 MW

SCHWEIZ
13 Gesso Piastra 1190 MW
14 Piediluogo 500 MW
15 Grande Dixence 960 MW
16 Biasca 280 MW
17 Lago Delio 850 MW
18 Edolo 1000 MW

ITALIEN
19 Châtelard-Vallorcine 250 MW
20 Pradella 290 MW
21 Tierfehd 290 MW
22 Hongrin/Léman 250 MW
23 Rodund 440 MW
24 Kaunertal 390 MW
25 Sellrain-Silz 700 MW
26 Mayrhofen 350 MW
27 Kaprun 330 MW

ÖSTERREICH
28 Malta 730 MW
29 Aschach 280 MW
30 Altenwörth 340 MW

Weitere Erklärungen siehe Generallegende

KLETT-PERTHES

1 : 3 000 000

TSCHECHISCHE REP.

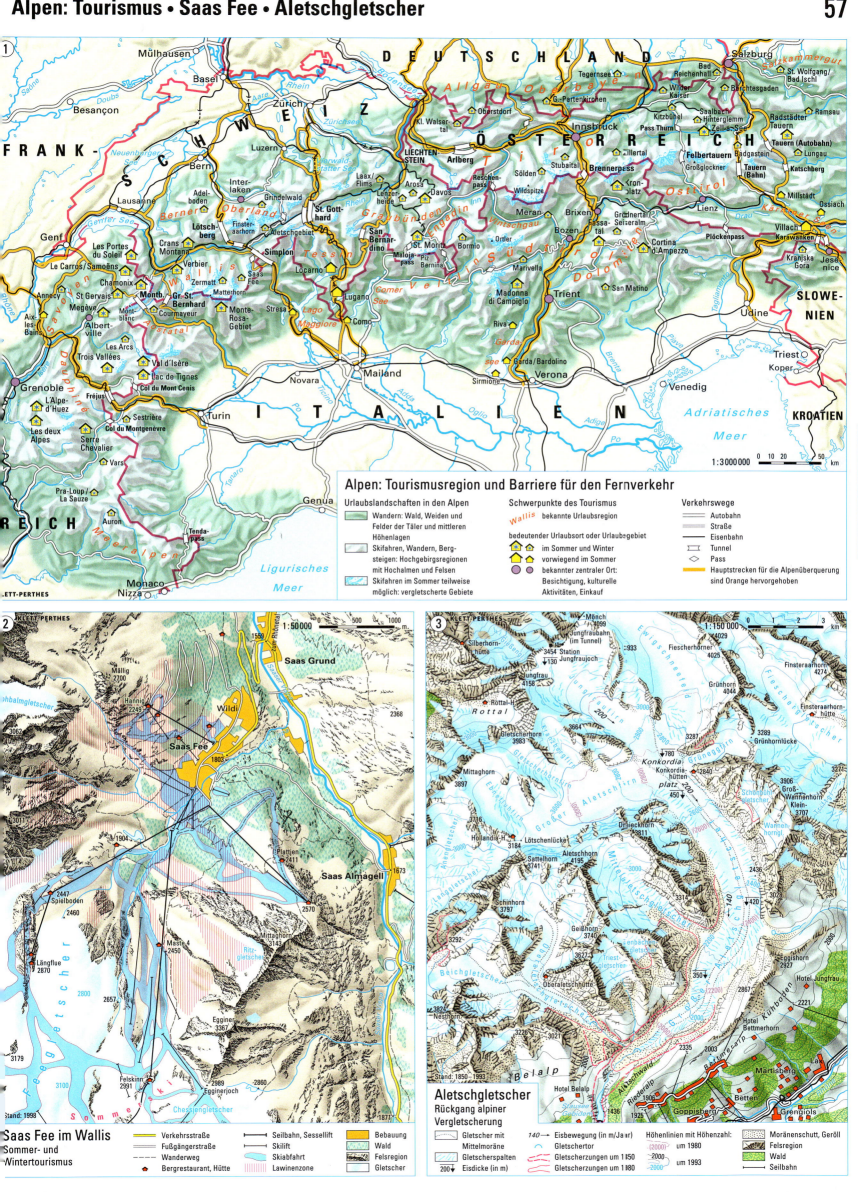

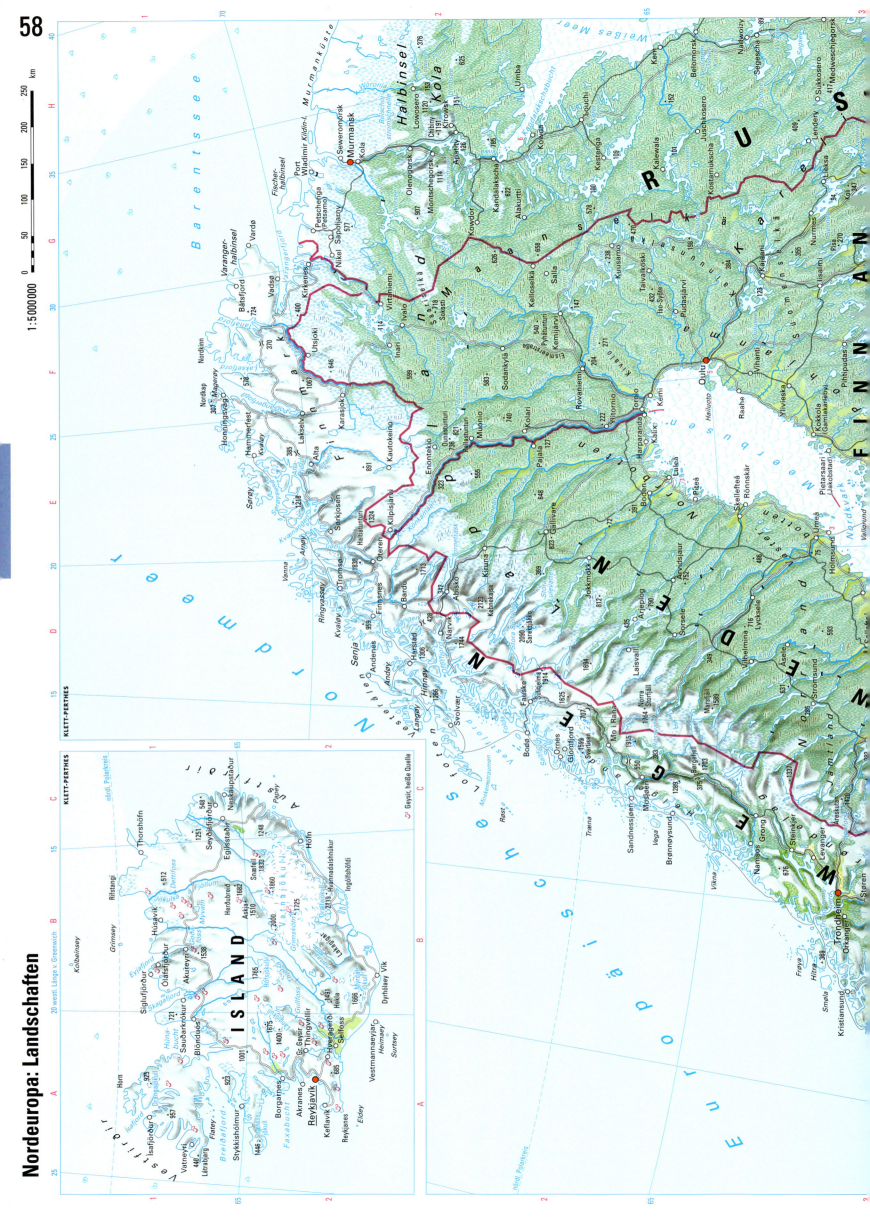

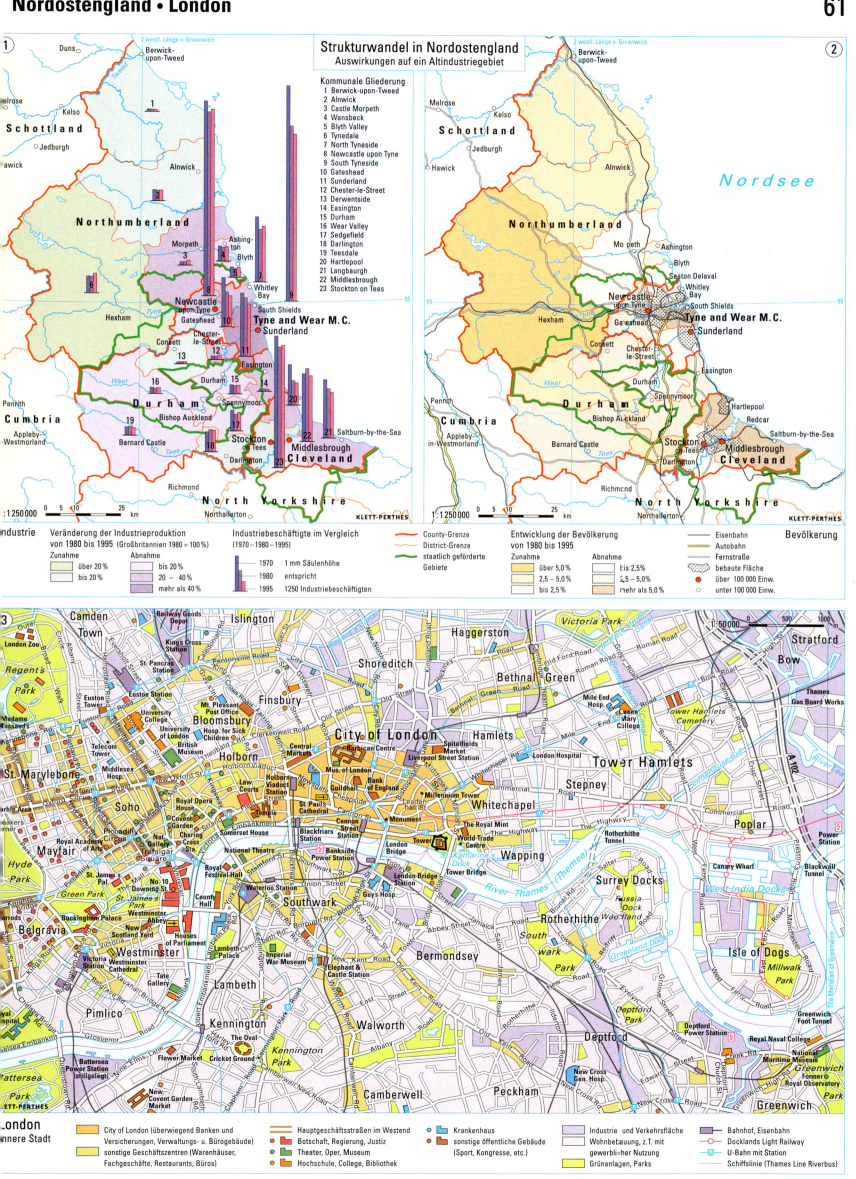

Westeuropa: Landschaften

Erklärungen siehe Generallegende

Flächentreuer Schnittkegelentwurf

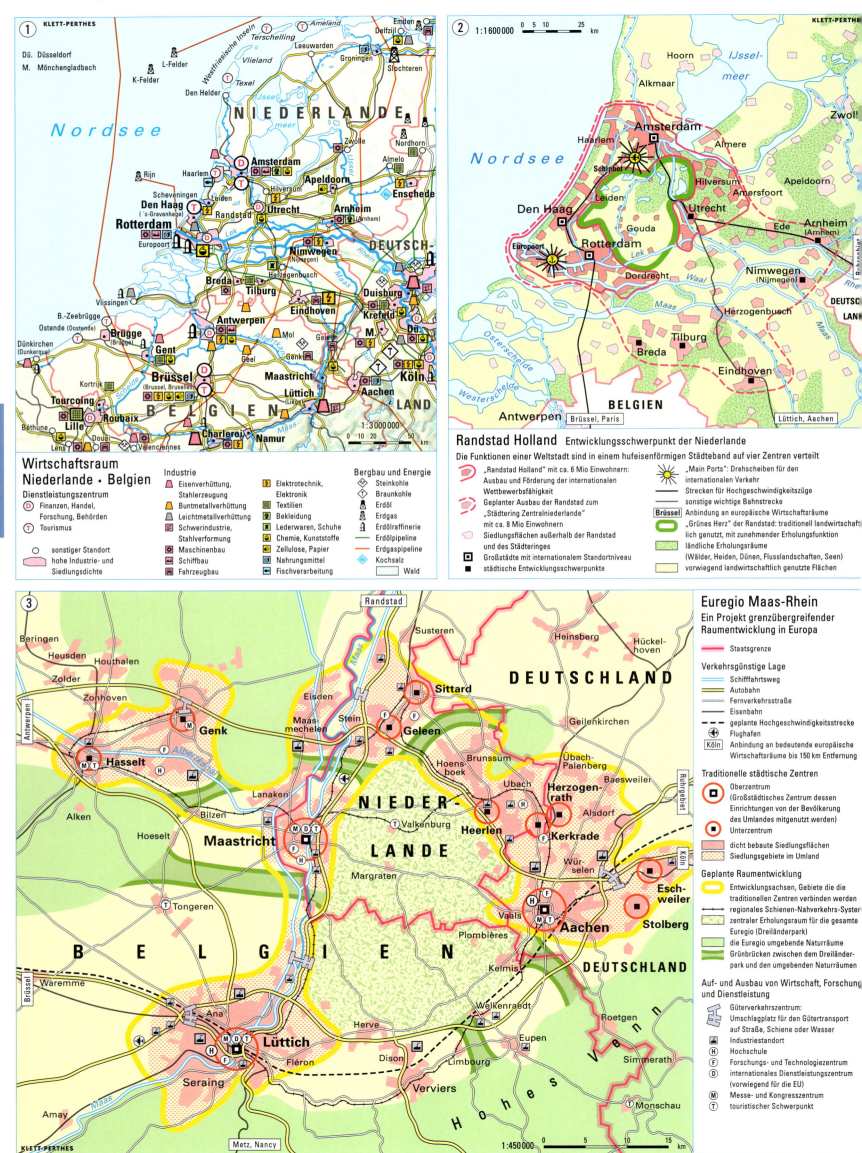

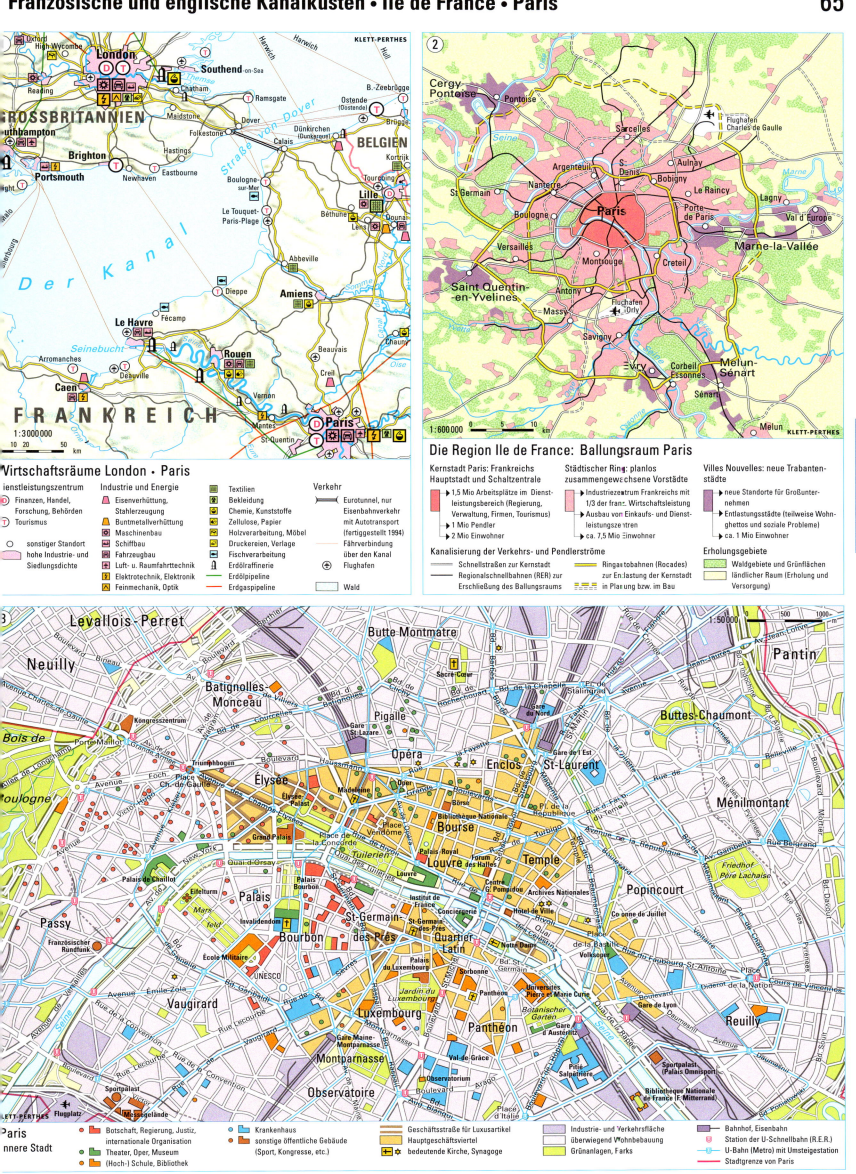

Südeuropa (Westteil): Landschaften

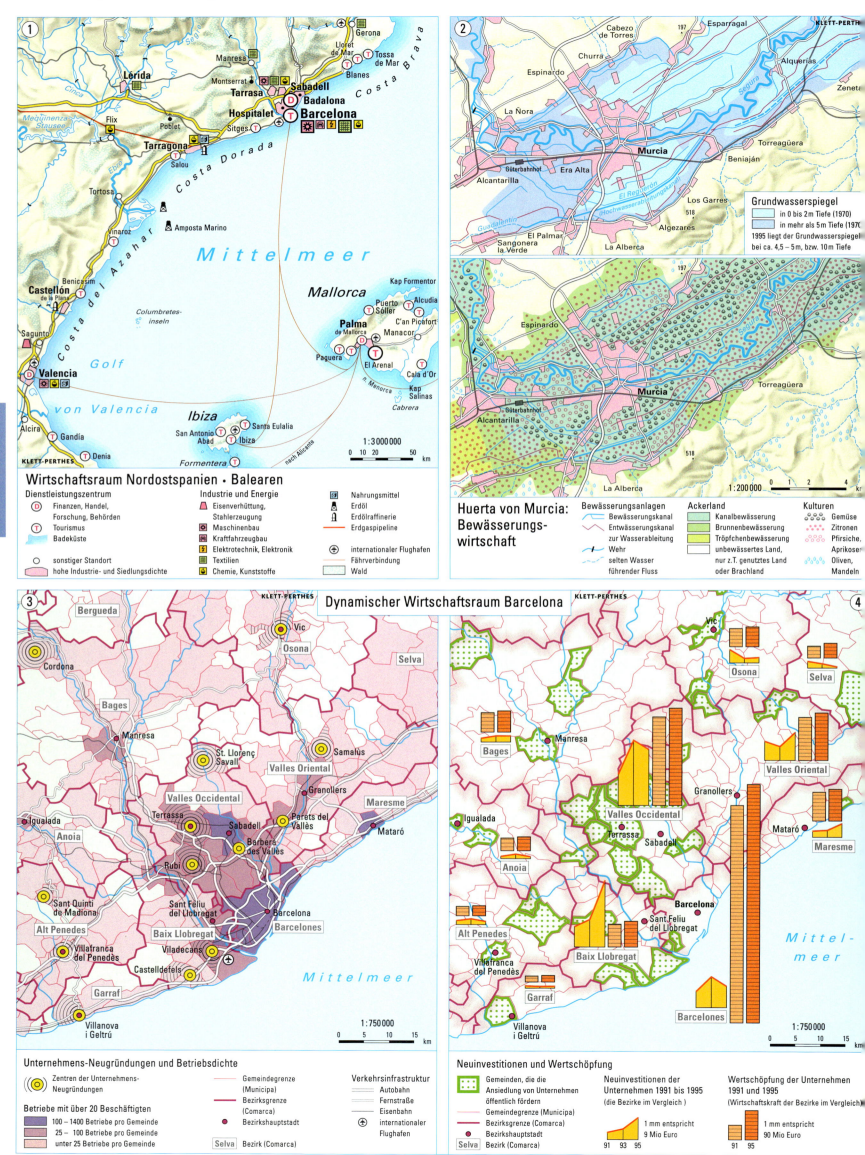

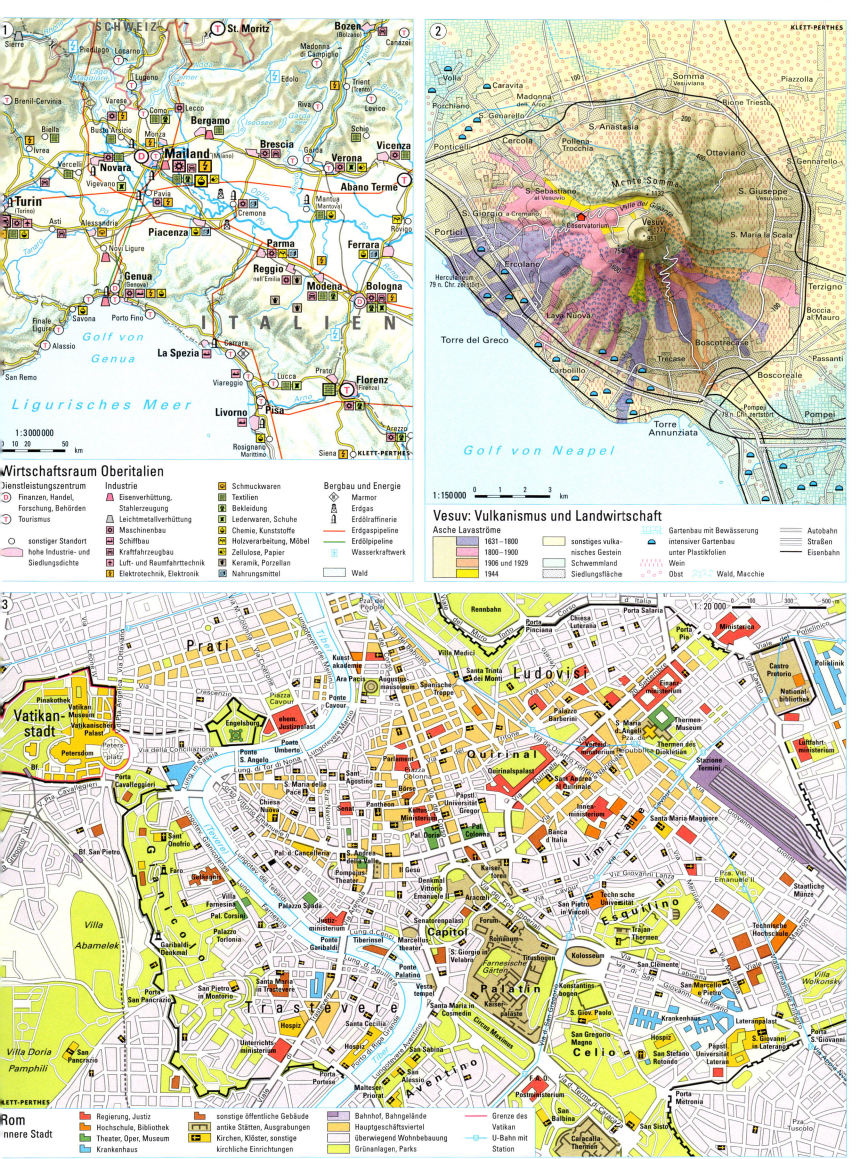

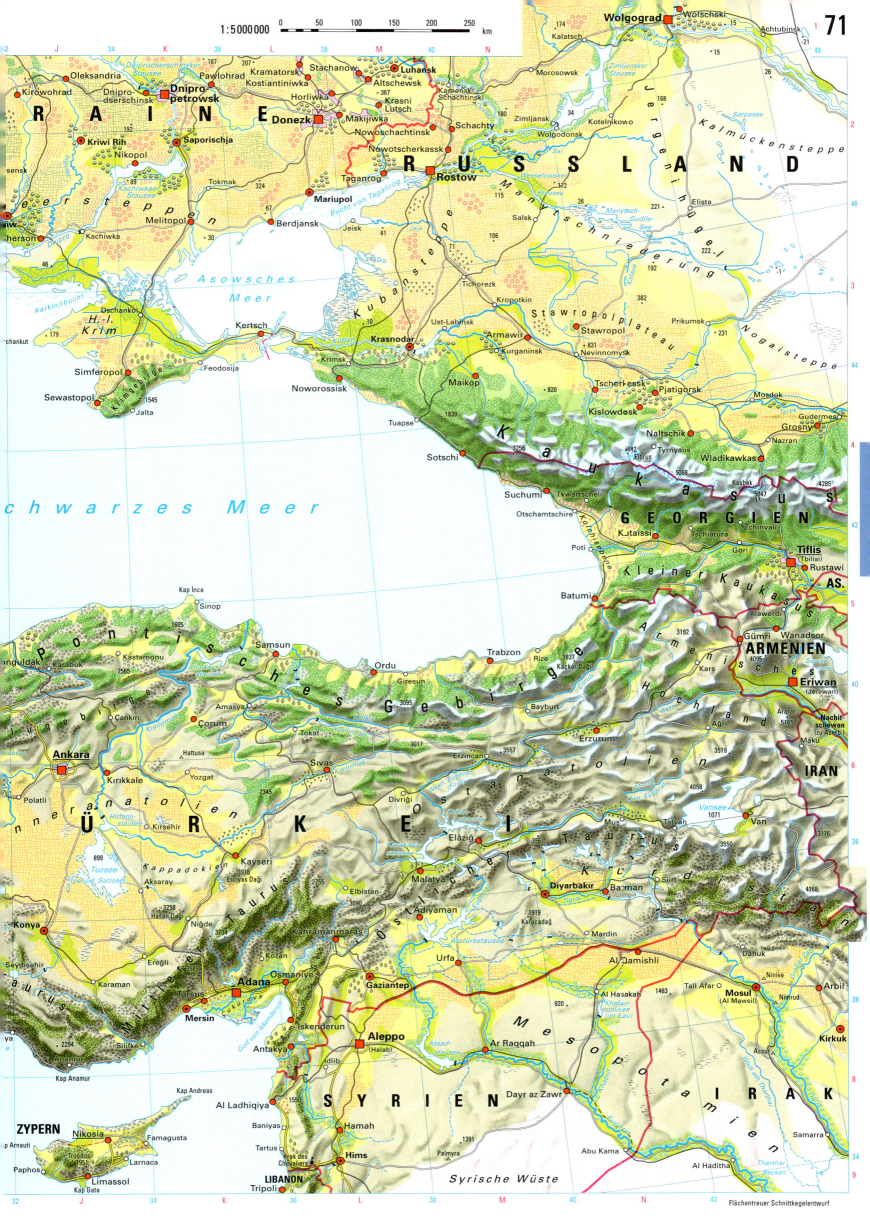

Türkei: Entwicklungsprojekt Südostanatolien

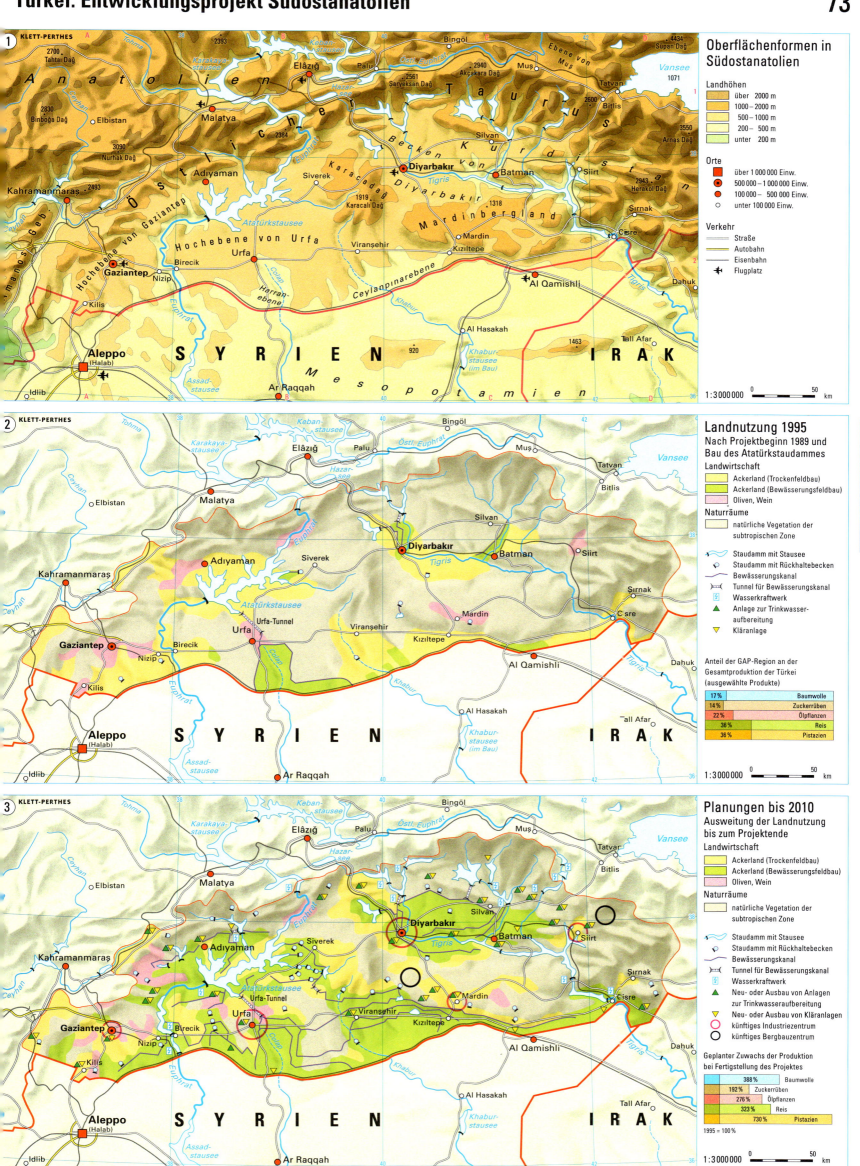

Asien

▶ Auf einen Blick

Höhenschichten, 1:30 Mio	76 – 77
Landschaften, 1:30 Mio	78 – 79

▶ Thematische Übersichten

Staaten, Staatengründung
Staaten, 1:45 Mio	80.1
Gemeinschaft unabhängiger Staaten (GUS) und Baltikum, 1:37 Mio	81.2

Niederschläge, Tektonik
Südostasien: Monsun im Januar, 1:75 Mio	80.3
Südostasien: Monsun im Juli, 1:75 Mio	80.4
Jahresniederschläge, 1:90 Mio	81.5
Tektonik, 1:90 Mio	81.6

Wirtschaft, Bevölkerung
Wirtschaft, 1:30 Mio	82 - 83.1
Wirtschaftskraft, 1:90 Mio	83.2
Bevölkerungsdichte, 1:90 Mio	83.3

▶ Großräume und thematische Beispiele

Westliches Russland: Landschaften, 1:10 Mio	84

Westliches Russland, Mittelsibirien
Moskau: Funktionale Gliederung	85.1
Nutzungskonflikte in Mittelsibirien	85.2
Wirtschaftsraum westlich des Ural	85.3

Nordasien: Landschaften, 1:15 Mio	86 – 87

Mittelasien, Kaukasusregion
Aralsee 1960: Vor der Umweltkatastrophe	88.1
Aralsee 2000: Entwicklung bis zur Umweltkatastrophe	88.2
Wirtschaftsraum Kaukasus • Naher Osten	88.3

Südwestasien
Erdöl und Erdgas am Persischen Golf	88.4
Arabische Halbinsel: Landschaften, 1:15 Mio	89.1
Die Entstehung des Palästina-Israel-Konfliktes: 1923 - 2001	89.2-5

Süd- und Ostasien: Landschaften, 1:15 Mio	90 – 91

Japan und Korea: Höhenschichten, 1:7,5 Mio	92

Japan und Korea
Wirtschaftsmächte im Fernen Osten	93.1
Großraum Tokyo: Funktionale Gliederung und Wirtschaft	93.2
Bucht von Tokyo: Neulandgewinnung	93.3
Hafen von Tokyo: Bau und Nutzung von Neulandflächen	93.4

China
Wirtschaftsmacht der Zukunft: Standortförderung	94.1
Beijing: Stadtentwicklung	94.2
Große Ebene in Ostchina	94.3
Wirtschaftszentren in Südchina	94.4

Indien
Krisenherd in Südasien: Religionen, Staaten und Flüchtlinge	95.1
Indisches Kastenwesen im Dorf Juriyal	95.2

Singapur, Java
Stadtstaat Singapur: Drehscheibe in Südostasien	95.3
Wirtschaftsraum Java	97.1

Südostasien: Landschaften, 1:15 Mio	96 – 97

Australien

▶ Auf einen Blick

Höhenschichten, 1:30 Mio	98
Landschaften, 1:30 Mio	98

▶ Thematische Übersichten

Tektonik, Niederschläge, Wirtschaft
Tektonik, 1:90 Mio	99
Jahresniederschläge, 1:90 Mio	99
Wirtschaftsraum Südostaustralien	99
Wirtschaft, 1:30 Mio	99

▶ Großräume

Australien und Neuseeland: Landschaften, 1:15 Mio	100 – 1

Afrika

▶ Auf einen Blick

Höhenschichten, 1:30 Mio	1
Landschaften, 1:30 Mio	1

▶ Thematische Übersichten

Geschichte, Staatengründung
Alte Reiche um 1600: Vor der Kolonisierung, 1:80 Mio	104
Staaten und Kolonien 1914, 1:80 Mio	104
Staaten, 1:80 Mio	104

Tektonik, Niederschläge, Vegetationsstufen
Tektonik, 1:80 Mio	104
Passat: Niederschläge und Winde im Januar, 1:80 Mio	105
Passat: Niederschläge und Winde im Juli, 1:80 Mio	105
Vegetationsstufen am Kilimandscharo	105

▶ Großräume und Thematische Beispiele

Afrika (Nordteil): Landschaften, 1:15 Mio	106 – 1

Nil, Ägypten, Sahel
Wasserführung des Nil: Niederschlag, Abfluss und Verdunstung	108
Niloase in Ägypten	108
Desertifikation im Sahel	108

Westafrika, Nigerdelta, Ost- und Südafrika
Landwirtschaft in Westafrika	109
Konflikte im Nigerdelta: Gefährdung der Lebensgrundlagen	109
Landwirtschaft in Ostafrika	109
Wirtschaftsraum Südliches Afrika	109

Afrika (Südteil) und Madagaskar: Landschaften, 1:15 Mio	110 – 11

Asien: Pamir, kalte Hochsteppe auf dem „Dach der Welt"

Australien, Ozeanien: Lagune auf New Georgia, Salomonen

Afrika: Namib, Küstenwüste in Südwestafrika

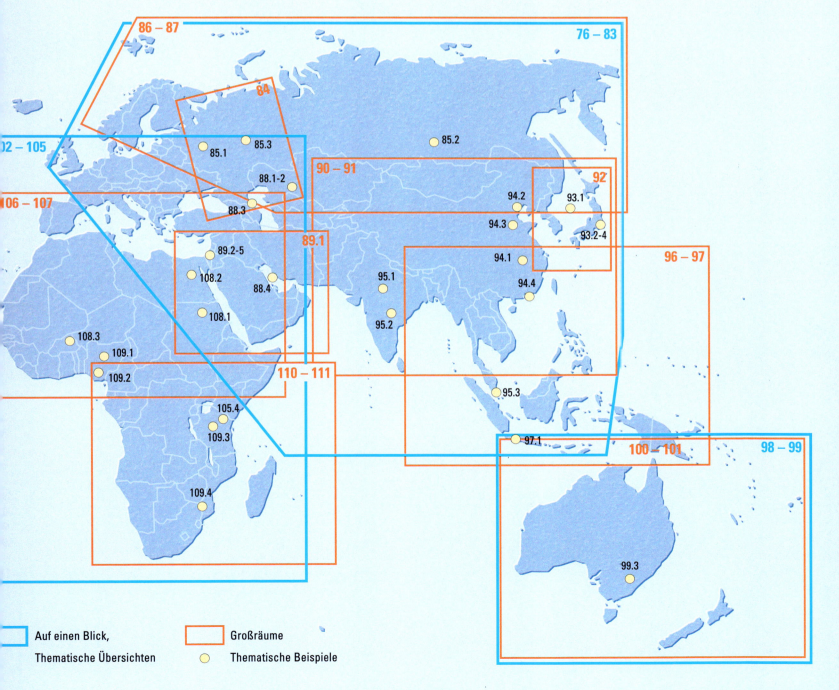

Auf einen Blick, Thematische Übersichten
Großräume
Thematische Beispiele

KLETT-PERTHES

76 Asien: Höhenschichten

78 Asien: Landschaften

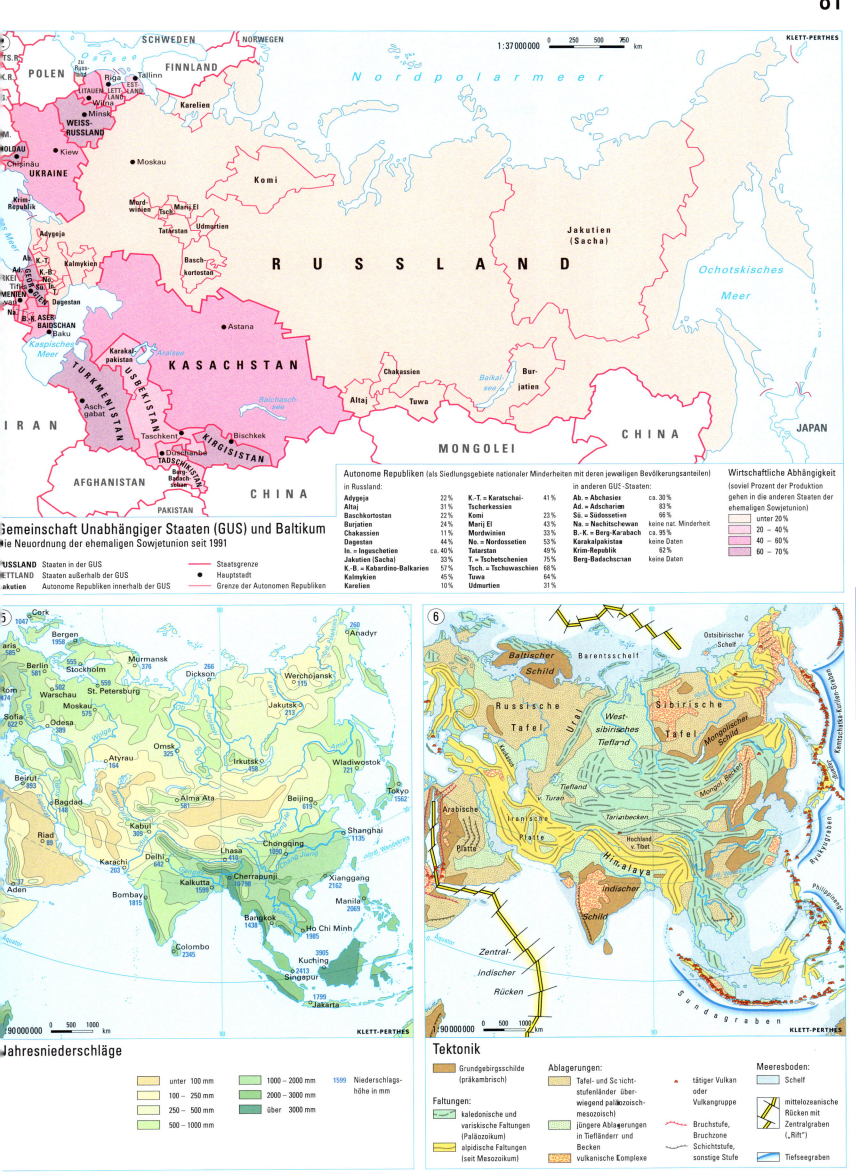

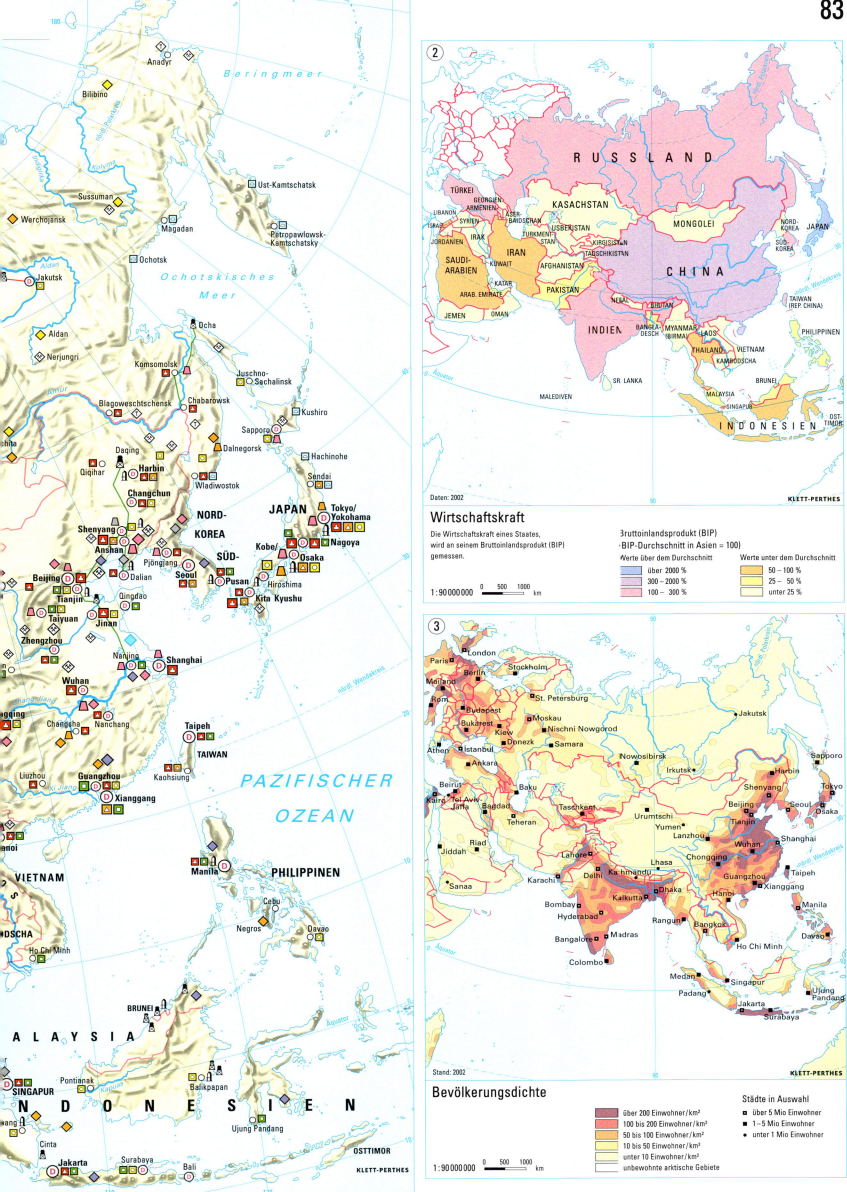

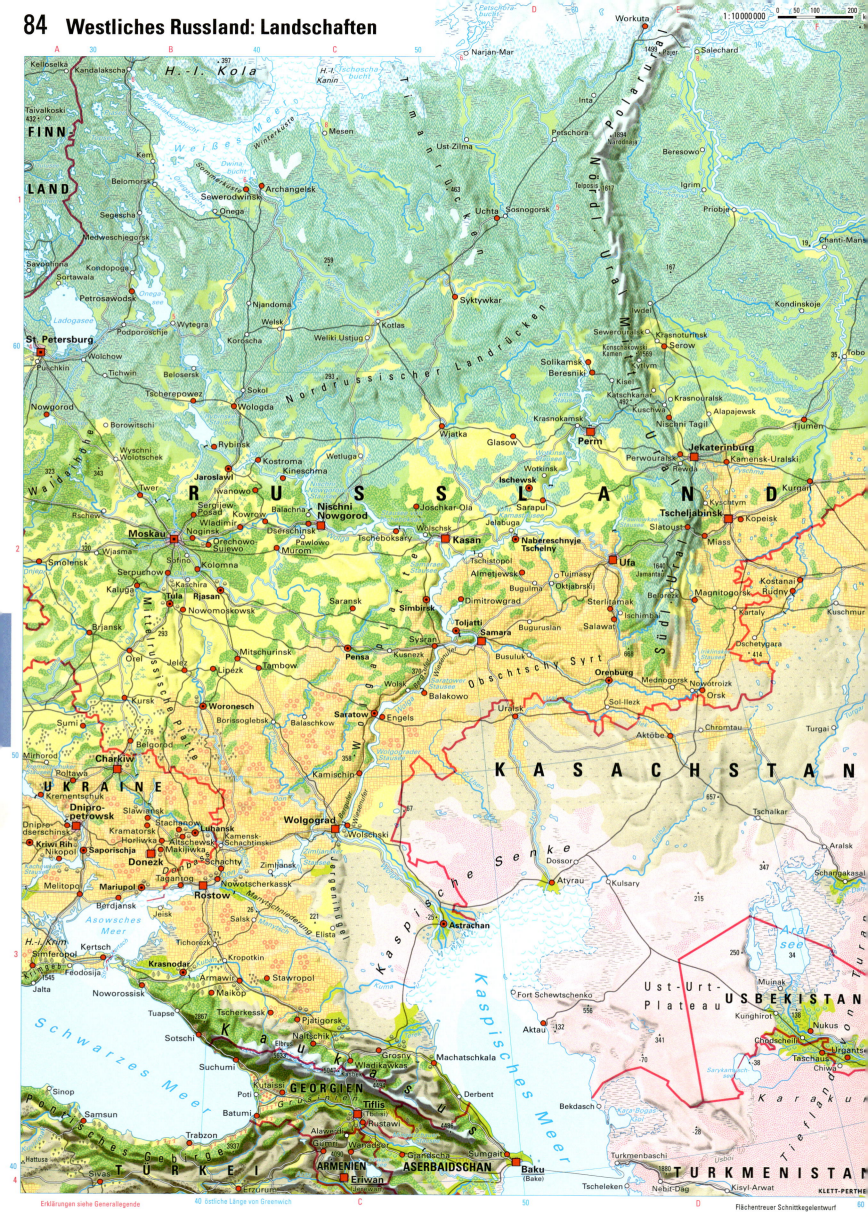

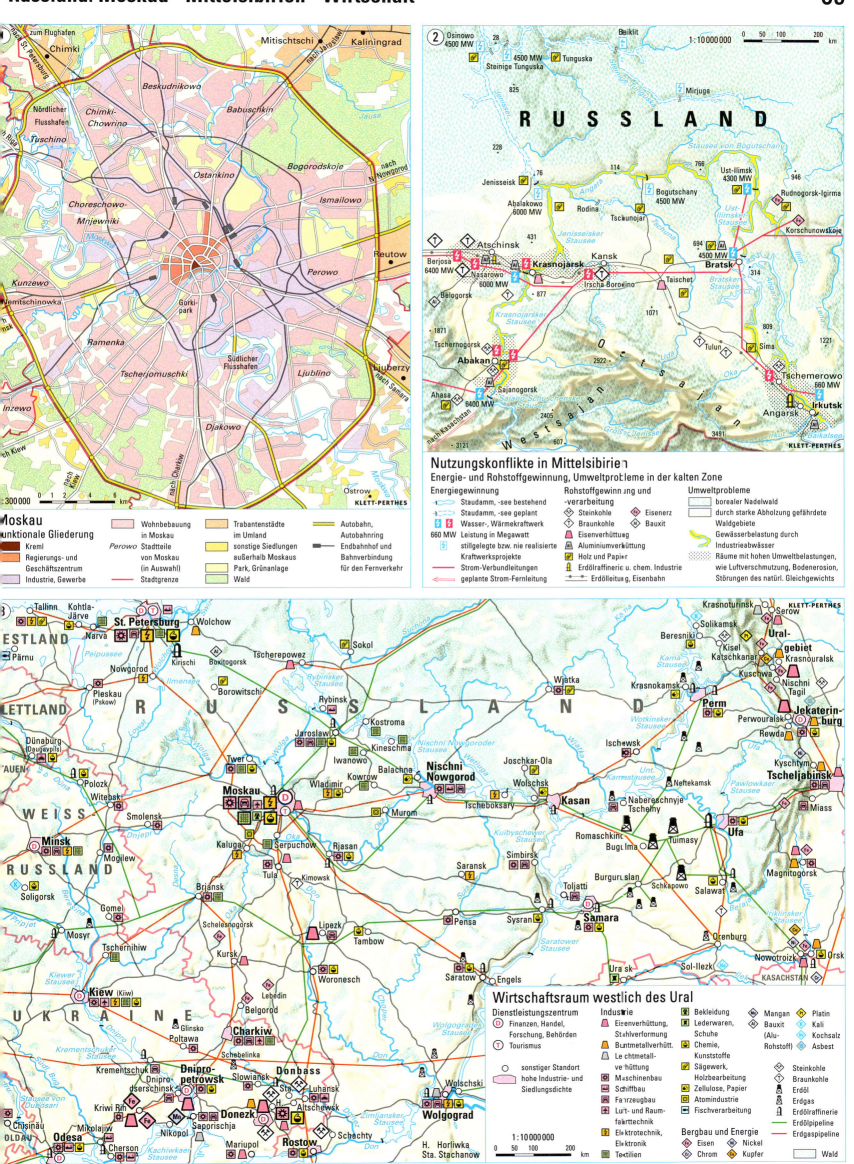

86 Nordasien: Landschaften

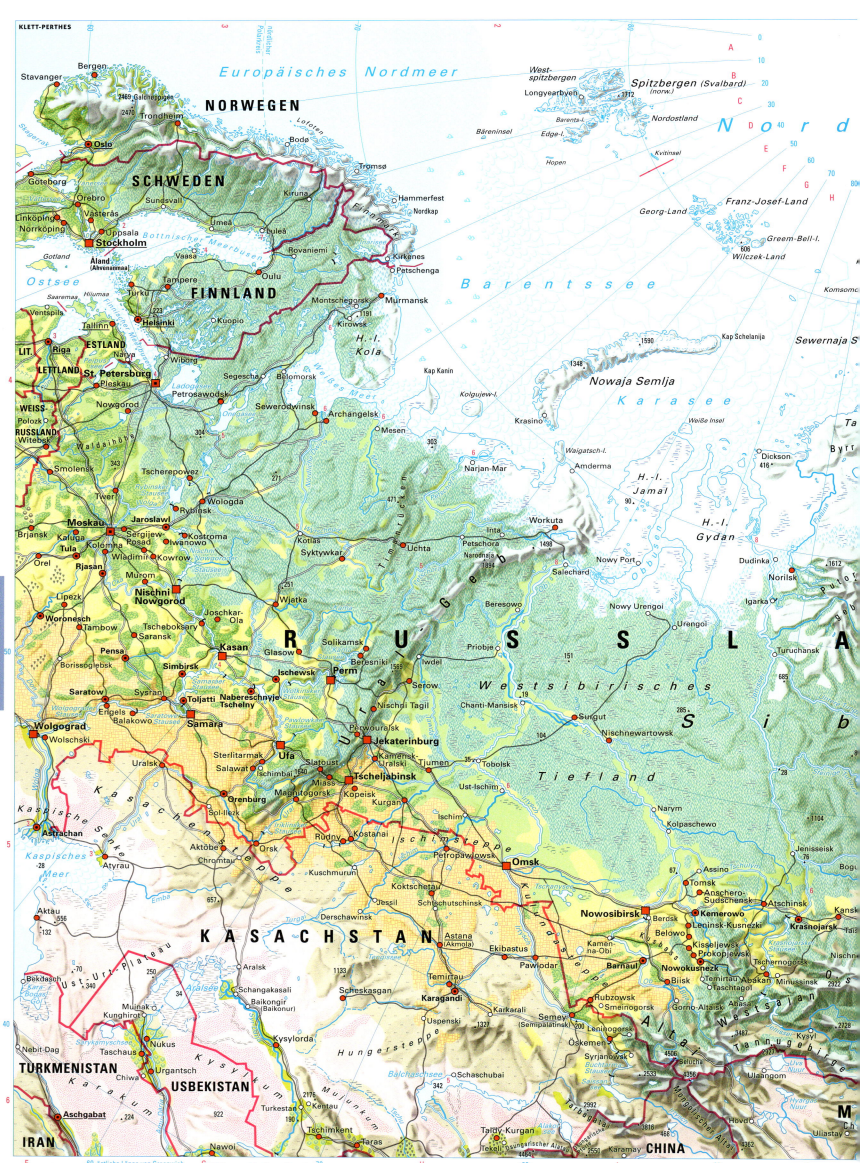

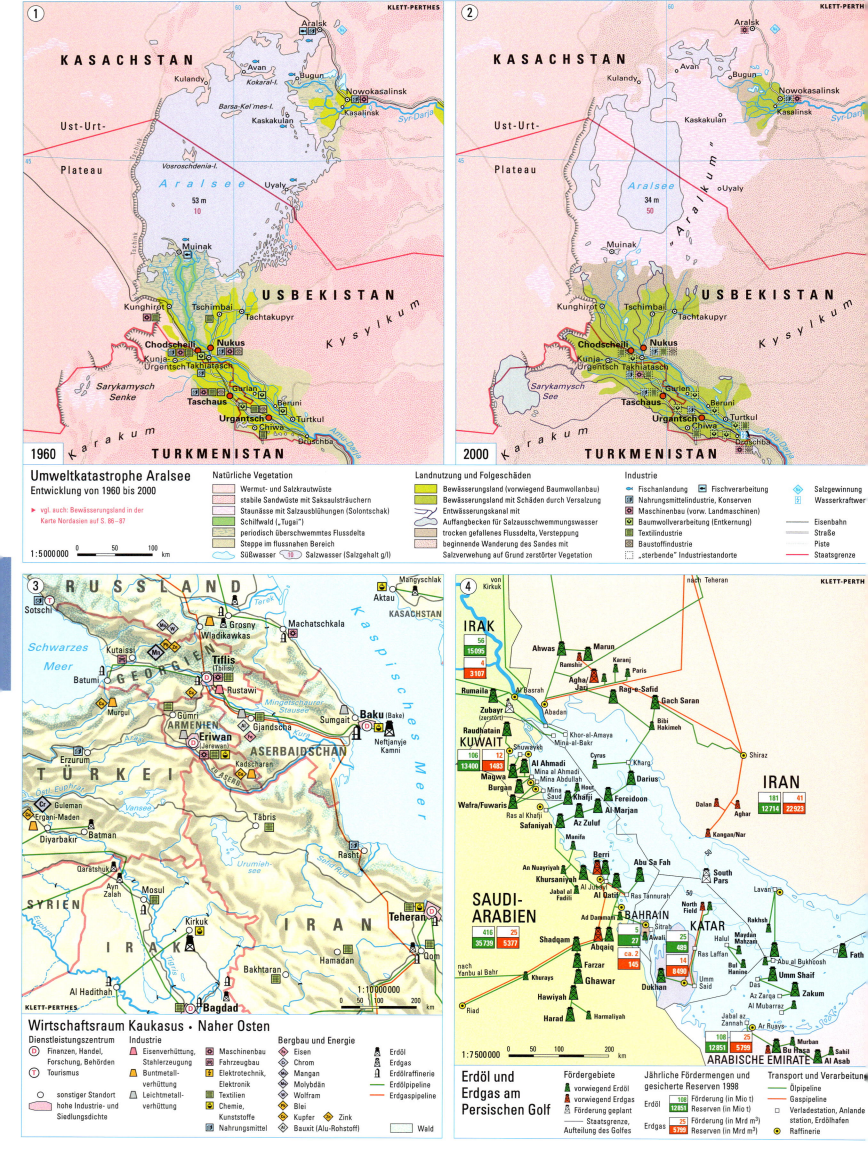

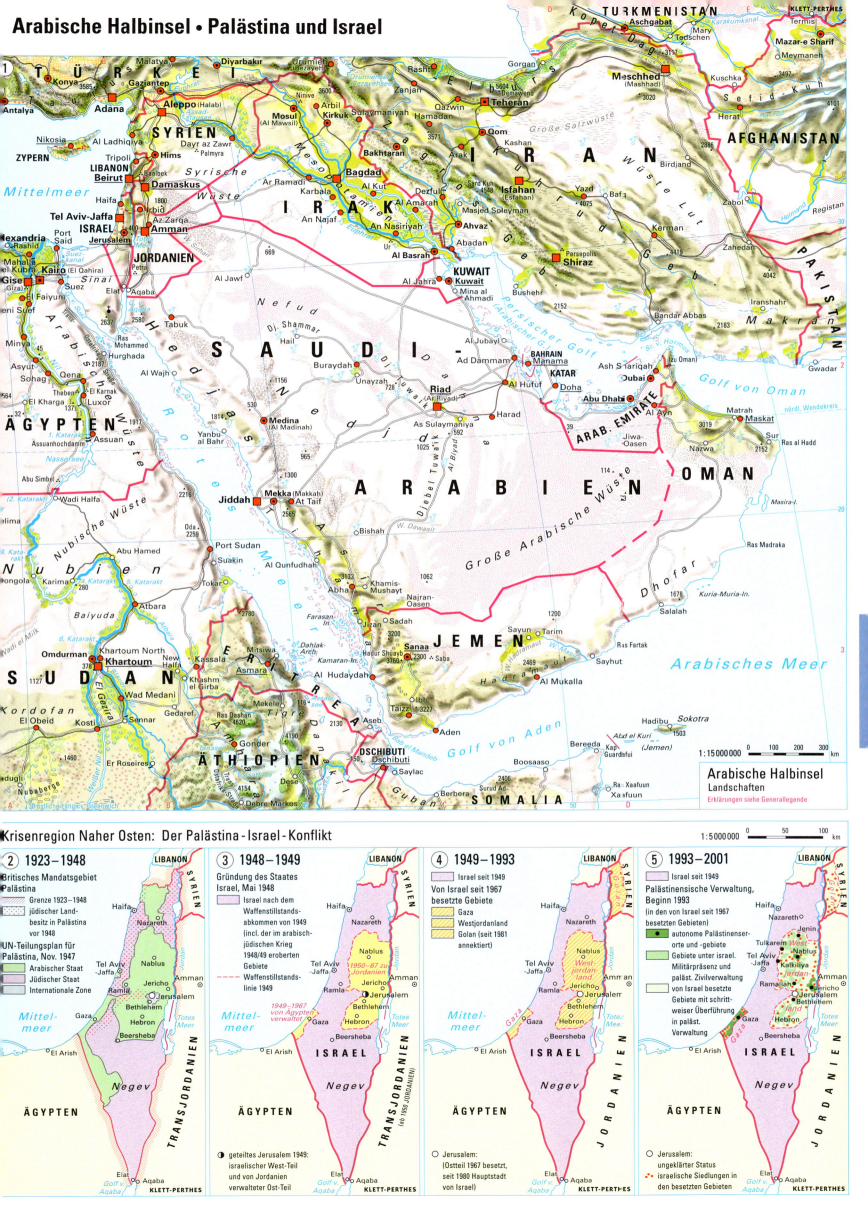

90 Süd- und Ostasien: Landschaften

Japan und Korea: Wirtschaft · Großraum und Hafen von Tokyo

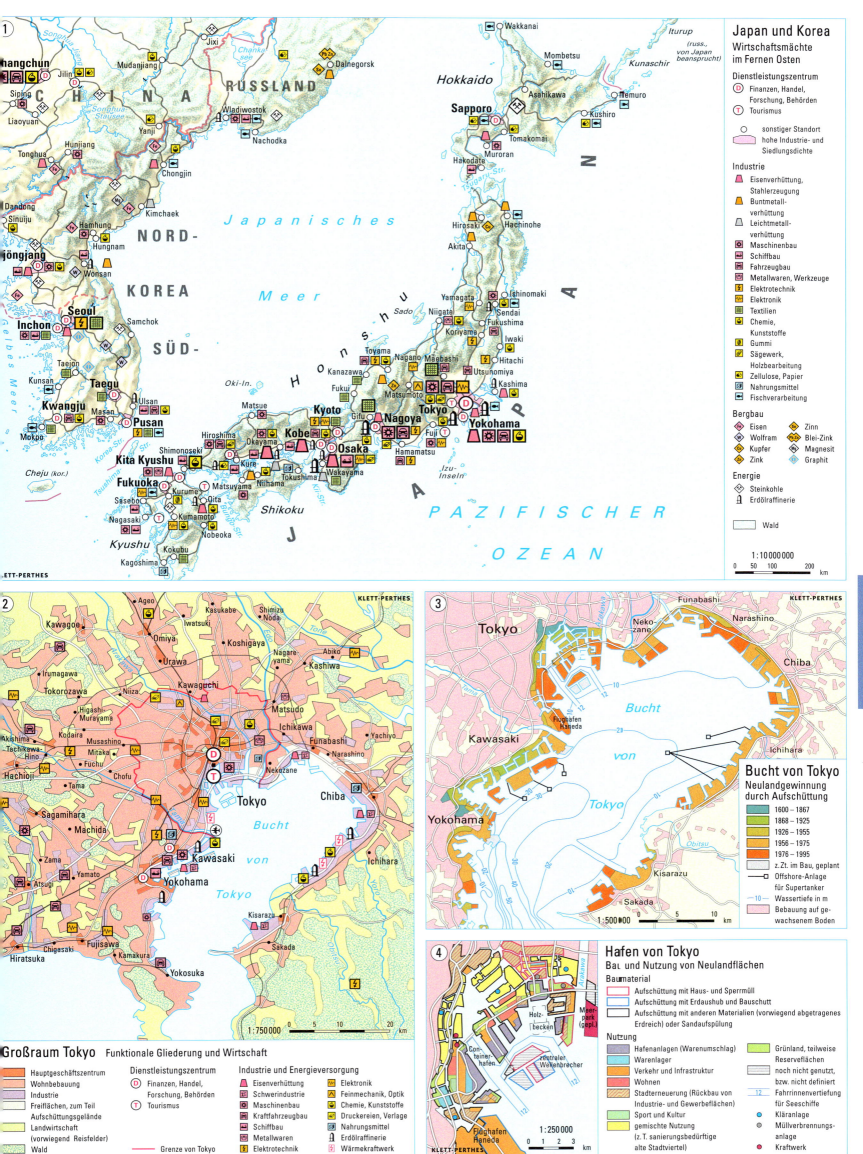

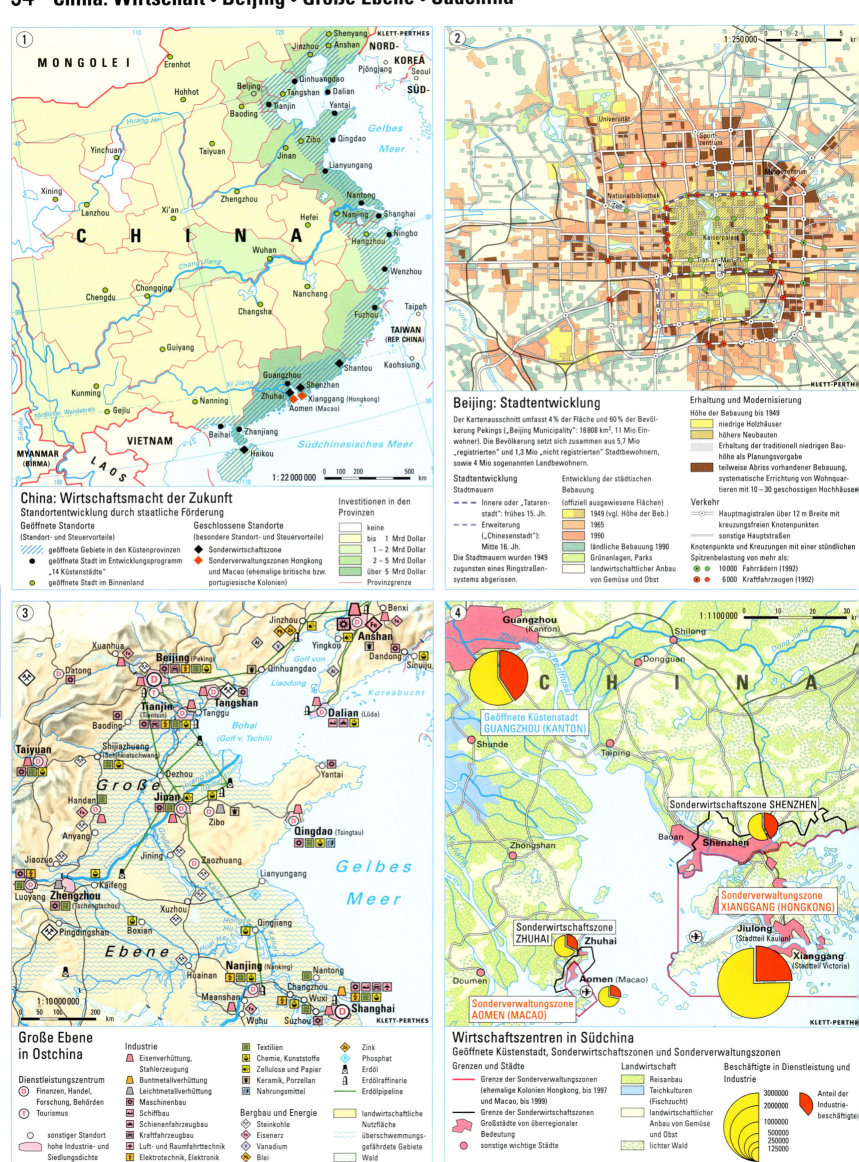

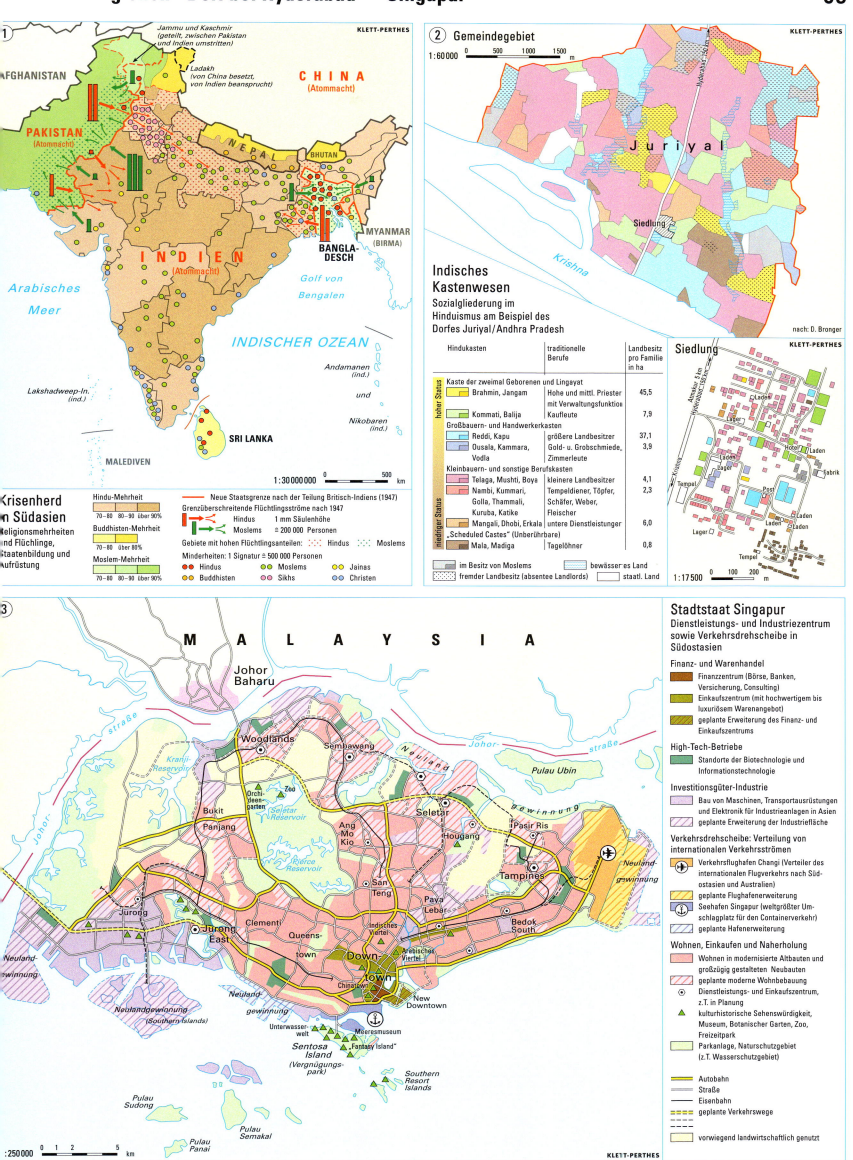

96 Südostasien: Landschaften

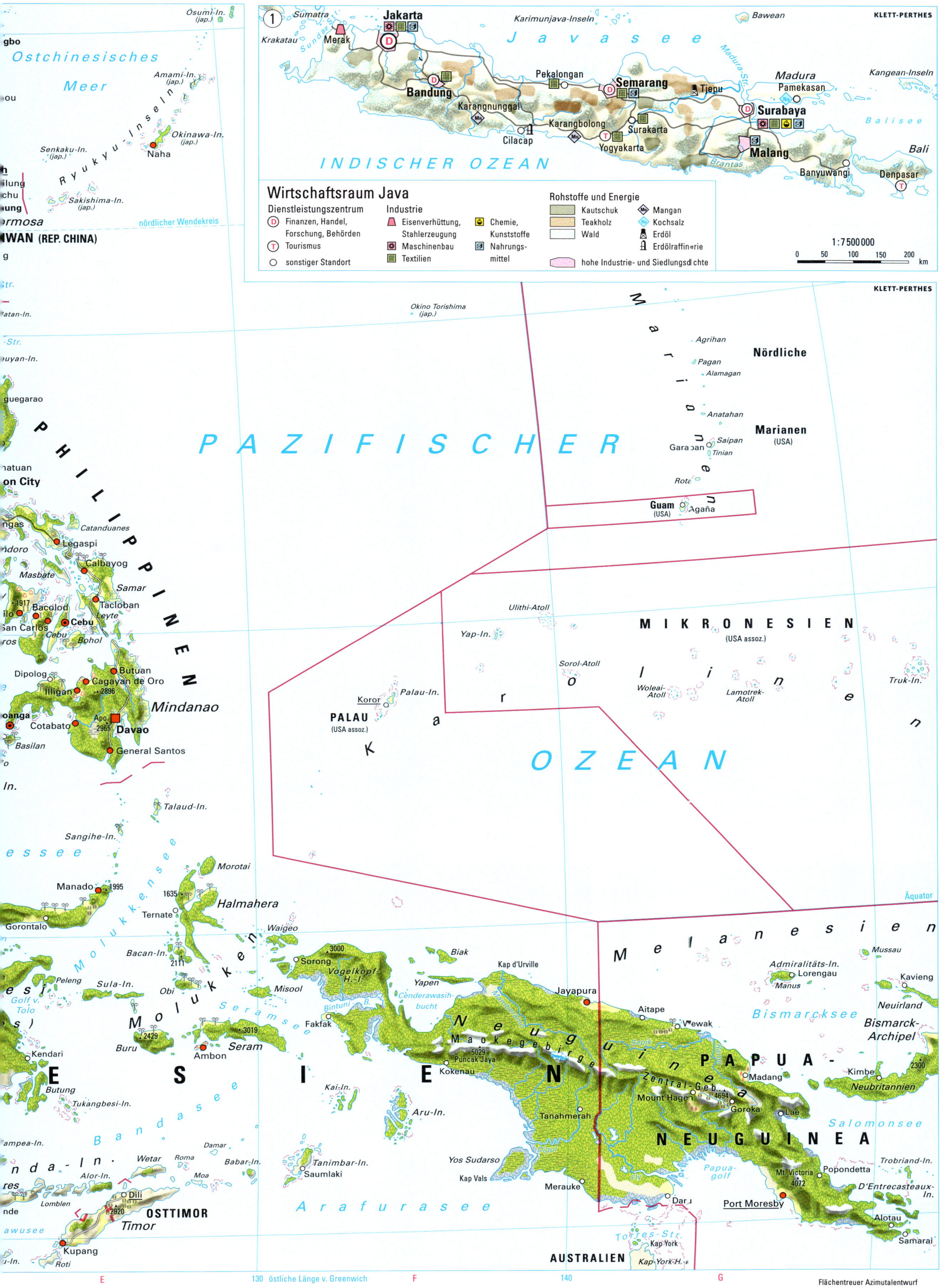

97

1 : 15 000 000

0 100 200 300 400 500 km

KLETT-PERTHES

Wirtschaftsraum Java

Dienstleistungszentrum
- Ⓓ Finanzen, Handel, Forschung, Behörden
- Ⓣ Tourismus
- ○ sonstiger Standort

Industrie
- Eisenverhüttung, Stahlerzeugung
- Maschinenbau
- Textilien
- Chemie, Kunststoffe
- Nahrungsmittel

Rohstoffe und Energie
- Kautschuk
- Teakholz
- Wald
- Mangan
- Kochsalz
- Erdöl
- Erdölraffinerie
- hohe Industrie- und Siedlungsdichte

1 : 7 500 000

0 50 100 150 200 km

KLETT-PERTHES

Sumatra
Krakatau
Merak
Sunda-Str.
Jakarta
Bandung
Karangnunggal
Karangbolong
Cilacap
Pekalongan
Semarang
Tjepu
Surakarta
Yogyakarta
Malang
Surabaya
Pamekasan
Madura
Madura-Str.
Brantas
Banyuwangi
Denpasar
Bali
Karimunjava-Inseln
Bawean
Kangean-Inseln
Java see
Bali see
INDISCHER OZEAN

Ostchinesisches Meer
Osumi-In. (jap.)
Amami-In. (jap.)
Okinawa-In. (jap.)
Naha
Senkaku-In. (jap.)
Sakishima-In. (jap.)
Ryukyu-Inseln
nördlicher Wendekreis

E 130

gbo
ou
chu
ilung
ung
ormosa
TAIWAN (REP. CHINA)
atan-In.
-Str.
uyan-In.
guegarao
on City
ngas
Catanduanes
Legaspi
Calbayog
Masbate
Samar
1917
Bacolod
Cebu
San Carlos
Cebu
Bohol
Leyte
Tacloban
Dipolog
Butuan
Cagayan de Oro
2896
Illigan
oanga
Cotabato
Basilan
Apo
2965
Davao
General Santos
In.
Mindanao
PHILIPPINEN

PAZIFISCHER   OZEAN

Okino Torishima (jap.)

Nördliche
Agrihan
Pagan
Alamagan
Anatahan
Saipan
Garapan
Tinian
Rota
Marianen (USA)
Mariane n

Guam (USA)
Agaña

MIKRONESIEN (USA assoz.)
Ulithi-Atoll
Yap-In.
Sorol-Atoll
Woleai-Atoll
Lamotrek-Atoll
Truk-In.
Koror
Palau-In.
PALAU (USA assoz.)
K a   r   o   l   i   n   e   n

Äquator

Talaud-In.
Sangihe-In.
essee
Manado 1995
Gorontalo
Morotai
1635
Ternate
Halmahera
Waigeo
Molukkensee
Bacan-In.
2111
Peleng
Sula-In.
Obi
Golf v. Tolo
M o l u k k e n
Kendari
2429
Buru
Butung
Tukangbesi-In.
Banda
ampea-In.
nda-In.
es
awusee
Kupang
Roti
Timor
OSTTIMOR
Dili
2820
Lomblen
Alor-In.
Wetar
Roma
Moa
Babar-In.
Damar
Tanimbar-In.
Saumlaki
Kai-In.
Aru-In.
3019
Seram
Ambon
Seramsee
3000
Sorong
Vogelkopf-H.-I.
Misool
Fakfak
Bintuni B.
Cenderawasih-bucht
Yapen
Biak
Kap d'Urville
Maokegebirge
Puncak Jaya 5029
Kokenau
Tanahmerah
Yos Sudarso
Kap Vals
Merauke
Arafurasee
N e u g u i n e a
Jayapura
Aitape
Wewak
Zentral-Geb.
4694
Mount Hagen
Goroka
Madang
Lae
NEUGUINEA
PAPUA-
Papua-golf
Port Moresby
Daru
Torres-Str.
Kap York
Kap-York-H.-I.
AUSTRALIEN
M e l a n e s i e n
Mussau
Admiralitäts-In.
Lorengau
Manus
Kavieng
Neuirland
Bismarcksee
Bismarck-Archipel
Kimbe
2300
Neubritannien
Salomonsee
Mt. Victoria 4072
Popondetta
D'Entrecasteaux-In.
Alotau
Samarai
Trobriand-In.

130 östliche Länge v. Greenwich   140   Flächentreuer Azimutalentwurf

98 Australien: Höhenschichten • Landschaften

1 : 30 000 000 — 0 200 400 600 800 1000 km

1 Australien: Höhenschichten

KLETT-PERTH

INDONESIEN — OSTTIMOR — Surabaya — Semeru 3676 — Bali 3726 — Lombok — Sumbawa 2382 — Flores 1175 — Sumba — Timor — Java — Kleine Sunda-Inseln

Wetar — Dili — Tanimbar-In. — Yos Sudarso — Merauke — Arafurasee — Torres Straße — Kap York

PAPUA - Neuguinea — Port Moresby — 4072 — NEUGUINEA

SALOMONEN — Santa Isabel — Honiara — Malaita — Guadalcanal — San Cristobal — Santa Cruz-In. — Salomon-In. — Melanesien — Neue Hebriden — TUVALU

Melville-I. — Darwin — Arnhemland — Carpentaria-golf — Iron Range — Kap York-H.-I. — Großes Barriereriff — Cairns — Forsayth — 1611 — Townsville — Korallensee — Chesterfield-In. (franz.) — VANUATU — Espiritu Santo — Malakula — Efate — Port Vila — FIDS

Timorsee — Joseph-Bonaparte-Golf — Wyndham — Birdum — Kimberley-plateau — Derby — Barkley Tafelland — Tennant Creek — 436 — Cloncurry — Mount Isa — Hughenden — Longreach — Great Dividing Range — 1277 — Mackay — Rockhampton — Bundaberg — Fraser-I. — Neu-kaledonien — Neukaledonien — 1628 — Loyauté-In. — Nouméa

INDISCHER — Dampier — Port Hedland — Nordwestkap — Hamersleykette — Mt. Bruce 1226 — Newman — 1510 — Macdonnellkette — Alice Springs — Großes — Artesisches — Becken — 1018 — Roma — Toowoomba — Kap Byron — 1615 — Brisbane — PAZIFISCHER

Carnarvon — 1105 — Meekatharra — 1085 — 1515 — Musgravekette — -12 — Quilpie — Bourke — Orange — Newcastle — Norfolk-I. (austr.) — Lord-Howe-I. (austr.)

Steep Point — 535 — Leonora — Westaustralisches Tafelland — Woomera — 1189 — Port Augusta — Broken Hill — Sydney — OZEAN — Geraldton — Kalgoorlie — Nullarborebene — Whyalla — Port Pirie — Wollongong — Coolgardie — Darling — Canberra — 2230 — Perth — 582 — Esperance — Große — Adelaide — Murray — Darling — Mt. Kosciusko — Kap Maria van Diemen — Nordkap — Nordins

Bunbury — 1109 — Australische Bucht — Känguruh-I. — Ballarat — Austr. Alpen — Auckland — Hamilton — Ost
Kap Leeuwin — Albany — Geelong — Melbourne — Kap Wilson — Tasmansee — Mt. Egmont 2518 — 2797 — Gisbor

King-I. — Bass-Straße — Furneaux-gruppe — Nelson — Wellington — Mt. Cook (Aoraki) 3764 — Christchurch — NEUSEELAND

Tasmanien — 1617 — Launceston — Westkap — Südinsel — Chatham-In. (neuseeld.) — Invercargill — Dunedin
Südostkap — Hobart — Stewart-I. — Snares-In. — östl. L. v. Greenwich — 180 — westl. L. v. G

Hamburg — Berlin — München

2 Australien: Landschaften

INDONESIEN — OSTTIMOR — Surabaya — Semeru 3676 — Bali 3726 — Sumbawa 2382 — Flores 1175 — Sumba — Timor — Java — Lombok — Kleine Sunda-Inseln

Wetar — Dili — Tanimbar-In. — Yos Sudarso — Merauke — Arafurasee — Torres Straße — Kap York

PAPUA - Neuguinea — Port Moresby — 4072 — NEUGUINEA

SALOMONEN — Santa Isabel — Honiara — Malaita — Guadalcanal — San Cristobal — Santa Cruz-In. — Salomon-In. — Melanesien — Neue Hebriden — TUVALU

Melville-I. — Darwin — Arnhemland — Carpentaria-golf — Iron Range — Kap York-H.-I. — Großes Barriereriff — Cairns — Forsayth — 1611 — Townsville — Korallensee — Chesterfield-In. (franz.) — VANUATU — Espiritu Santo — Malakula — Efate — Port Vila — FIDSC

Timorsee — Joseph-Bonaparte-Golf — Wyndham — Birdum — Kimberley — Derby — Tanami-wüste — Tennant Creek — 436 — Cloncurry — Mount Isa — Hughenden — Great Dividing Range — 1277 — Mackay — Rockhampton — Bundaberg — Fraser-I. — Neu-kaledonien (franz.) — Neukaledonien — 1628 — Loyauté-In. — Nouméa

INDISCHER — Dampier — Port Hedland — Nordwestkap — Große Sandwüste — 415 — 1510 — Macdonnellkette — Alice Springs — Simpson-wüste — Großes — Artesisches — Becken — 1018 — Longreach — Toowoomba — Kap Byron — 1615 — Brisbane — PAZIFISCHER

Carnarvon — Mt. Bruce 1226 — Newman — Gibsonwüste — 1105 — 1085 — 1515 — Musgravekette — -12 — Quilpie — Roma — Norfolk-I. (austr.)

Steep Point — Meekatharra — Große Victoriawüste — 535 — Leonora — Bourke — Darling — Orange — Newcastle — Lord-Howe-I. (austr.)

Geraldton — Nullarborebene — Woomera — 1189 — Broken Hill — Sydney — OZEAN — Kalgoorlie — Port Augusta — Wollongong — Perth — 582 — Coolgardie — Whyalla — Port Pirie — Eyre-I. — Canberra — 2230 — Esperance — Große — Mildura — Adelaide — Murray — Mt. Kosciusko — Kap Maria van Diemen — Nordkap — Nordinse

Bunbury — 1109 — Australische Bucht — Känguruh-I. — Ballarat — Gr. Dividing Range — Darlingkette — Spencergolf — Geelong — Melbourne — Auckland — Hamilton — Ostk

Kap Leeuwin — Albany — Kap Wilson — Tasmansee — Mt. Egmont 2518 — 2797 — Gisborr

King-I. — Bass-Straße — Furneaux-gruppe — Nelson — Wellington — Mt. Cook (Aoraki) 3764 — Christchurch — NEUSEELAND

Tasmanien — 1617 — Launceston — Westkap — Südinsel — Chatham-In. (neuseeld.) — Invercargill — Dunedin
Südostkap — Hobart — Stewart-I. — Snares-In. — östl. L. v. Greenwich — 180 — westl. L. v. Gr. — KLETT-PERTH

Hamburg — Berlin — München

Erklärungen siehe Generallegende — Flächentreuer Azimutalentwurf

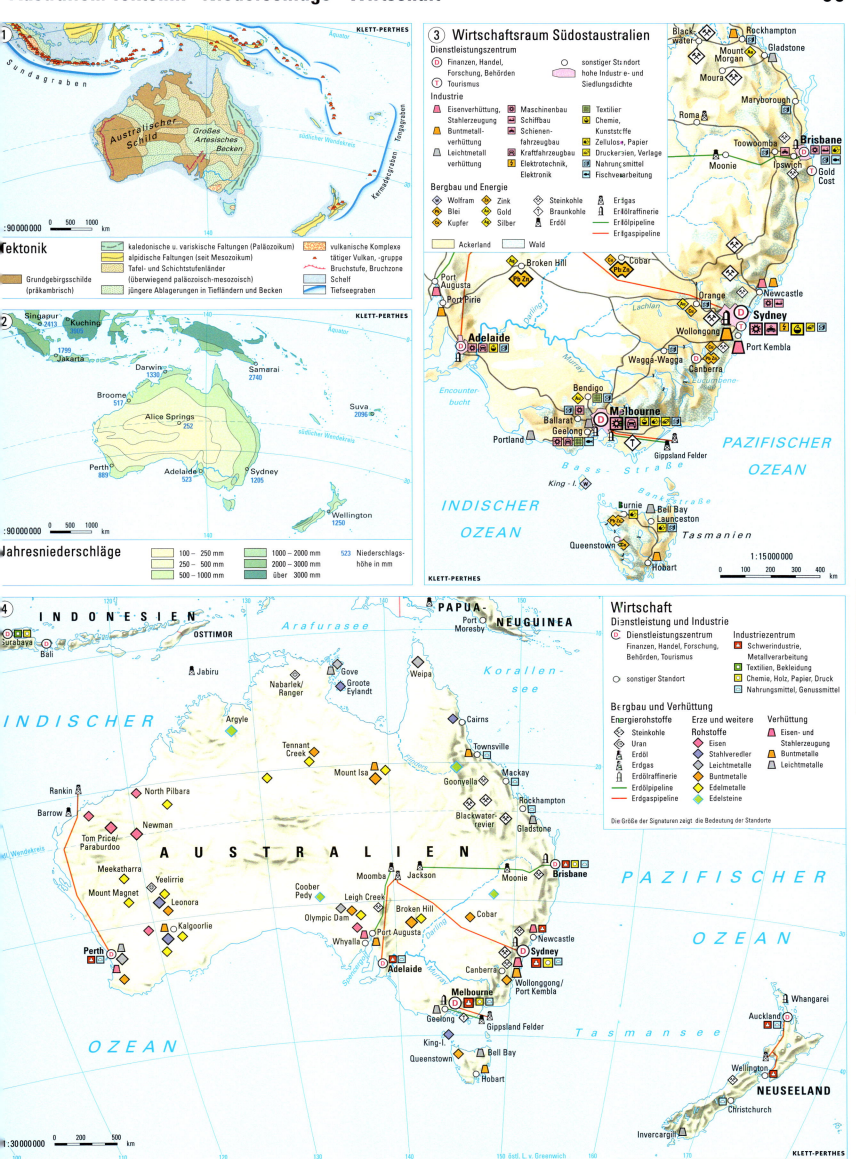

100 Australien und Neuseeland: Landschaften

102 Afrika: Höhenschichten

1:30 000 000

ATLANTISCHER

OZEAN

ATLANTISCHER

OZEAN

INDISCHER

OZEAN

Länder und Regionen:

GROSS-BRITANNIEN, NIEDERLANDE, DEUTSCHLAND, POLEN, WEISSRUSSLAND, RUSSLAND, KASACHSTAN, FRANKREICH, SCHWEIZ, ÖSTERREICH, UNGARN, RUMÄNIEN, UKRAINE, SPANIEN, PORTUGAL, ITALIEN, BULGARIEN, GRIECHENLAND, TÜRKEI, GEORGIEN, ARMENIEN, ASERB., IRAN, TURKMEN., USBE., MAROKKO, ALGERIEN, TUNESIEN, LIBYEN, ÄGYPTEN, SYRIEN, LIBANON, ISRAEL, JORDAN., IRAK, KUWAIT, SAUDI-ARABIEN, ZYPERN, MALTA

SAHARA, MAURETANIEN, MALI, NIGER, TSCHAD, SUDAN, ERITREA, JEMEN, DSCHIB., SENEGAL, GAMBIA, GUINEA-BISSAU, GUINEA, SIERRA LEONE, LIBERIA, CÔTE D'IVOIRE, BURKINA FASO, GHANA, TOGO, BENIN, NIGERIA, KAMERUN, ZENTRALAFRIKA, ÄTHIOPIEN, SOMALIA, UGANDA, KENIA, RUANDA, BURUNDI, TANSANIA, GABUN, KONGO, D.R.KONGO (ZAIRE), ÄQUAT.-GUINEA, SÃO TOMÉ U. PRÍNCIPE, ANGOLA, SAMBIA, MALAWI, SIMBABWE, MOSAMBIK, NAMIBIA, BOTSUANA, SÜDAFRIKA, LESOTHO, SWASILAND, MADAGASKAR, KOMOREN, SESCHELLEN

Städte (Auswahl):

London, Amsterdam, Berlin, Warschau, Kiew, Wolgograd, Atyrau, Paris, München, Wien, Budapest, Bukarest, Odesa, Rostow, Krasnodar, Astrachan, Madrid, Barcelona, Rom, Neapel, Sofia, Istanbul, Ankara, Tiflis, Baku, Teheran, Lissabon, Sevilla, Palermo, Athen, Izmir, Adana, Aleppo, Mosul, Bagdad, Isfahan, Algier, Tunis, Tripoli, Bengasi, Alexandria, Kairo, Beirut, Damaskus, Amman, Jerusalem, Al Basrah, Kuwait, Rabat, Casablanca, Marrakech, Asyut, Assuan, Medina, Riad, Mekka, Jiddah, Nouakchott, Dakar, Bamako, Tombouctou, Niamey, Khartoum, Asmara, Sanaa, Aden, Dschibuti, Conakry, Freetown, Monrovia, Abidjan, Accra, Lagos, Abuja, N'Djamena, El Obeid, Addis Abeba, Mogadischu, Kampala, Nairobi, Kigali, Bujumbura, Libreville, Brazzaville, Kinshasa, Kisangani, Mombasa, Daressalam, Dodoma, Luanda, Lubumbashi, Lusaka, Lilongwe, Harare, Windhuk, Gaborone, Pretoria, Johannesburg, Maputo, Antananarivo, Moroni, Kapstadt, Durban, Port Elizabeth

Flächentreuer Azimutalentwurf

Erklärungen siehe Generallegende

KLETT-PERTHES

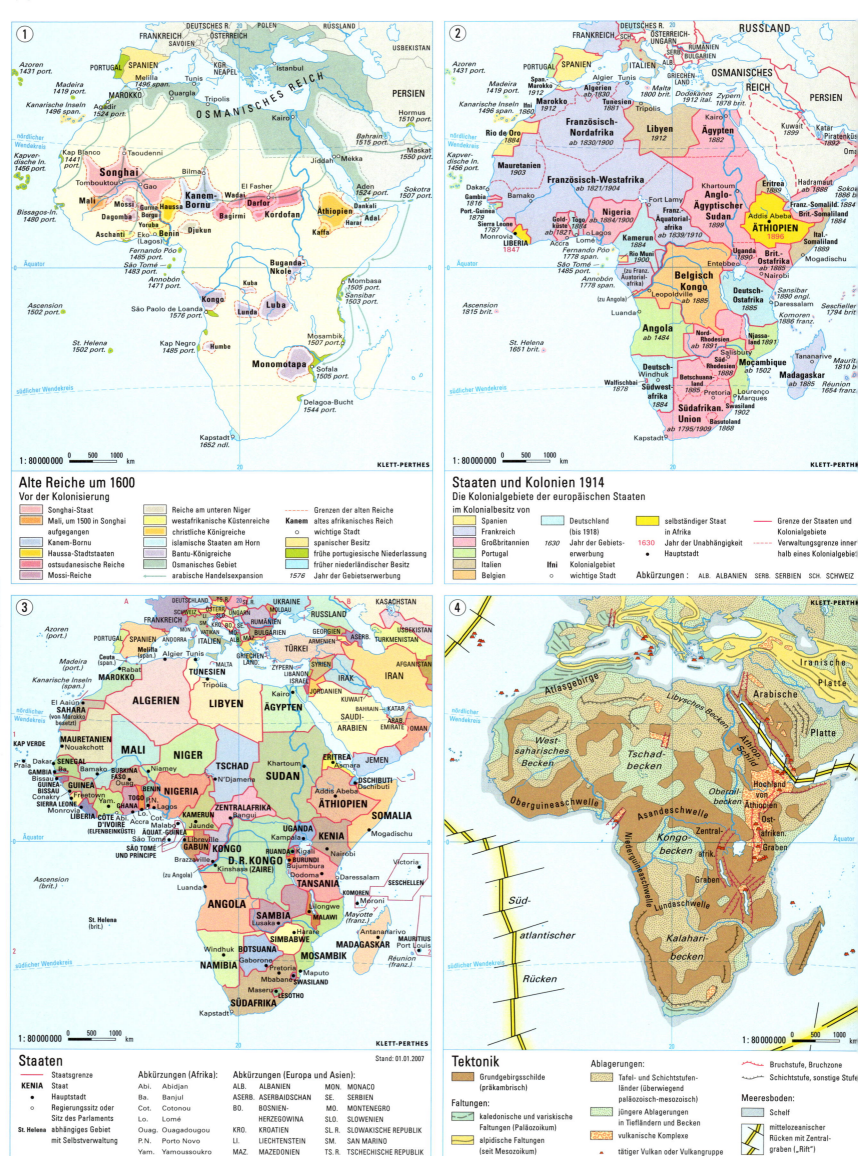

Afrika: Passat · Kilimandscharo

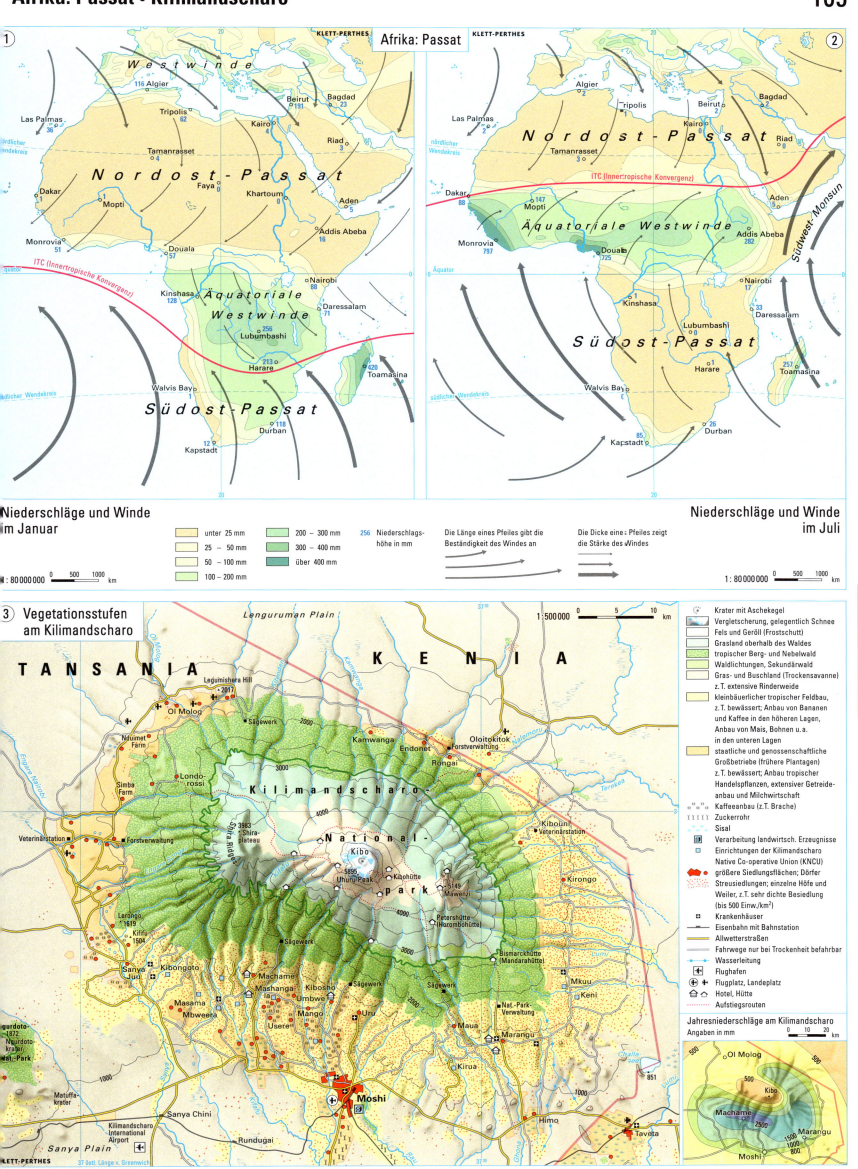

106 Afrika (Nordteil): Landschaften

1:15 000 000 0 100 200 300 400 500 km   107

RUMÄNIEN · Novi Sad · Timişoara · Galaţi · Ploieşti · Bukarest · Belgrad · SERBIEN · MONT. · Niš · Ruse · Sofia · BULGARIEN · Skopje · MAZED. · Tirana · ALBANIEN · Saloniki · Plovdiv · Burgas · Varna · Constanţa

UKRAINE · H.-I. Krim · Simferopol · Kertsch · Sewastopol · Krasnodar · Noworossisk · Tuapse · Stawropol · RUSSLAND · Elbrus 5633 · Sotschi · Grosny · Wladikawkas · Suchumi · Kutaissi · Derbent · Batumi · GEORG · Tiflis · ARMEN. · Eriwan · ASERB. · Sumgait · Baku (Bake) · KASACHSTAN · USBEKISTAN · Aktau · Bekdasch · Turkmenbaschi · TURKMENISTAN · Nebit-Dag · Gorgan

GRIECHENLAND · Korfu · Kefallinia · Patras · Olympia · Peloponnes · Athen · Euböa · Kreta · Knossos · Rhodos

TÜRKEI · İstanbul · Bursa · İzmir · Ankara · Kırıkkale · Eskişehir · Konya · Antalya · Adana · Kayseri · Malatya · Gaziantep · Sivas · Erzurum · Trabzon · Samsun · Zonguldak · Kap İnce · Diyarbakır · Urumieh · Täbris (Tebriz) · Ardabil · Rasht · Qazwin · Teherán · Demawend 5604 · Qom · Kashan · Isfahan (Esfahan) · Yazd

Schwarzes Meer · Pontisches Gebirge · Kaukasus · Kaspisches Meer · Kara-Bogas-Gol

SYRIEN · Aleppo (Halab) · Al Ladhiqiya · Hims · Dayr az Zawr · Palmyra · LIBANON · Beirut · Baalbek · Damaskus · Az Zarqa · Amman · JORDANIEN · Petra · ISRAEL · Tel Aviv-Jaffa · Haifa · Jerusalem · Elat · Aqaba · Nikosia · ZYPERN

IRAK · Mosul (Al Mawsil) · Arbil · Kirkuk · Sulaymaniyah · Hamadan · Bakhtaran · Bagdad · Al Kut · Karbala · An Najaf · An Nasiriyah · Al Amarah · Ahvaz · Abadan · Al Basrah · KUWAIT · IRAN · Isfahan · Shiraz · Persepolis · Busher

ÄGYPTEN · Alexandria · Rashid · El Mahalla el Kubra · Kairo (El Qahira) · Gise (El Giza) · Suez · El Faiyum · Beni Suef · El Minya · Asyut · Sohag · Qena · Luxor · El Kharga · Assuan · Assuanhochdamm · Nassersee · Abu Simbel · Wadi Halfa · Selima · Siwa · Farafra · Dakhla-Oasen · Mut · Al Khufrah-Oasen · Libysche Wüste · Arabische Wüste · Sinai · Ras Mohammed · Hurghada · Al Wajh · Tabuk

SAUDI-ARABIEN · Hail · Buraydah · Medina (Al Madinah) · Yanbu al Bahr · Mekka (Makkah) · Jiddah · At Taif · Riad (Ar Riyad) · As Sulaymaniya · Harad · BAHRAIN · Manama · KATAR · Doha · Ad Dammam · Al Hufuf · ARAB. EMIRATE · Nefud · Nedjd · Hedjas · Grosse Arabische Wüste · Port Sudan · Suakin · Al Qunfudhah · Abha · Khamis-Mushayt · Najran-Oasen

SUDAN · Omdurman · Khartoum North · Khartoum · Wad Medani · Sennar · Er Roseires · Kosti · El Obeid · En Nahud · El Fasher · Nyala · Kadugli · Kodok · Malakal · Dongola · Karima · Abu Hamed · Atbara · Kassala · New Halfa · Khashm el Girba · Gedaref · Kordofan · Darfur · Djebel Marra 3024 · Nubien · Baiyuda · Nubische Wüste · Plateau von Erdi · Mourdi senke · Faya · Fada · Ennedi

ERITREA · Asmara · Mitsiwa · Dahlak-Arch. · Farasan In. · ÄTHIOPIEN · Addis Abeba · Gonder · Mekele · Debre Markos · Ras Dashan 4620 · Ankober · Dese · Dire Dawa · Harer · Jima · Awasa · Gore · Juba · Kefa · Shoa · Ogaden · DSCHIBUTI · Dschibuti · Saylac · Aseb · Aden · Golf von Aden · Bab al Mandeb

JEMEN · Sanaa · Taizz · Ibb · Al Hudayda · Aden · Hadramaut · Al Mukalla · Sayhut · Tarim · Sayun · Kamaran-In.

SOMALIA · Berbera · Boosaaso · Kap Guardafui · Ras Xaafuun · Qardho · Garoowe · Gaalkacyo · Beledweyne · Baydhabo · Jawhar · Mogadischu · Marka

ZENTRALAFRIKA · Bambari · Bangassou · Ndélé · Birao · Am Timan · Mongo · Abéché · Ouaddaï · HADSCHAD · D.R. KONGO (ZAIRE) · Buta · Isiro · Bumba · Aketi · Mungbere · Bunia · UGANDA · KENIA · Marsabit · Turkanasee (Rudolfsee)

Baku · Nil · Blauer Nil · El Gezira · Bahr el Ghasal · Sudd · Equatoria · Kordofan

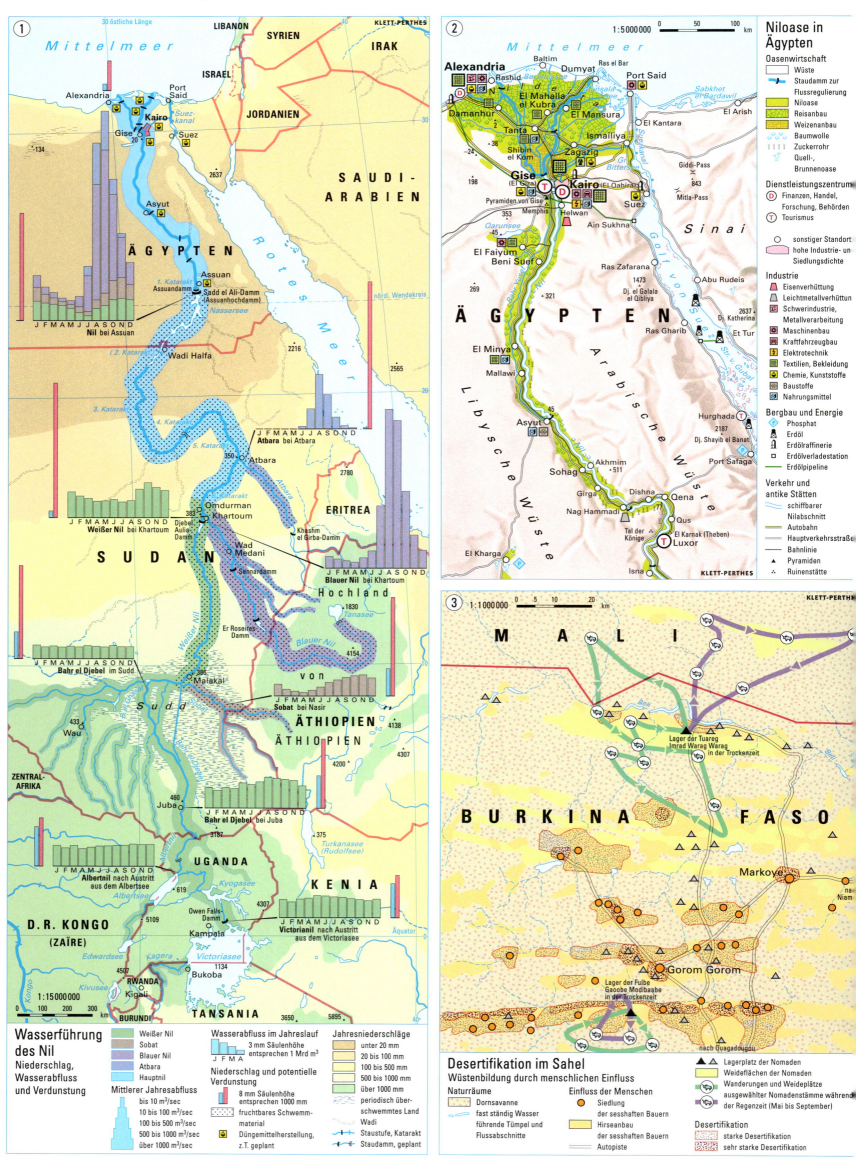

Westafrika · Nigerdelta · Ost- und Südafrika

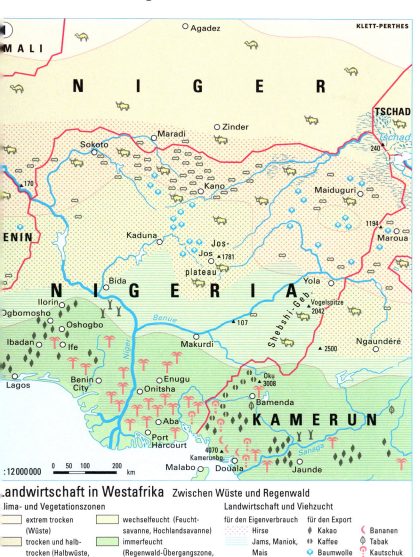

Landwirtschaft in Westafrika – Zwischen Wüste und Regenwald

Konflikte im Nigerdelta – Gefährdung der Lebensgrundlagen und wachsender Bevölkerungsdruck

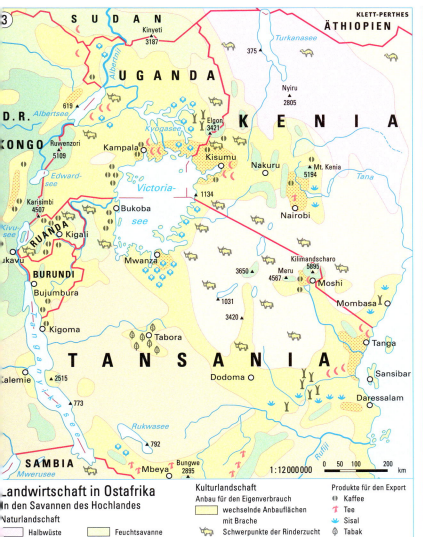

Landwirtschaft in Ostafrika – In den Savannen des Hochlandes

Wirtschaftsraum Südliches Afrika

Afrika (Südteil) und Madagaskar: Landschaften

111

1:15 000 000

0 100 200 300 400 500 km

SUDAN
Mongalla
Juba
460
Kinyeti
3187
UGANDA
Masindi
619
Kampala
Entebbe
1134
Elgon
4321
Eldoret
Jinja
Kisumu
Nakuru
Bukoba
Victoria see
RUANDA
Kigali
arisimbi
4507
Kagera
BURUNDI
Bujumbura
Kigoma
Mwanza
TANSANIA
Mpanda
2515
773
1435
Tabora
1031
Massai-steppe
3420
Dodoma
Rukwa see
792
Mbala
Mbeya
Rungwe
2895
2670
706
Mzuzu
1820
Muchingagebirge
1893
Lichinga
MALAWI
Lilongwe
BIA
ka
Cabora-Bassa
Zomba
Blantyre
3000
Mlanje
Tete
ABWE
Harare
Chitungwiza
Invangani
2596
Mutare
Gweru
Chimoio
Simbabwe
Beira
MOSAMBIK
bridge
Save
Kap Corrientes
Inhambane
2285
Nelspruit
Krüger-National-park
Maputo
Mbabane
SWASILAND
Newcastle
Kwazulu Natal
Richards Bay
Pietermaritzburg
Durban

ÄTHIOPIEN
4200
1283
Stefaniesee (Chew Bahir)
375
Turkanasee (Rudolfsee)
Marsabit
Nyiru
2805
KENIA
Mt. Kenia
5194
Nairobi
Amboseli Nat.-Park
Serengeti-Nat.-Park
3650
Ngorongoro Nat.-Park
Meru Nat.-Park
4567
Kilimandscharo
5895
Moshi
Arusha
Tana-land
Malindi
Mombasa
Tanga
Pemba
Sansibar
Dodoma
Daressalam
Ruaha Nat.-Park
Iringa
Tansam
Trans-Ostafrike Str.
Rufiji
Mafia
Lindi
Mtwara
Kap Delgado
Revuma
KOMOREN
Moroni
Njazidja (Grande Comore)
Mwali (Mohéli)
Nzwani (Anjouan)
Pemba
Nacala
Mosambik
2419
Nampula
Quelimane
Juan de Nova (zu Réunion, franz.)
Straße von Mosambik
Bassas da India (zu Réunion, franz.)
Europa-I. (zu Réunion, franz.)
Kap Sainte Marie

SOMALIA
Beledweyne
523
Baydhabo
Jawhar
125
Mogadischu
Marka
Djubaland
Wabi Shabeelle
Kismaayo

INDISCHER OZEAN

Mahe
Victoria
Amiranten-inseln
Platte-I.
Coëtivy-I.
SESCHELLEN
Providence
Aldabra-In.
Cosmoledo-In.
St. Pierre
Cerf
Astove
Farquhar-In.
Agalega-In.

Îs. Glorieuses (zu Réunion, franz.)
Kap d'Ambre
Antseranana
Mayotte (franz.)
Nosy Be
2876
Tsaratanana
Antalaha
Mahajanga
Nosy Boraha
Betsiboka
Trome in-I. (zu Réunion, franz.)
Nosy Boraha
Antananarivo
2643
Ankaratra
Antsirabé
Toamasina
Morondava
940
MADAGASKAR
Fianarantsoa
Andringitra
2658
Manakara
Toliara
Taolanaro

MAURITIUS
Cargados-Carajos-In.
Maskarenen
Mauritius
Port Louis
Rodrigues
Saint-Denis
3069
Piton des Neiges
Réunion (franz.)

Äquator
südlicher Wendekreis

Hamburg
Berlin
München

Flächentreuer Azimutalentwurf

Nordamerika

▶ Auf einen Blick

Höhenschichten, 1:30 Mio   **114**

Landschaften, 1:30 Mio   **115**

▶ Thematische Übersichten

Geschichte, Staaten
Kolonialbesitz um 1750, 1:75 Mio   **116.1**
Staaten, 1:75 Mio   **116.2**

Niederschläge, Tektonik, Wirtschaft
Jahresniederschläge, 1:75 Mio   **116.3**
Tektonik, 1:75 Mio   **116.4**
Wirtschaft, 1:27,5 Mio   **117**

▶ Großräume und Thematische Beispiele

Kanada und Alaska: Landschaften, 1:15 Mio   **118 – 119**

USA und Mittelamerika: Landschaften, 1:15 Mio   **120 – 121**
Bundesstaaten der USA   **121.1**

USA: Nordosten, Mittlerer Westen
Wirtschaftsraum Manufacturing Belt   **122.1**
Wirtschaftsraum Mittlerer Westen und Golfküste   **122.2**

USA: New York und Manhattan
Ballungsraum New York   **122.3**
New York: Bebauungsstruktur   **123.1**
New York: Bevölkerungsstruktur   **123.2**
New York: Sozialstruktur   **123.3**
Manhattan: Das Zentrum von New York   **123.4**

USA: Minderheiten, Westküste, Hawaii
USA: Siedlungsgebiete nationaler Minderheiten   **124.1**
Wirtschaftsraum Westküste   **124.2**
Kalifornisches Längstal: Wasserversorgung   **124.3**
Hawaii: Fremdenverkehr auf Oahu   **125.1**

Mexiko
Wirtschaftsraum Mexiko   **125.2**
Mexiko-Stadt: Stadtentwicklung   **125.3**

Südamerika

▶ Auf einen Blick

Höhenschichten, 1:30 Mio   **126**

Landschaften, 1:30 Mio   **127**

▶ Thematische Übersichten

Staaten, Wirtschaft
Staaten, 1:100 Mio   **128.1**
Wirtschaft, 1:33 Mio   **128.2**

Niederschläge, Tektonik
Jahresniederschläge, 1:100 Mio   **128.3**
Tektonik, 1:100 Mio   **128.4**

▶ Großräume und thematische Beispiele

Kolumbien, Venezuela, Bolivien
Wirtschaftsraum Kolumbien und Venezuela   **129.1**
Entwicklungsdefizite in Bolivien: Vallegrande   **129.2**

Brasilien
Erzbergbau im tropischen Regenwald bei Carajás   **129.3**
Brasília: Hauptstadt aus der Retorte   **129.4**

Südamerika (Nordteil): Landschaften, 1:15 Mio   **130 – 131**

Südamerika (Südteil): Landschaften, 1:15 Mio   **132**

Polargebiete

Arktis: Landschaften, 1:30 Mio   **133.1**

Antarktis: Landschaften, 1:30 Mio   **133.2**

113

Polargebiete: Grönland, Tourismus bei Qaanaaq

Nordamerika: Monument Valley, Felsformen auf dem Colorado Plateau

Südamerika: Cordillera Blanca östlich von Chimbote

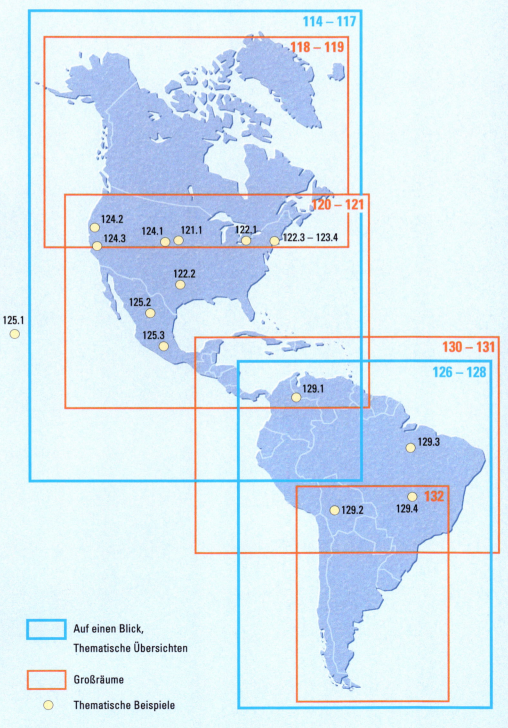

114 – 117
118 – 119
120 – 121
130 – 131
126 – 128
132

Auf einen Blick, Thematische Übersichten

Großräume

Thematische Beispiele

KLETT-PERTHES

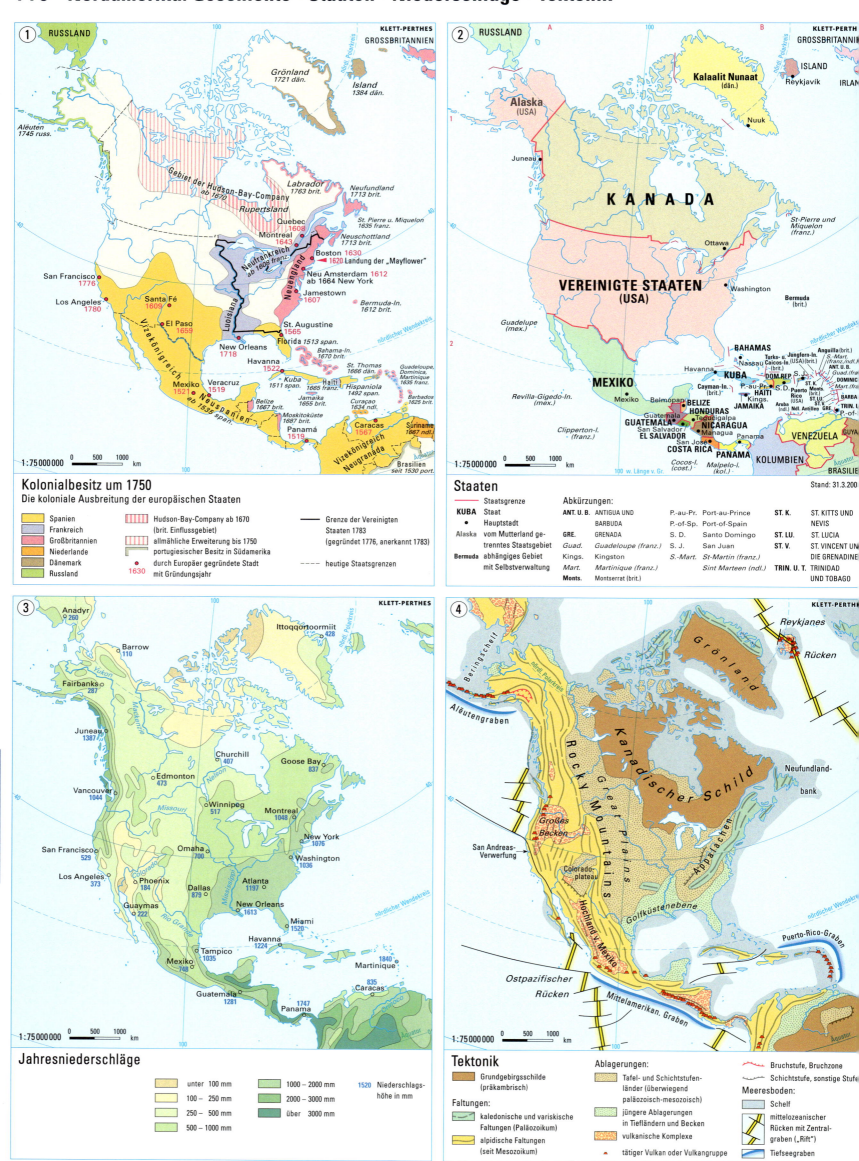

Nordamerika: Wirtschaft

119

1 : 15 000 000

0 100 200 300 400 500 km

sabeth-Inseln · Grantland · 2926 · Alert · 1829 · Knud-Rasmussen-Ld. · Kg.-Christian-X.-Ld. · 2940 · Ittoqqortoormiit (Scoresbysund) · ISLAND · Akureyri · 2119 · Saudárkrókur

Axel-Heiberg-I. · Ellesmereland · Humboldt-gletscher · Kalaalit Nunaat (dän.) · 2164 · 2935 · 3231 · Gunnbjörnfjeld 3700 · Horn · Reykjavík · Keflavík

Sverdrup-In. · Ellef Ringnes-I. · Qaanaaq (Thule) · Thule (US-Stützpunkt) · Kg.-Christian-IX.-Ld. · Mt. Forel 3360

n. · Jonessund · Devon-I. · Upernavik · Grönland · nördl. Polarkreis · Angmagssalik

Bathurst-I. · Cornwallis-I. · Resolute · Barrowstraße · Lancastersund · 2133 · Pond Inlet · Baffin Bay · Umanakfjord · Disko-I. · Ilulissat (Jakobshavn) · Qeqertarsuaq (Godhavn) · Qasigiánguit (Christianshâb) · 1995 · Kg.-Frederik-VI.-Ld.

Somerset-I. · H.-I. · Brodeur-H.-I. · 1817 · Clyde River · Aasiaat (Egedesminde) · 2850

Pr.-of-Wales-I. · Boothia-H.-I. · Golf von Boothia · Baffininsel · 2591 · Davisstraße · Sisimiut (Holsteinsborg) · Maniitsoq (Sukkertoppen)

King-William-I. · Furg-und-Hecla-Str. · Melville-H.-I. · Pr.-Charles-I. · Pangnirtung · Cumberlandsund · Nuuk (Godthâb) · Narssaq · Ivigtut · Qaqortoq (Juljanehâb)

t-Territorium · Foxebecken · Nettilling-see · Labrador-see · Paamiut (Frederikshâb) · Uummannarsuaq (Kap Farvel)

ounds · Repulse Bay · Southampton-I. · Foxe-H.-I. · Iqaluit · Amadjuak-see · Frobisher Bay

Baker Lake · Cape Dorset · Lake Harbour · Resolution-I.

Chesterfield Inlet · Coats-I. · Mansel-I. · Hudsonstraße · Kap Chidley

Tavani · Salluit · Meteoritenkrater · Kangiqsujuaq · 1676

Arviat · Hudson · Ungava-H.-I. · Kangirsuk · Ungava Bay · Nain · Neufundland

A · D · A · Barrenground · Kuujjuaq · 1128 · Battle Harbour

Churchill · Bay · Inukjuak · Minto-S. · Schefferville · Goose Bay · Kap Bauld

(zu Nunavut) · Clearwater-S. · Michikamau-S. · Hamilton Inlet

ke · Süßd. Indianer-S. · Belcher-In. · Kuujjuarapik · Labrador · Labrador City · 1128

Warren Landing · Ft. Severn · James Bay · Chisasibi · Quebec · Lac Allard · Neufundland · Gander

anitoba · Winisk · Akimiski-I. · Waskaganish · 1128 · Sept-Iles · Havre St-Pierre · Buchans · St. John's

ompson · 217 · Winnipeg-S. · Ft. Albany · Moosonee · Chibougamau · Pt. Cartier · Anticosti-I. · 814 · Corner Brook · Kap Race

psumville · Red Lake · Fort Hope · Ontario · Chicoutimi · Baie Comeau · St.-Lorenz-Golf · Port aux Basques · Miquelon (franz.) St-Pierre

Ontario · Waterloo · Rouyn-Noranda · Murdochville · Magdalen-In. · Cabot-Str. · Kap Breton

nnipeg · Kenora · Hearst · Kapuskasing · Timmins · Quebec · Campbellton · Neu-braunschweig · 532 · Sydney

Fort Frances · Thunder Bay · Trans Canada Highway · Oberer See · 183 · Michipicoten · Sault-Ste-Marie · Trois-Rivières · 1190 · 783 · Sherbrooke · Bathurst · Charlottetown · Pr.-Eduard-I.

Grand Forks · Two Harbors · Huronsee · Georgian Bay · Sudbury · Montreal · Ottawa · Fredericton · St. John · Moncton

Duluth · Ashland · Marquette · 177 · Ottawa · Montpelier · 1628 · 1916 · Portland · Concord · Sable-I.

Fargo · Superior · Green Bay · Oshkosh · Bay City · Michigansee · London · Oshawa · Toronto · Rochester · Albany · Manchester · Lawrence · Halifax · Yarmouth

Minneapolis · St. Paul · Madison · Racine · Milwaukee · Muskegon · Grand Rapids · Lansing · Hamilton · Niagara Falls · 75 · Hartford · Boston · Kap Cod · Kap Sable

Sioux Falls · Waterloo · Chicago · Gary · Detroit · Windsor · Eriesee · Buffalo · Scranton · New Haven · Providence

Sioux City · Des Moines · Omaha · AATEN · Toledo · Cleveland · Akron · Pittsburgh · Allentown · Trenton · New York · Newark · Philadelphia · Atlantic City · Wilmington · Harrisburg

ATLANTISCHER OZEAN

90 westl. Länge v. Greenwich · Flächentreuer Azimutalentwurf

120 Vereinigte Staaten (USA) und Mittelamerika: Landschaften

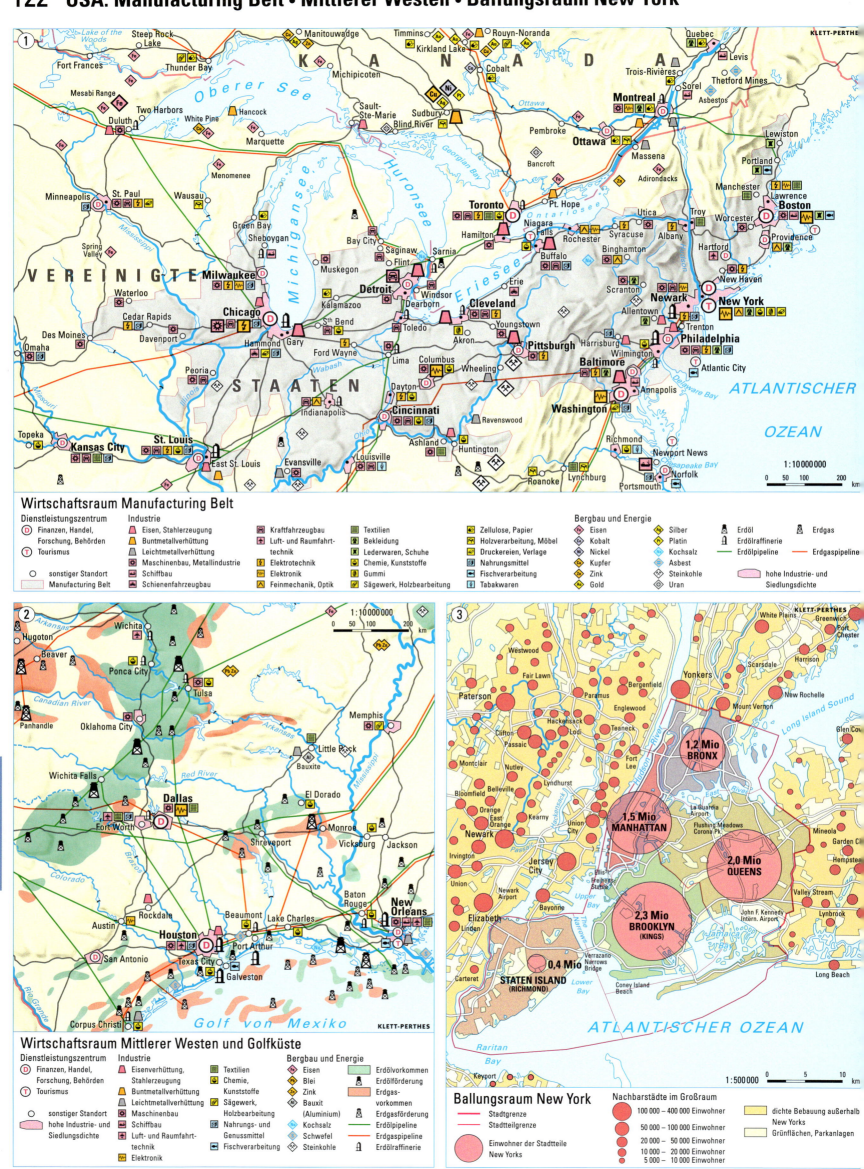

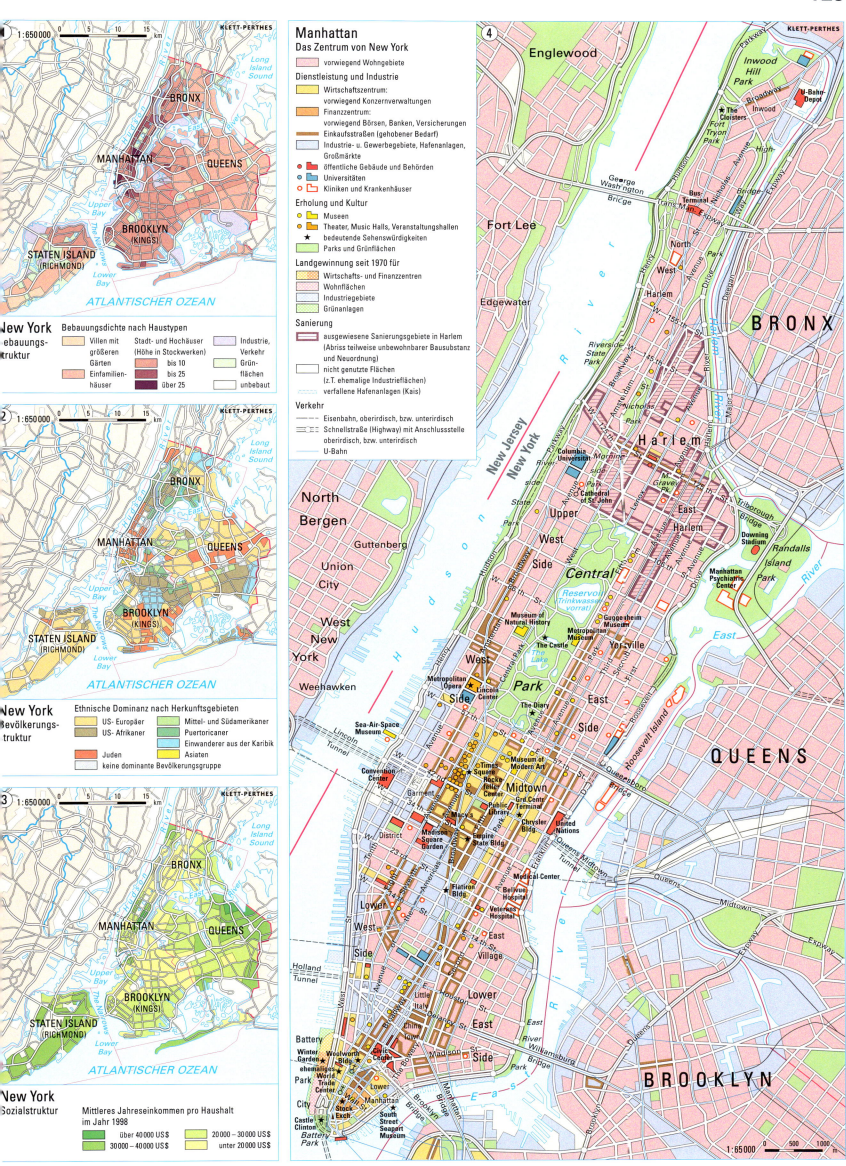

124 USA: Minderheiten · Westküste · Kalifornien

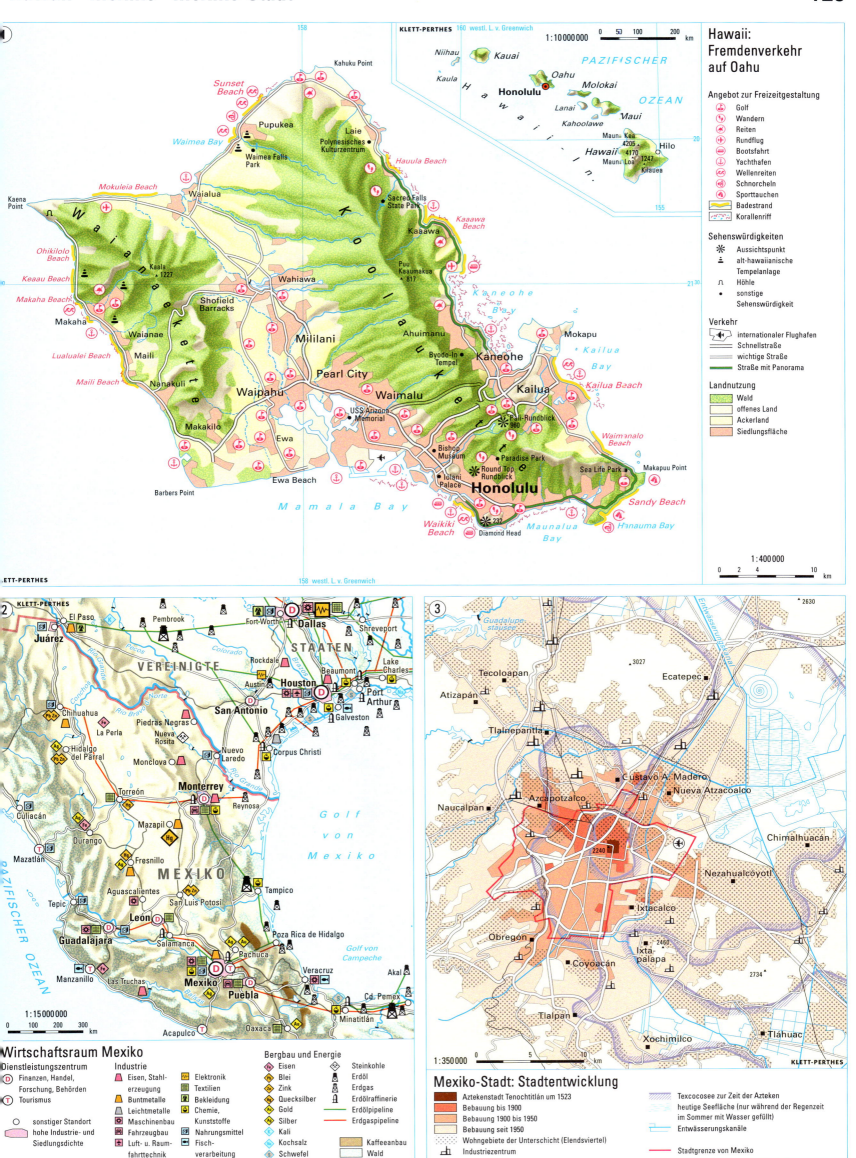

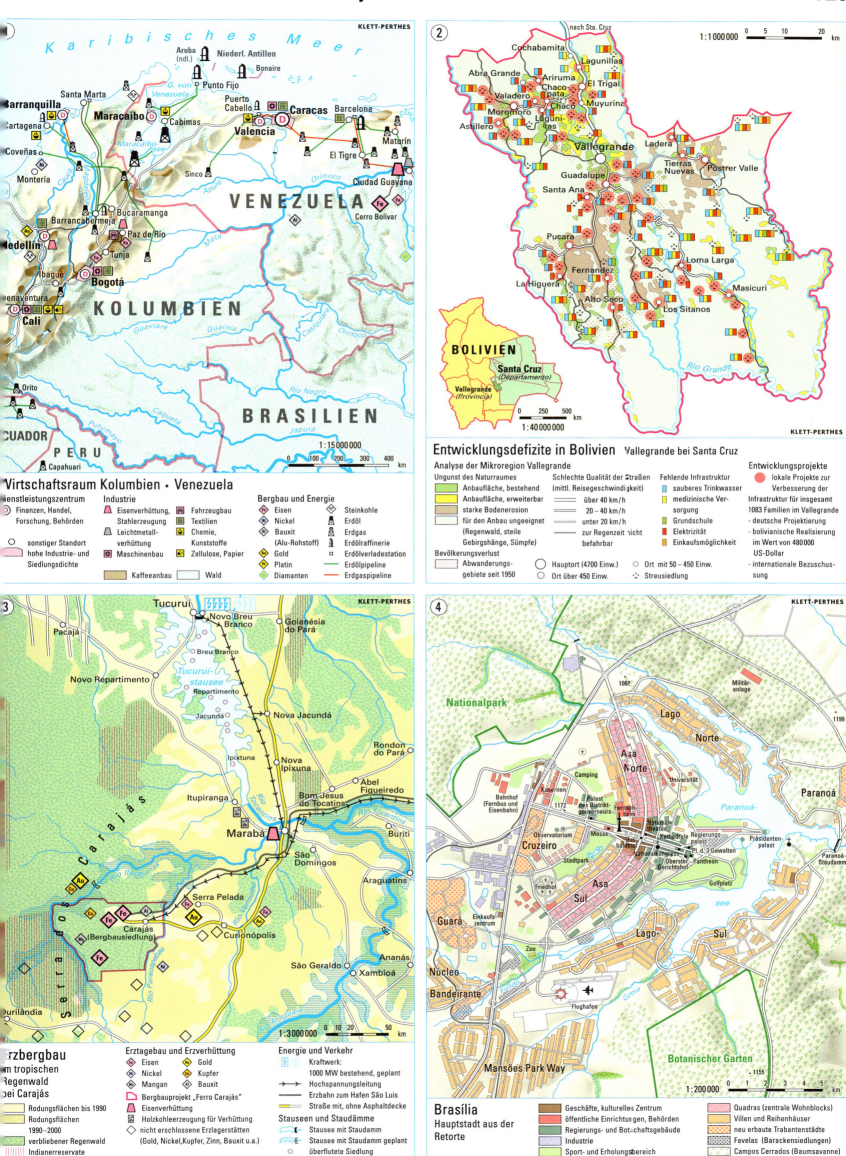

130 Südamerika (Nordteil): Landschaften

132 Südamerika (Südteil): Landschaften

1:15 000 000

Erde

▶ Auf einen Blick

Höhenschichten und Meeresrelief (Landmasse), 1:60 Mio	**136 – 137**
Höhenschichten und Meeresrelief (Wassermasse), 1:60 Mio	**138 – 139**
Landschaften und Meeresströmungen, 1:60 Mio	**140 – 141**

▶ Thematische Übersichten

Staaten und Bündnisse
Staaten, 1:80 Mio	142.1 – 143
Wirtschaftliche Zusammenschlüsse, 1:180 Mio	142.2
Politische Bündnisse, 1:180 Mio	143.3

Klimazonen, Klimadiagramme, Landwirtschaft
Klimazonen: Gliederung nach Troll / Paffen, 1:120 Mio	144.1
Klimazonen: Gliederung nach Köppen / Geiger, 1:120 Mio	144.2
Klimazonen: Gliederung nach Neef, 1:120 Mio	145.3
Landwirtschaftliche Rohstoffe, 1:120 Mio	145.4
Klimadiagramme	144 – 145

Niederschläge
Niederschläge im Januar, 1:240 Mio	146.1
Niederschläge im Juli, 1:240	146.2

Temperaturen
Temperaturen im Januar, 1:240 Mio	146.3
Temperaturen im Juli, 1:240 Mio	146.4

Niederschlagsvariabilität, Globalstrahlung
Niederschlagsvariabilität, 1:240 Mio	146.5
Globalstrahlung, 1:240 Mio	146.6

Tektonik, Naturkatastrophen
Geotektonik: Bau und Bewegung der Erdkruste, 1:120 Mio	147.1
Natürliche Gefahrenquellen – Schwere Katastrophen, 1:120 Mio	147.2

Religionen, Energie
Weltreligionen und Glaubenslehren, 1:120 Mio	148.1
Energierohstoffe, 1:120 Mio	148.2

Ernährung, Handel
Ernährung, 1:120 Mio	149.1
Handel, 1:120 Mio	149.2

Bevölkerung, Lebensstandard
Bevölkerungsdichte, 1:120 Mio	150.1
Bevölkerungswachstum und Lebenserwartung, 1:120 Mio	150.2
Lebensstandard, 1:120 Mio	151.1

Weltzeitsystem
Zeitzonen und Tageszeiten, 1:160 Mio	151.2

Erde im Weltall

▶ Wetter, Satellitenbild, Erdatmosphäre

Typische Wetterlagen in Europa
Hitzeperiode: Hochdruck im Sommer	152
Landregen: Tiefdruck im Sommer	152
Sibirische Kälte: Hochdruck im Winter	152
Weihnachtstauwetter: Tiefdruck im Winter	152
Sturmflutwetterlage an zwei aufeinander folgenden Tagen	152.5 –

Satellitenbild, Erdatmosphäre, Strahlung
Satellitenbild und Wetterkarte von Europa	153
Gesamte Erdatmosphäre: Vertikale Gliederung	153
Atmosphäre: Ausschnitt bis 100 km Höhe	153
Sonnen- und Himmelsstrahlung	153

▶ Sonnensystem, Jahreszeiten, Weltall

Sonnensystem, Jahreszeiten
Sonnensystem: Umlaufbahnen der Planeten um die Sonne	154.1 – 15
Erdbahn um die Sonne: Schema der Jahreszeiten	154
Beleuchtung der Erde: im Wechsel der Jahreszeiten	154
Schiefe der Ekliptik: Neigung der Erdachse	154
Beleuchtung der Erde am 21. Juni: Sommeranfang	154
Sonnenprotuberanzen: Größenvergleich zur Erde	154

Milchstraße, Weltall
Milchstraßensystem: Schema unserer Galaxis	155
Entfernungen im Weltall	155
Blick ins Weltall: Sternenhimmel über Mitteleuropa	155

Erde (Landmasse): Höhenschichten und Meeresrelief

138 Erde (Wassermasse): Höhenschichten und Meeresrelief

140 Erde: Landschaften und Meeresströmungen

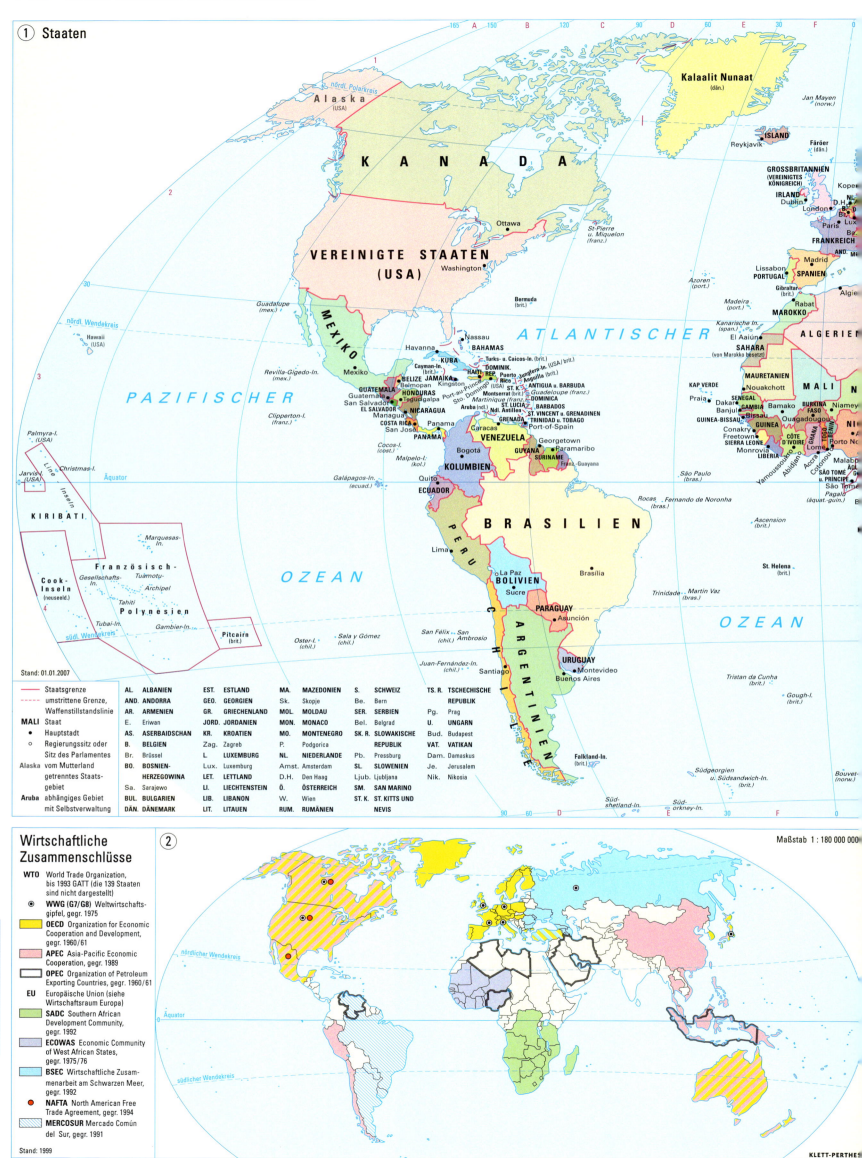

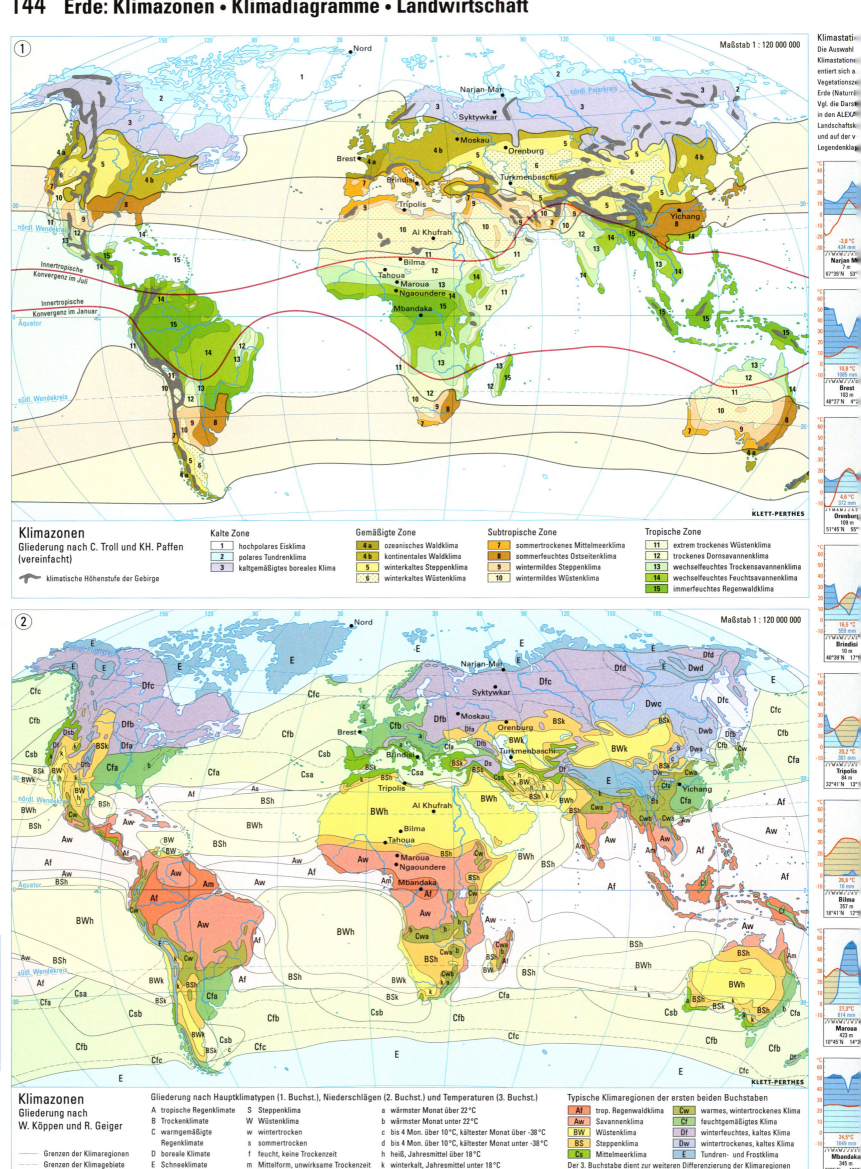

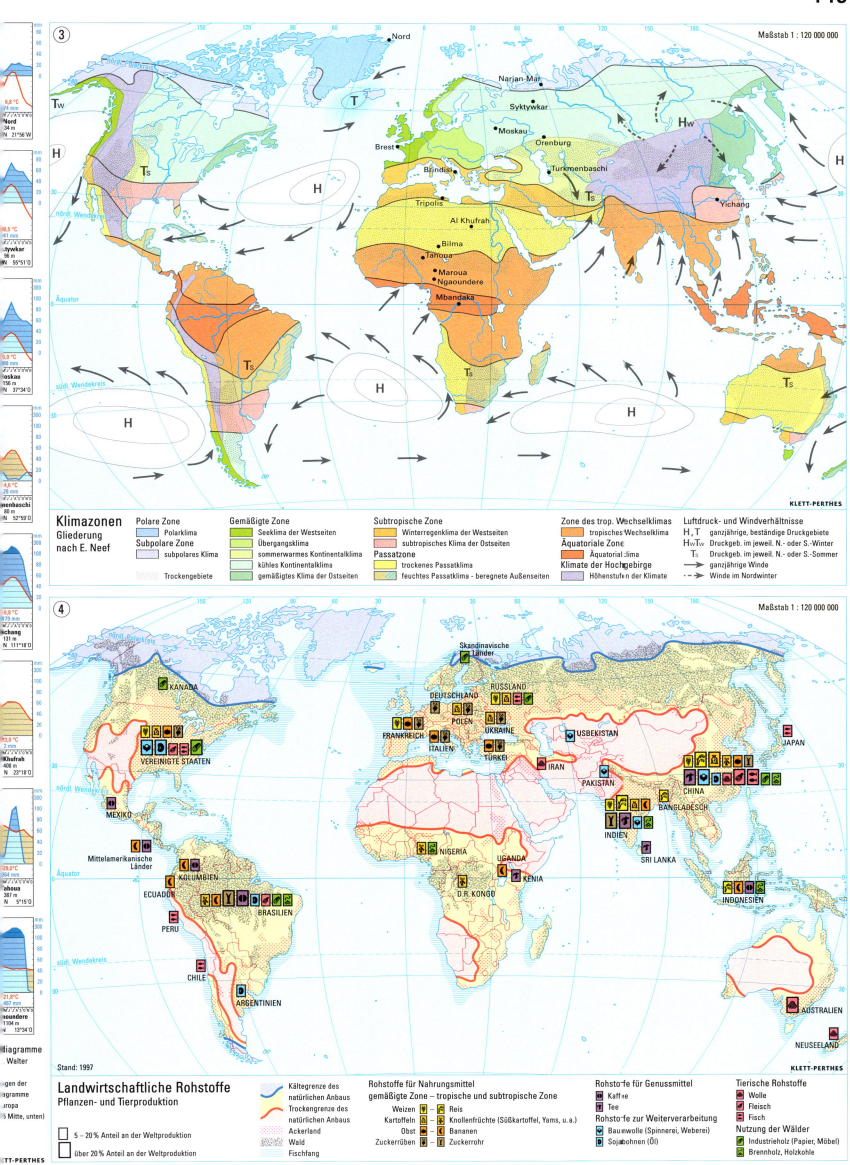

146 Erde: Niederschläge • Temperaturen

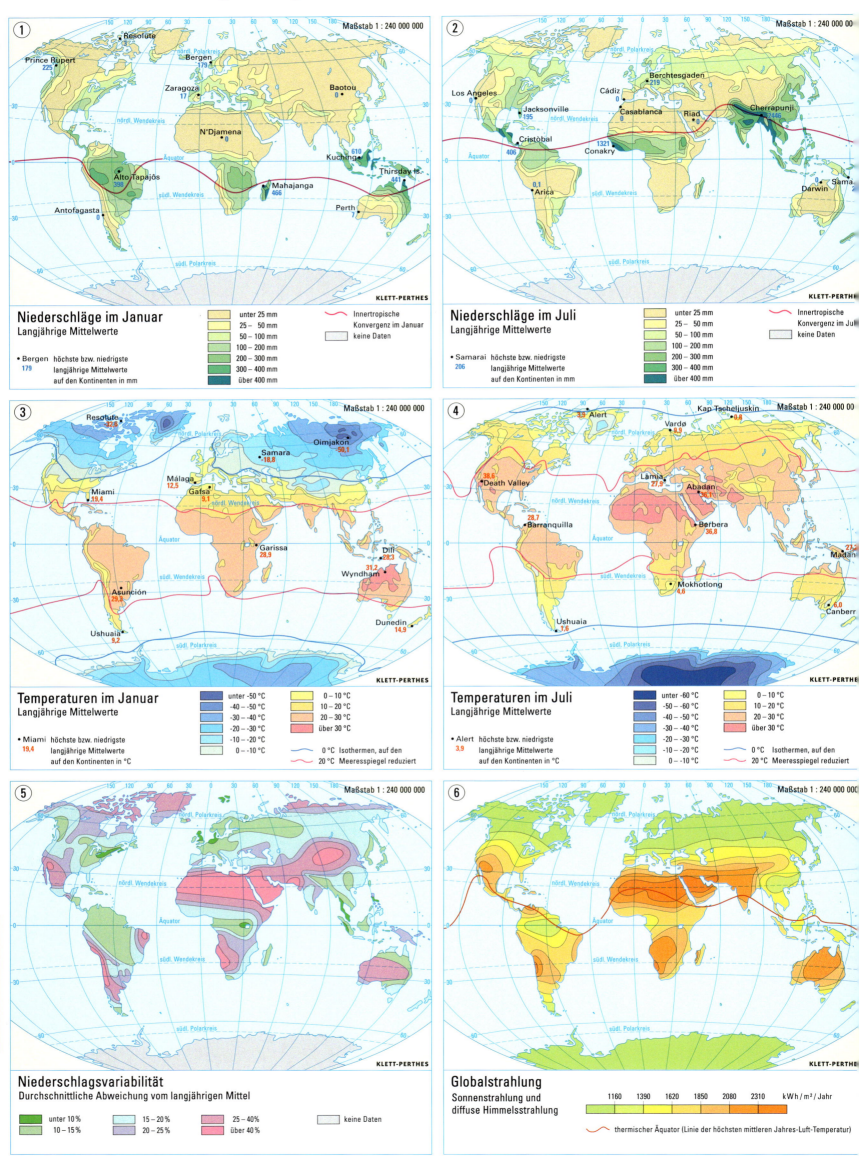

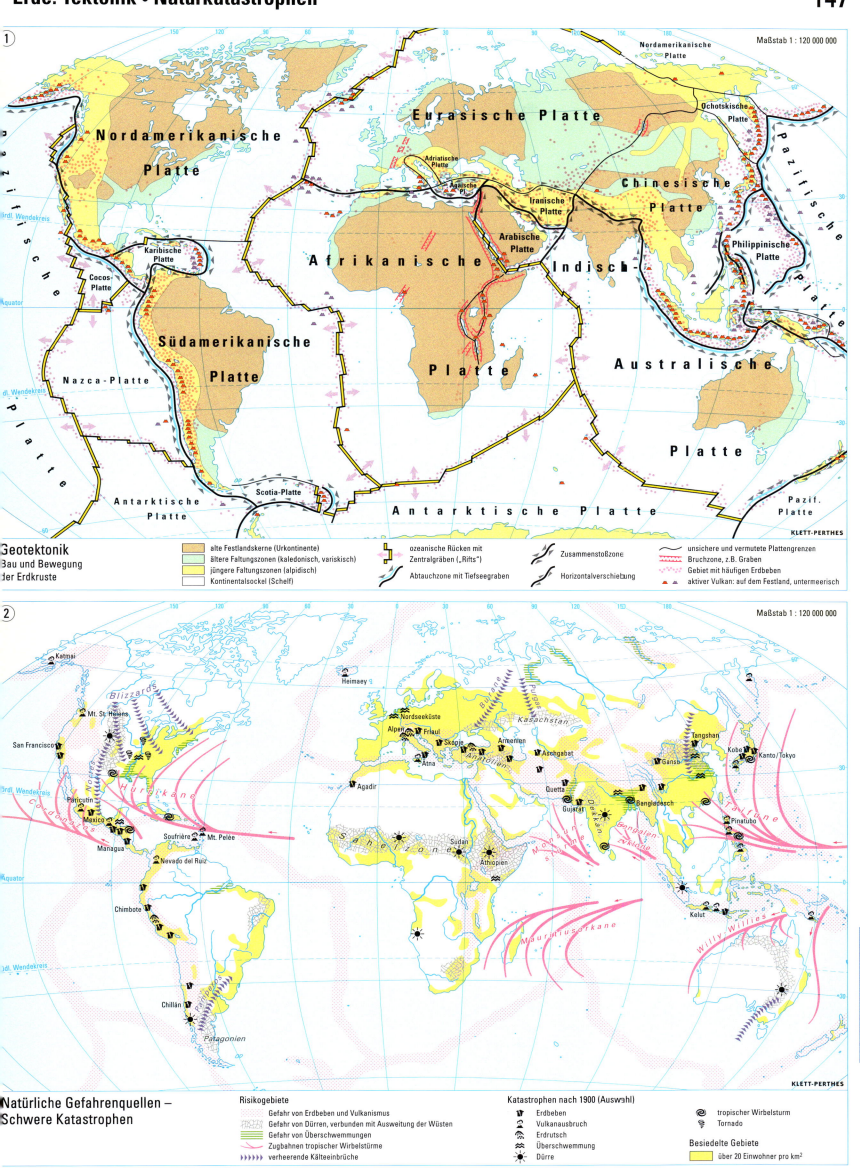

148 Erde: Weltreligionen · Energie

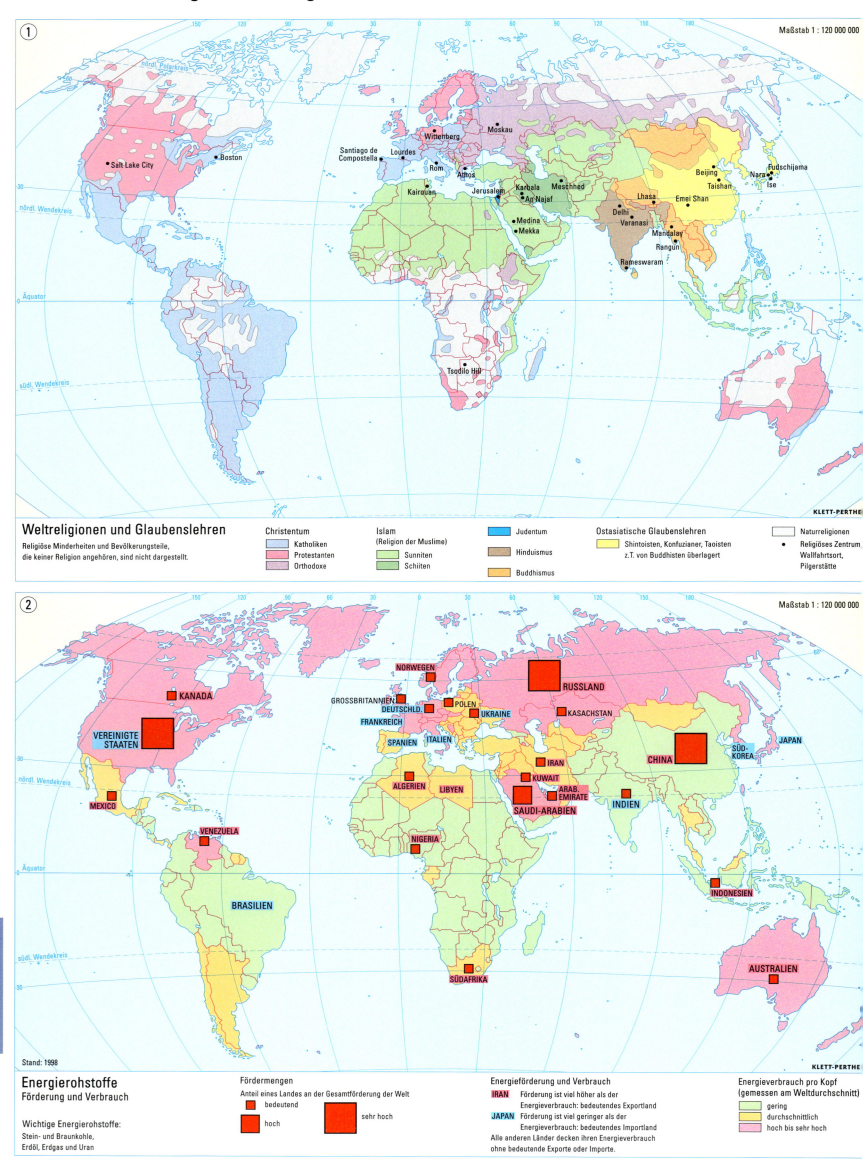

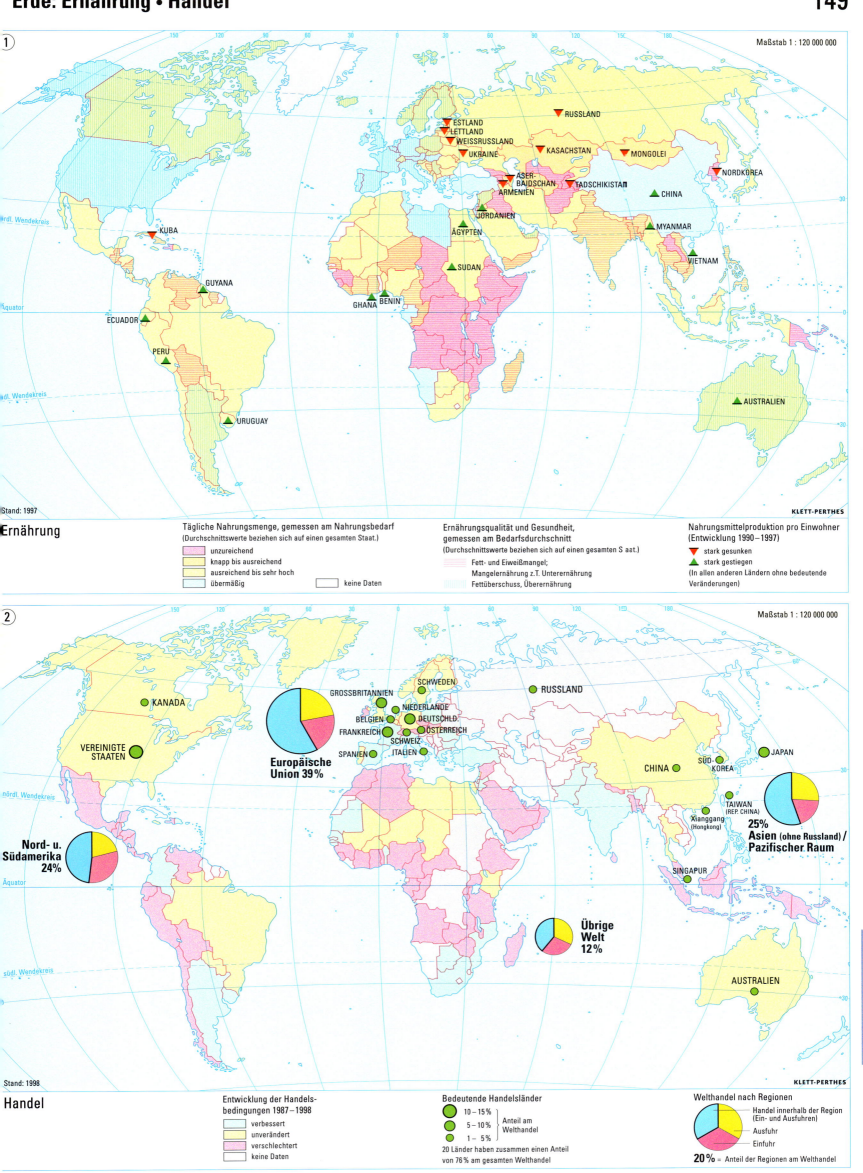

150 Erde: Bevölkerungsdichte · Bevölkerungswachstum

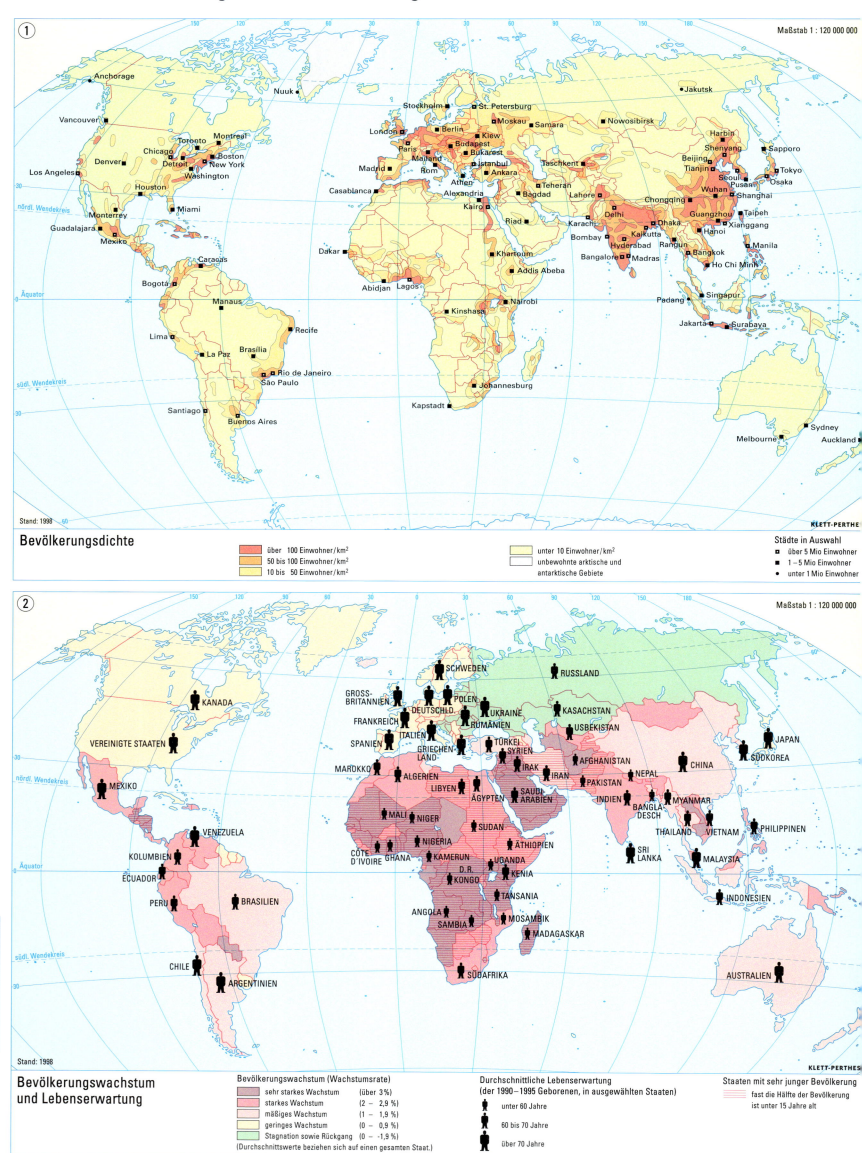

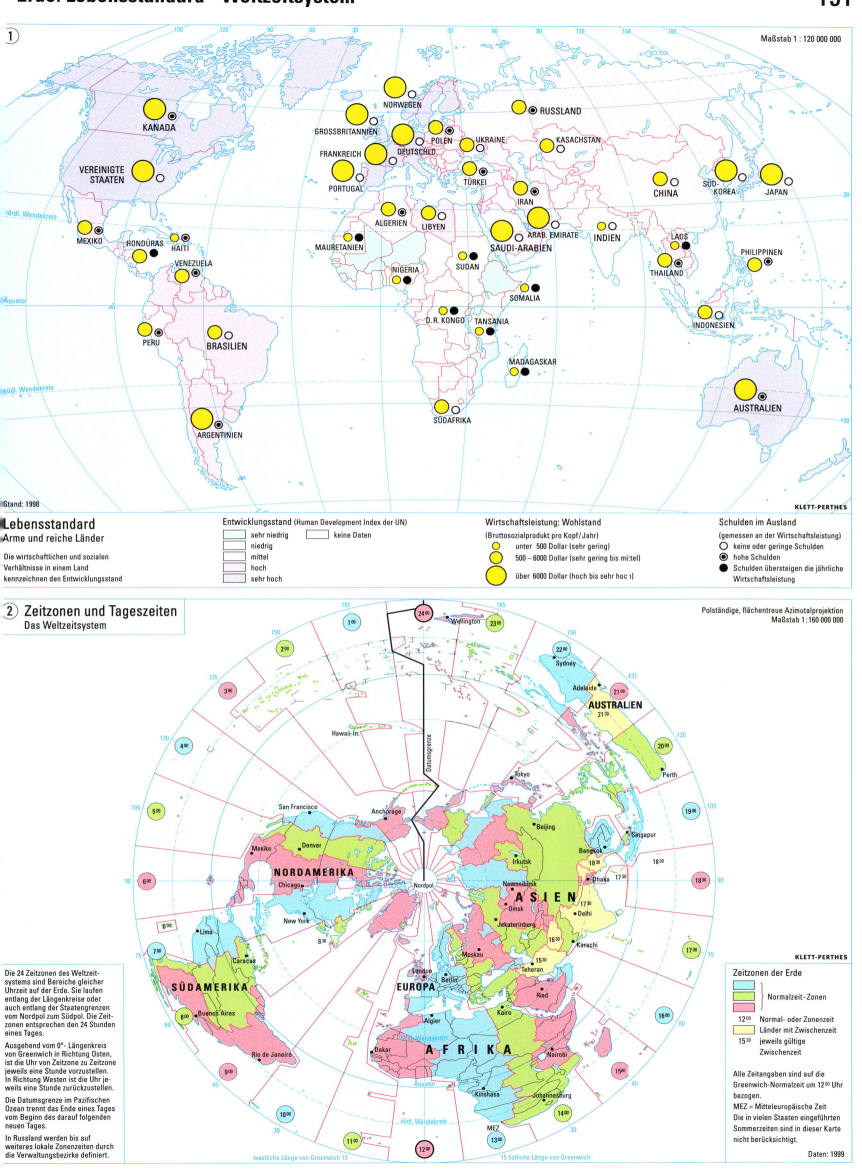

152 Typische Wetterlagen in Europa

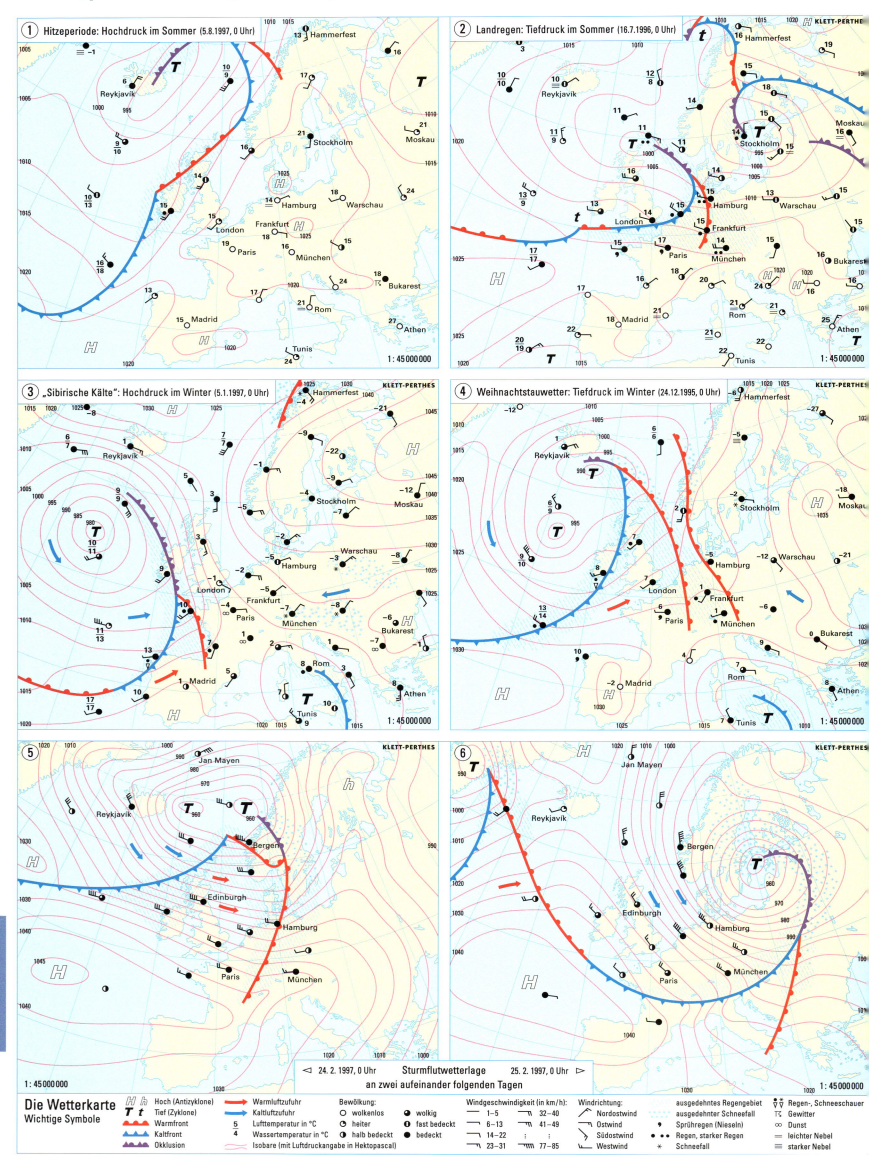

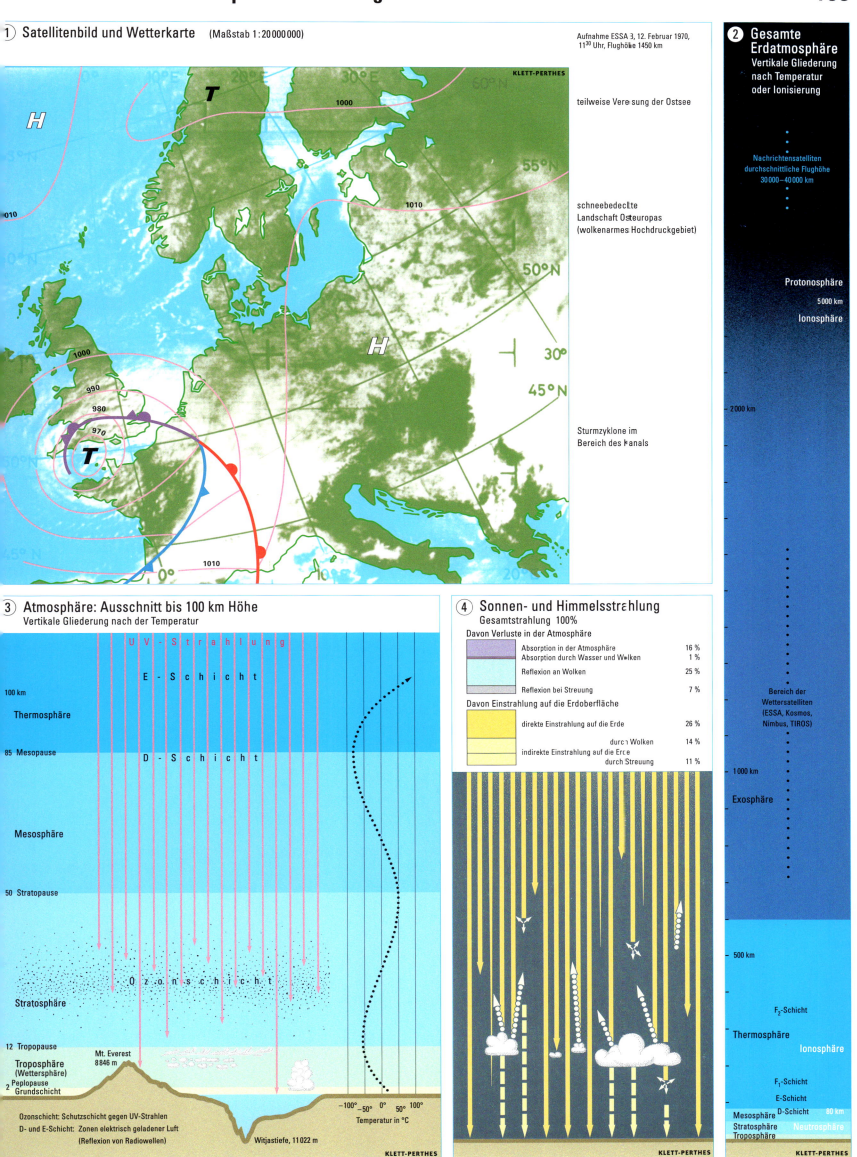

154 Sonnensystem • Jahreszeiten • Milchstraße • Weltall

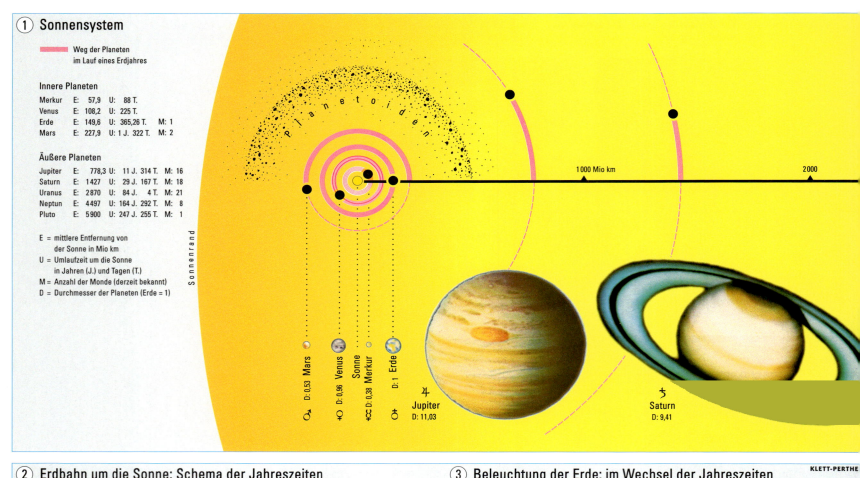

① Sonnensystem

② Erdbahn um die Sonne: Schema der Jahreszeiten (Ansicht senkrecht von oben)

③ Beleuchtung der Erde: im Wechsel der Jahreszeiten (Ansicht senkrecht von oben)

④ Schiefe der Ekliptik: Neigung der Erdachse (Ansicht von der Seite)

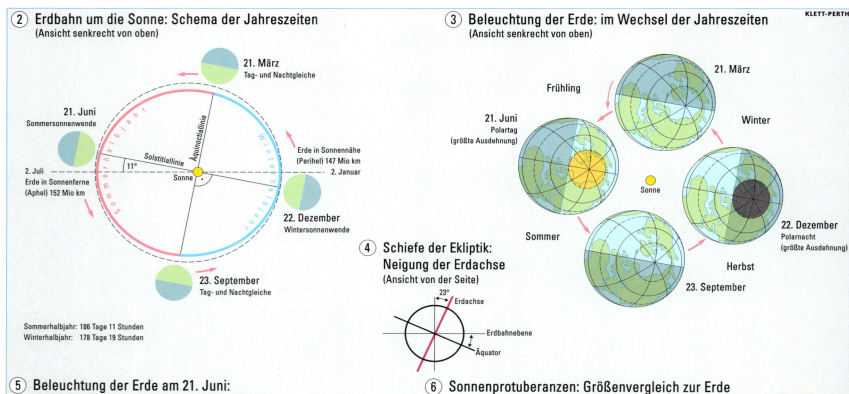

⑤ Beleuchtung der Erde am 21. Juni: Sommersonnenwende und Sommeranfang (Ansicht von der Seite)

⑥ Sonnenprotuberanzen: Größenvergleich zur Erde

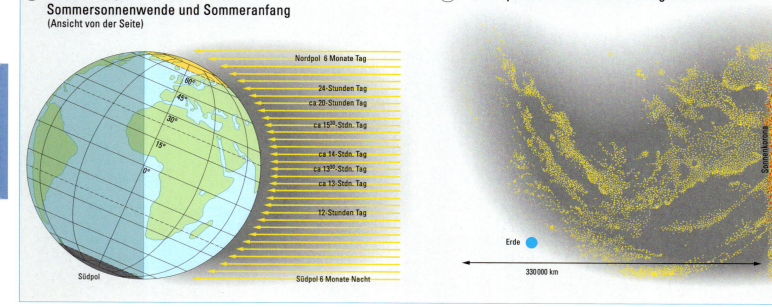

Umlaufbahnen der Planeten um die Sonne

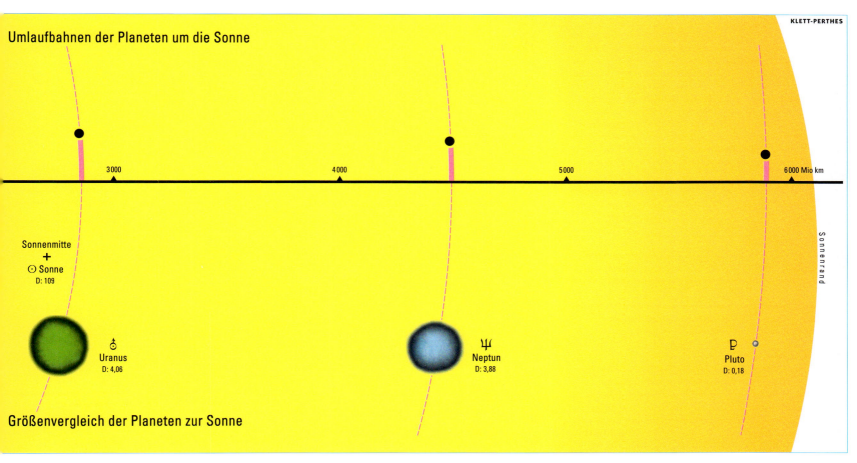

Größenvergleich der Planeten zur Sonne

7) Milchstraßensystem: Schema unserer Galaxis
(Ansicht senkrecht von oben)

8) Entfernungen im Weltall

Nach dem heutigen Stand der Technik – und unter Zuhilfenahme elektronischer Bildverstärkung – haben wir Kenntnis von Objekten bis ca. 18 Mrd Lichtjahre Entfernung.

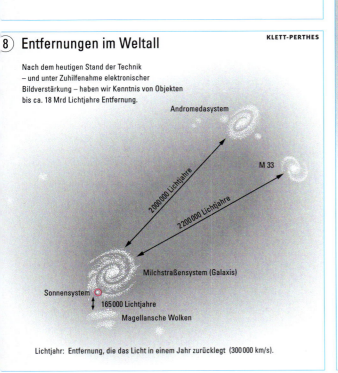

Lichtjahr: Entfernung, die das Licht in einem Jahr zurücklegt (300 000 km/s).

9) Blick ins Weltall: Sternenhimmel über Mitteleuropa
(31. Dezember, 50° nördliche Breite, 22 Uhr, gegen Süden)

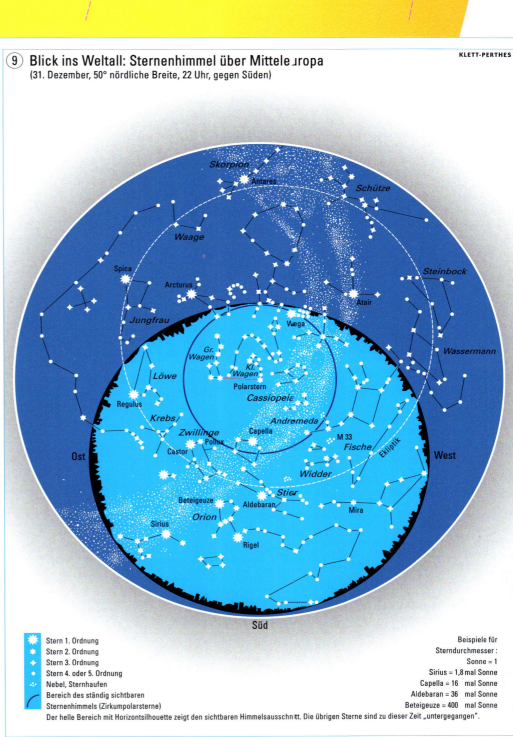

- Stern 1. Ordnung
- Stern 2. Ordnung
- Stern 3. Ordnung
- Stern 4. oder 5. Ordnung
- Nebel, Sternhaufen
- Bereich des ständig sichtbaren Sternenhimmels (Zirkumpolarsterne)

Der helle Bereich mit Horizontsilhouette zeigt den sichtbaren Himmelsausschnitt. Die übrigen Sterne sind zu dieser Zeit „untergegangen".

Beispiele für Sterndurchmesser:
Sonne = 1
Sirius = 1,8 mal Sonne
Capella = 16 mal Sonne
Aldebaran = 36 mal Sonne
Beteigeuze = 400 mal Sonne

156 Grundlagen der Kartennetzentwurfslehre

Gradnetz
Zur Orientierung auf der Erde wird die Oberfläche der Erdkugel mit einem Gitternetz (= Gradnetz) aus Längen- und Breitenkreisen (Meridiane und Parallelkreise) umspannt. Das Gradnetz ist auf die Erdachse und die beiden Erdpole ausgerichtet. Die Meridiane liegen in einer Ebene mit der Erdachse, laufen durch die beiden Erdpole und sind alle gleichlang. Die Zählung der 360 Meridiane beginnt beim 0°-Meridian von Greenwich und verläuft jeweils in westlicher sowie östlicher Richtung bis 180° westlicher und östlicher Länge. Die Breitenkreise stehen senkrecht auf der Erdachse. Die Zählung der 180 Breitenkreise beginnt bei 0° am Äquator, dem längsten Breitenkreis, und verläuft jeweils in nördlicher sowie südlicher Richtung bis 90° am Nordpol bzw. Südpol. In den Polen haben sich die Breitenkreise, vom Äquator ausgehend, soweit verkleinert, dass sie nur noch einen Punkt bilden.

Meridiane und Breitenkreise bilden die exakten Gradnetzkoordinaten für jeden beliebigen Punkt auf der Erde, z.B. Punkt **P** 60° ö. L. (östl. Länge) und 30° n. Br. (nördl. Breite). **Figur 1**

Abbildung der Erdoberfläche
Die gekrümmte Erdoberfläche verkleinert und ohne Verzerrungen abzubilden, d. h. in jedem Kartenmaßstab sowohl Flächen- als auch Winkel- und Längentreue zu gewährleisten, ist nur auf einer ebenfalls gekrümmten Globusoberfläche möglich.
Alle Methoden das Gradnetz der dreidimensionalen Erde in eine zweidimensionale Karte zu übertragen, sind mit Verzerrungen der Kartennetze verbunden (mathematischer Beweis durch EULER, 1777).

Abbildungsmethoden
Je nach Art der Übertragung des Gradnetzes kann ein flächentreues oder ein winkeltreues Bild der Erde entstehen - völlige Längentreue mit exakter Längenmessung zwischen zwei beliebigen Punkten ist dagegen ausgeschlossen. Starke Verzerrungen sind das Ergebnis der geometrischen Projektion des Gradnetzes mit Hilfe von Projektionszentrum und Projektionsstrahlen auf eine Projektionsebene. **(vgl. Figur 11)**

Um das Maß der Verzerrungen dem Zweck der jeweiligen Karte anzupassen und in Grenzen zu halten, bedient man sich mathematischer Abbildungsgleichungen, d. h. spezieller Kartennetzentwürfe (vgl. unten: Kartennetzentwürfe im ALEXANDER)

Unterschiedliche Projektionen
Da die Kugeloberfläche durch einfaches Abwickeln nicht in die Ebene übertragen werden kann, projiziert man die Kugeloberfläche auf geeignete Hilfsflächen, die die Erde berühren bzw. schneiden:

Ebene – Azimutale Projektion **Figur 2**
Kegel (abwickelbar) – **Kegelprojektion** **Figur 3**
Zylinder (abwickelbar) – **Zylinderprojektion** **Figur 4**

Aus der Lage von Projektionszentrum (s. unter A) und Hilfsfläche (s. unter B) – die Wahl ist abhängig vom Zweck der Karte – ergeben sich weitere Einteilungen:

A) Lage des Projektionszentrums P:
P_1 im Erdmittelpunkt: zentrale (gnomonische) Projektion **Figur 5**
P_2 im Gegenpol: stereographische Projektion **Figur 6**
P_3 im Unendlichen: orthographische Projektion **Figur 7**
Zwischen P_2 und P_3 sind beliebige Lagen denkbar (z. B. Betrachtung der Erde aus verschiedenen Höhen).
Beispiel einer Konstruktion: Polständige, stereographische Azimutalprojektion. Eigenschaft: winkeltreu, deshalb früher häufig für Seekarten verwendet. **Figur 11**

B) Lage der Hilfsflächen A, K und Z:
A = Azimutalproj., K = Kegelproj., Z = Zylinderproj. **Figuren 8, 9, 10**

Verzerrungsverhältnisse
Sie werden veranschaulicht an verschiedenen, gleichmaßstäbigen Zylinderentwürfen, wie z. B.:

Lamberts flächentreue Zylinderprojektion (polständig, orthographisch): Kreise werden polwärts zu flächengleichen Ellipsen. **Figur 12**
Quadratische Plattkarte (mittabstandstreu; vermittelnder mathemat. Entwurf): Kreise werden polwärts zu flächengrößeren Ellipsen. **Figur 13**
Mercatorprojektion (winkeltreu; mathemat. Entwurf): Kreise werden polwärts größer, die Kreisform bleibt erhalten. **Figur 14**

Die Verzerrungsintensität kann durch die Wahl einer schneidenden gegenüber einer berührenden Hilfsfläche deutlich beeinflusst werden. **Figuren 15 u. 16**
Allgemein gilt jedoch, dass die Verzerrungen zunehmen
1) von Berührpunkt (vgl. Azimutalproj.) oder Berührlinie - bzw. Schnittlinie (vgl. Kegel- und Zylinderproj.) zum Kartenrand hin.
2) je größer der abzubildende Teil der Erdoberfläche ist.

Kartennetzentwürfe im ALEXANDER
Deutschland, europäische Länder und Regionen
Flächentreuer Schnittkegelentwurf nach Albers mit zwei längentreuen Breitenkreisen

Alle Kontinente
Flächentreuer Azimutalentwurf nach Lambert

Erddarstellungen
Vermittelnder Planisphärenentwurf nach Winkel mit einer ausgeglichenen Wiedergabe der Formen. **(vgl. Figur 17)**

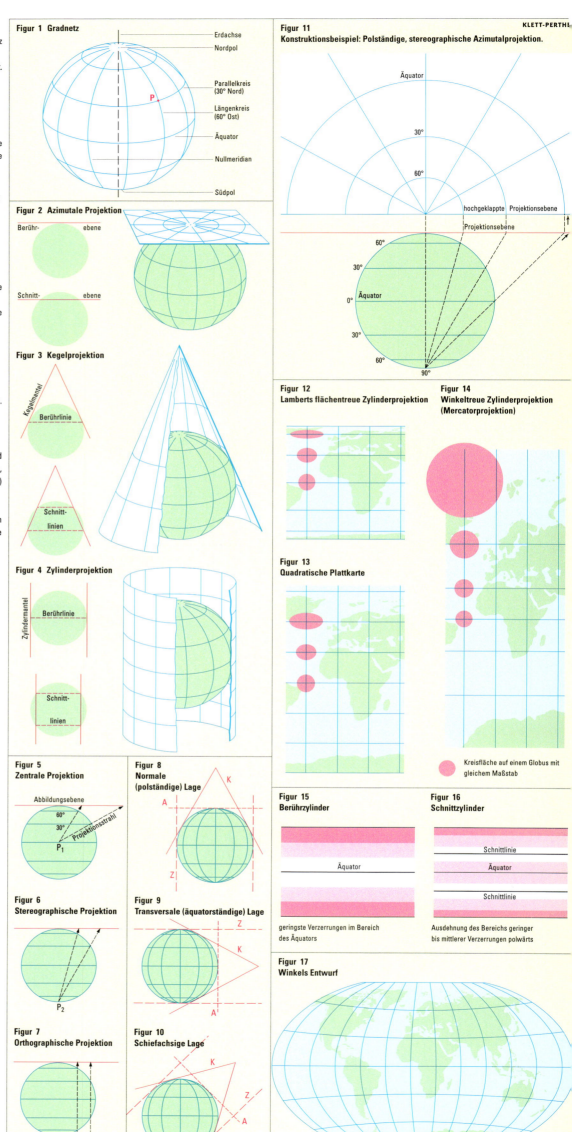

Register geographischer Namen

gisterregeln

Schreibweise, Anordnung und Alphabetisierung der Eintragungen wurden folgende Regeln anwendet:

Bei Ortsnamen, für die in der Karte neben dem gebräuchlichen deutschen Namen (deutsches Exonym) die offizielle landesübliche Schreibweise (Originalschreibung) in Klammern angegeben ist, werden im Register jeweils beide Namensformen berücksichtigt, z.B.: Mailand (Milano), Milano (Mailand)

Der dem Namen folgende Kartenverweis nennt die Kartenseite bzw. Kartendoppelseite und das Gradnetzfeld der Karte.

Es wird auf die Karte verwiesen, in der das Objekt im größtmöglichen Maßstab abgebildet ist. Bei Flüssen, Gebirgen, Landschaften und Staaten kann zusätzlich auf eine Übersichtskarte kleineren Maßstabs verwiesen werden.

Das Namensregister ist der deutschen Buchstabenfolge entsprechend alphabetisch geordnet. Die Umlaute ä, ö, ü werden wie a, o, u, die Doppelvokale æ und œ werden wie ae und oe, ß wie ss behandelt.
Buchstaben mit Akzenten und diakritische Zeichen sind wie einfache Lateinbuchstaben eingeordnet.

Einem Namen vorangestellte Zusätze (wie Sankt, Saint, Fort, Mont, Mount, Pic, Kap usw.) gelten als fester Bestandteil des Namens und sind bei der Alphabetisierung entsprechend berücksichtigt.

Bei Namen, die auch ohne Artikel oder Zusatz gebräuchlich sind, erfolgt ein Doppelverweis (wie z.B. Bad Wörishofen und Wörishofen, Bad bzw. Golf von Biscaya und Biscaya, Golf von).

In den Karten abgekürzte Namen sind im Register grundsätzlich ausgeschrieben.

Gleichlautende Namen werden durch einen näher kennzeichnenden Zusatz unterschieden, z.B. Birmingham; Stadt in Großbritannien und Birmingham; Stadt in Alabama, USA bzw. North Platte; Fluss und North Platte; Stadt in den USA.

A

Aachen 24/25 B5
Aachquelle 34/35 D5
Aalen 34/35 F4
Äänekoski 58/59 F3
Aarau 34/35 D5
Aare 12 B5
Aba 106/107 D5
Abadan 89.1 C1
Abadla 106/107 C2
Abakan 86/87 J4
Abasa 86/87 IJ4
Abashiri 92 E2
Abayasee 106/107 G5
Abbot-Schelfeis 133.2 B33
Abchasien 81.2
Abd el Kuri 89.1 D3
Abéché 106/107 F4
Abensberg 34/35 G4
Abeokuta 106/107 D5
Aberdeen; Stadt in Großbritannien 62/63 F3
Aberdeen; Stadt in den USA 120/121 D2
Abha 89.1 C3
Abidjan 106/107 C5, 104.3 A1
Abilene 120/121 D3
Abisko 58/59 D2
Åbo (Turku) 58/59 E3
Abomey 106/107 D5
Aborrebjerg 12 E1
Abruzzen 66/67 L4/5
Abu Dhabi 89.1 D2, 80.1 C3
Abu Hamed 106/107 G4
Abuja 106/107 D5
Abu Kamal 70/71 N8
Abu Simbel 106/107 G3
Acapulco 120/121 D5
Acarigua 130/131 D2
Accra 106/107 C5, 104.3 A1
Achensee 34/35 G5
Achern 34/35 D4
Achill Head 62/63 B4/5
Achillinsel 62/63 B5
Achim 24/25 E2
Achtubinsk 70/71 Q1
Aconcagua 132 AB3
Acqui Terme 56 C3
Adamaoua 106/107 E5
Adamello 56 D2
Adana 70/71 K7
Adapazarı 70/71 I5
Adda 56 C3
Ad Dakhla 106/107 B3
Ad Dammam 89.1 CD2
Addis Abeba 106/107 G5, 104.3 B1
Adelaide 100/101 D4
Adelaide-Insel 133.2 C35/36
Adélieland 133.2 BC20/21
Adelsberger Grotten 56 EF3
Adelsheim 34/35 E3
Aden 89.1 C3
Adenau 34/35 B2
Adige 56 D3
Adıyaman 70/71 M7
Adjer, Tassili der 106/107 D3
Ad Ladhiqiya 70/71 K8
Admiralitätsinseln 96/97 G4
Admont 34/35 J5
Adour 62/63 G10
Adrar; Gebirge 106/107 B3
Adrar; Oase 106/107 CD3
Adrar der Iforas 106/107 D4
Adrar Souttouf 106/107 B3
Adriatisches Meer 66/67 L3/N5
Adscharien 81.2
Adula 56 C2
Adygeja 81.2
Ærø 24/25 F1
Afghanistan 90/91 B3, 80.1 D2
Afobaka 130/131 E2
Afognakinsel 118/119 D4
Afrika 140/141 L-N5/6, 102
Afyonkarahisar 70/71 I6
Agadez 106/107 D4
Agadir 106/107 C2
Ägadische Inseln 66/67 KL7
Ägäisches Meer 70/71 F6/G7
Agalega-Inseln 110/111 F3
Agaña 96/97 G2

Agartala 90/91 E4
Agra 90/91 C4
Ağrı 70/71 O6
Agrigento 66/67 L7
Agrihan 96/97 G2
Aguascalientes 120/121 C4
Agulhasbecken 136/137 MN9/10
Agulhasstrom 140/141 O8/9
Ägypten 106/107 FG3, 104.3 B1
Ahaggar 106/107 D3
Ahaggar, Tassili des 106/107 D3
Ahaus 24/25 C3
Ahlbeck 24/25 J2
Ahlen 24/25 C4
Ahmadabad 78/79 I7
Ahr 34/35 B2
Ahrensburg 24/25 F2
Ahrenshoop 24/25 H1
Ahrgebirge 12 B3
Ahrweiler, Bad Neuenahr-34/35 C2
Ahvaz 40/41 I5
Ahvenanmaa (Åland) 58/59 DE3
Aibling, Bad 34/35 H5
Aichach 34/35 G4
Aichal 86/87 L3
Aichfeld 34/35 J5
Aigen 34/35 I4
Aïr 106/107 D4
Aisch 34/35 F4
Aitape 96/97 G4
Aix-en-Provence 56 A4
Aix-les-Bains 56 A3
Aizawl 90/91 E4
Ajaccio 62/63 L11
Ajion Oros 70/71 F5
Ajios Efstratios 70/71 F6
Ajka 70/71 B2
Ajmer 90/91 C4
Akçakara Dağ 73.1 C1
Akdağ 70/71 HI7
Aketi 110/111 C1
Akimiski-Insel 118/119 KL4
Akita 92 E3
Akjoujt 106/107 B4
Akmola (Astana) 86/87 H4
Akola 90/91 C4
Akranes 58/59 A2
Akron 120/121 E2
Aksaray 70/71 JK6
Akşehir 70/71 I6
Aksu 90/91 D2
Aktau 84 D3
Aktöbe 84 D2
Akureyri 58/59 B1
Alabama 120/121 E3
Alaid 86/87 P4
Alakolsee 86/87 I5
Alakurtti 58/59 G2
Alamagan 96/97 G2
Al Amarah 40/41 I5
Aland 24/25 G3
Åland (Ahvenanmaa) 58/59 DE3, 42/43.1 G3
Ålandsee 58/59 D3/4
Alanya 70/71 IJ7
Alapajewsk 84 E2
Alaska 118/119 D-E3, 116.2 A1
Alaska, Halbinsel 118/119 CD4
Alaska Highway 118/119 FG3
Alaskakette 118/119 DE3
Alawerdi 70/71 P5
Al Ayn 89.1 D2
Albacete 66/67 E6
Albaner Berge 66/67 L5
Albanien 70/71 CD5, 42/43.1 F4
Albany; Fluss 118/119 K4
Albany; Stadt in Australien 100/101 B4
Albany, Stadt in Georgia, USA 120/121 E3
Albany, Stadt in New York, USA 120/121 F2
Al Basrah 89.1 C1
Al Bayda 106/107 F2
Albatrossplateau 138/139 T6
Alberga 100/101 D3
Alberta 118/119 H4
Albertnil 106/107 G5
Albertsee 103 FG6
Albertville 56 B3
Albina 130/131 E2

Alborán 66/67 D8
Ålborg 58/59 B4
Albstadt 34/35 E4
Albuquerque 120/121 C3
Al Burayqah 106/107 E2
Albury 100/101 E4
Alcántara-Stausee 66/67 B6
Alcoy 66/67 E6
Aldabra-Inseln 110/111 BC2
Aldan; Fluss 86/87 N3
Aldan; Stadt in Russland 86/87 M4
Alentejo 66/67 AB6
Aleppo (Halab) 70/71 L7
Alert; Stadt in Grönland 118/119 MI
Alert; Forschungsstation 133.1 A
Alessandria 56 C3
Ålesund 58/59 B3
Aleuten 115 F4, 142/143.1 LM2
Aleutengraben 76/77 RS4
Aleutenkette 118/119 CD4
Alexanderarchipel 118/119 F4
Alexanderinsel 133.2 CB35
Alexandria 106/107 F2
Alexandrowsk-Sachalinski 86/87 O4
Alexandrupolis 70/71 F5
Alfeld 24/25 E4
Alföld 70/71 C2/E1
Algarve 66/67 AB7
Algeciras 66/67 C7
Algerien 106/107 CD3, 104.3 A1
Algier 66/67 G7, 104.3 A1
Al Haditha 70/71 O8
Alhambra 66/67 D7
Al Hasakah 70/71 N7
Al Hilla 40/41 I5
Al Hoceima 66/67 D8
Ålholm 24/25 G1
Al Hudaydah 89.1 C3
Al Hufuf 89.1 C2
Aliakmon 70/71 DE5
Alicante 66/67 E6
Alice Springs 100/101 D3
Aligarh 90/9 C4
Al Jahra 89. C2
Al Jawf 89.1 B3
Al Jubayl 89.1 C2
Al Jufrah-Oasen 106/107 E3
Al Kufrah-Oasen 106/107 F3
Al Kut 40/41 I5
Al Ladhiqiya 89.1 B1
Allahabad 90/91 D4
Allenstein (Olsztyn) 54/55 J5
Allentown 120/121 F2
Aller 24/25 E3
Allgäu 34/35 EF5
Allgäuer Alpen 12 D5, 34/35 F5
Allier 62/63 I8
Alma-Ata (Almaty) 90/91 C2
Al Madinah (Medina) 89.1 B2
Almalyk 90/91 B2
Almanzor 66/67 C5
Almaty (Alma-Ata) 90/91 C2
Al Mawsil (Mossul) 40/41 I5
Almelo 24/25 B3
Almería 66/67 D7
Almetjewsk 84 D2
Al Mukalla 89.1 C3
Alorinseln 96/97 E4
Alotau 96/97 H5
Alpen 54/55 D-G8
Alpenvorland 12 C5/F4
Al Qamishli 70/71 N7
Al Qatrun 106/107 E3
Al Qunfudhah 89.1 C3
Alsdorf 24/25 B5
Alsen 24/25 EF1
Alsfeld 34/35 E2
Alta 58/59 E2
Altaelv 58/59 E2
Altai; Gebirge 86/87 I4
Altai; Stadt in der Mongolei 90/91 E2
Altai, Mongolischer 86/87 IJ5
Altaj, Autonome Republik 81.2
Altamira; Höhle 66/67 C4
Altamira; Stadt in Brasilien 130/131 E3
Altdorf 34/35 G3

Alte IJssel 24/25 B4
Altena 24/25 C4
Altenburg; Kirche, Kloster 56 F1
Altenburg; Stadt in Thüringen 34/35 H1/2
Altengamme 24/25 F2
Altenkirchen 34/35 C2
Altensteig 34/35 D4
Altentreptow 24/25 I2
Altes Land 24/25 E2
Altiplano 130/131 D4/5
Altkirch 34/35 C5
Altmark 24/25 G3
Altmühl 34/35 G4/5
Altötting 34/35 H4
Altschewsk 70/71 M1
Altun Shan 90/91 DE3
Al Wajh 89.1 B2
Alz 34/35 H4/5
Alzette 34/35 B3
Alzey 34/35 D3
Amadeussee 100/101 D3
Amadjuaksee 118/119 LM3
Amami-Inseln 90/91 HI4
Amanosgebirge 70/71 L7
Amapá 130/131 E2
Amarillo 120/121 C3
Amasya 70/71 K5
Amazonas 130/131 E3
Amazonasschwelle 126 EF4
Amazonastiefland 126 FG5
Ambartschik 86/87 Q3
Ambato 130/131 C3
Amberg 34/35 G3
Ambon 96/97 E4
Amboseli-Nationalpark 110/111 D2
Amderma 86/87 G3
Ameland 24/25 A2
American Highland 133.2 B14
Amerikanisch Samoa 142/143.1 M4
Amery-Schelfeis 133.2 B13/C14
Amhara 106/107 G4
Amiens 62/63 I7
Amiranten 76/77 G10
Amirantengraben 136/137 P7
Amman 89.1 B1, 80.1 C3
Ammer 34/35 G5
Ammerland 24/25 CD2
Ammersee 34/35 G4/5
Amorbach 34/35 E3
Amper 34/35 G4
Amravati 90/91 C4
Amritsar 90/91 C3
Amrum 24/25 D1
Amselfeld 70/71 D4
Amsterdam 62/63 J5, 42/43.1 E3
Amsterdaminsel 140/141 QR9, 142/143.1 I5
Amstetten 34/35 J4
Am Timan 106/107 F4
Amu-Darja 78/79 H5/6
Amundsengolf 118/119 GH2
Amundsen-Scott 133.2 A
Amundsensee 133.2 BC32/31
Amur (Heilong Jiang) 86/87 N5
Amursk 86/87 N4
Anadyr; Fluss 86/87 R3
Anadyr; Stadt in Russland 86/87 R3
Anadyrgebirge 86/87 RS3
Anadyrgolf 86/87 S3
Anambasinseln 96/97 C3
Anami-Inseln 92 B5
Anamur 70/71 J7
Anápolis 130/131 F4
Anatahan 96/97 G2
Anatolien 78/79 E6
Anchorage 118/119 E3
Ancona 66/67 L4
Anda 92 B1
Andagoya 130/131 C2
Andalgalá 132 B2
Åndalsnes 58/59 B3
Andalusien 66/67 B-D7
Andamanen 90/91 E5, 80.1 E3
Andamanensee 96/97 B2/3
Andechs 34/35 G5
Anden (Kordilleren) 127 E4-E9, 130/131 C2/D4, 132 A4/B1

Andenes 58/59 D2
Andermatt 56 C2
Andernach 34/35 C2
Andischan 90/91 C2
Andorra 66/67 F4, 42/43.1 E4
Andorra la Vella 66/67 F4,
42/43.1 E4
Andøy 58/59 D2
Andringitra 110/111 E4
Andros 70/71 F7
Androsinsel 120/121 F4
Angara 86/87 J4
Angarsk 86/87 K4
Angel 34/35 I3
Ángelfall 130/131 D2
Angeln 24/25 E1
Ångermanälv 58/59 D3
Angermünde 24/25 I2
Angers 62/63 G8
Angkor 96/97 C2
Anglesey 62/63 E5
Angmagssalik 118/119 P3
Angola 110/111 BC3,
104.3 AB2
Angolabecken 136/137 LM7/8
Angoulême 62/63 H9
Angren 90/91 C2
Anguilla 120/121 G5, 116.2 B2
Anholt 58/59 C4
Anjouan (Nzwani) 110/111 E3
Ankara 70/71 J6, 42/43.1 H4
Ankaratra 110/111 E3
Anklam 24/25 I2
Ankober 106/107 GH5
Annaba 66/67 I7
Annaberg-Buchholz 34/35 HI2
Annam 96/97 C1/2
Annapolis 120/121 F3
Annapurna 90/91 D4
An Nasiriyah 89.1 C1
Annecy 56 B3
Annobón (Pagalu) 110/111 A2
Anqing 90/91 G3
Ansbach 34/35 F3
Anschero-Sudschensk 86/87 I4
Anschu-Inseln 86/87 NO2
Anshan 90/91 H2
Anshun 90/91 F4
Antakya 70/71 L7
Antalaha 110/111 F3
Antalya 70/71 I7
Antananarivo 110/111 E3,
104.3 B2
Antarktis 133.2
Antarktische Halbinsel
133.2 BC1
Antiatlas 106/107 C2/3
Anticosti-Insel 118/119 M5
Antigua 120/121 G5
Antigua und Barbuda
120/121 GH5, 116.2 B2
Antillen, Große 120/121 E4/G5
Antillen, Kleine 120/121 G5
Antipodeninseln 140/141 XY10,
142/143.1 LM5
Antofagasta 132 A2
Antseranana 110/111 E3
Antsirabe 110/111 E3
Antwerpen 62/63 J6
Anyang 90/91 G3
Aogashima 92 DE4
Aomen (Macao) 90/91 G4
Aomori 92 E2
Aoraki (Mount Cook)
100/101 GH5
Aosta 56 B3
Aouk, Bahr 106/107 EF5
Apatity 58/59 G2
Apeldoorn 24/25 A3
Apennin 66/67 J3/M5
Apenninenhalbinsel 40/41 F4
Apia 138/139 O7
Apo 96/97 E3
Apolda 34/35 G1
Appalachen 120/121 E3/F2
Appalachenplateau 114 N6
Appenzell 34/35 E5
Apt 56 A4
Apulien 66/67 MN5
Apure 130/131 D2
Apusenigebirge 70/71 E2
Aqaba 89.1 B2

Äquatorialer Gegenstrom
140/141 QR6/7
Äquatorial-Guinea 110/111 AB1,
104.3 A1
Arabien 140/141 OP5
Arabische Emirate 89.1 D2,
80.1 C3
Arabische Halbinsel 76/77 FG7/8
Arabischer Golf (Persischer Golf)
89.1 CD2
Arabisches Becken 136/137 Q6
Arabisches Meer 78/79 GH8
Arabische Wüste 106/107 G3
Arabisch-Indischer-Rücken
136/137 PQ6/7
Aracaju 130/131 G4
Arad 70/71 D2
Arafurasee 100/101 D1
Aragonien 66/67 EF5
Araguaia 130/131 F3
Araguaiabecken 126 GH5/6
Arak 89.1 C1
Arakangebirge 90/91 E4/5
Aralsee 84 DE3
Aralsk 84 E3
Araninseln 62/63 BC5
Ararat 70/71 P6
Aras 70/71 O5/6
Arauca 130/131 C2
Aravalligebirge 90/91 C4
Arax (Aras) 40/41 I5
Arber, Großer 54/55 F7
Arbil 70/71 OP7
Arbon 34/35 E5
Arcachon 62/63 G9
Archangelsk 84 C1
Arctowsky 133.2 C1
Ardabil 106/107 H2
Årdalstangen 58/59 B3
Ardennen 62/63 J7-K6,
34/35 AB2
Arendal 58/59 B4
Arendsee 24/25 G3
Arequipa 130/131 C4
Åreskutan 58/59 C3
Arezzo 66/67 K4
Argentinien 132 BC3, 128.1 AB2
Argentinisches Becken
136/137 IJ8/9
Argentinosee 132 A5
Argeş 70/71 F3
Argonnen 62/63 J7
Århus 58/59 C4
Arica 132 A1
Arjeplog 58/59 D2
Arkansas 120/121 D3
Arktis 133.1
Arktisches Kap 86/87 IJ1
Arles 56 A4
Arlit 106/107 D4
Arlon 34/35 A3
Armawir 70/71 N3
Ärmelkanal (Der Kanal)
62/63 F7-G6
Armenien 84 C3, 80.1 C2
Armenisches Hochland
38/39 I4/5
Arnas Dağ 73.1 D1/2
Arnheim (Arnhem) 24/25 A4
Arnhem (Arnhem) 24/25 A4
Arnhemland 100/101 D2
Arno 66/67 K4
Arnøy 58/59 E1
Arnsberg 24/25 D4
Arnsberg, Regierungsbezirk
14 BC3
Arnstadt 34/35 F2
Arnstein 34/35 C2
Arnswalde 24/25 K2
Arolsen 34/35 E1
Ar Ramadi 40/41 I5
Ar Raqqah 70/71 M7/8
Ar Riyad (Riad) 89.1 C2
Arta 70/71 D6
Artesisches Becken, Großes
100/101 DE3
Artigas 133.2 C1
Arturo Prat 133.2 C36/1
Aruba 120/121 F5, 116.2 B2
Aru-Inseln 96/97 F4
Arusha 110/111 D2
Aruwimi 110/111 C1

Arviat 118/119 J3
Arvidsjaur 58/59 D2
Arvika 58/59 C4
Arxan 90/91 G2
Arzew 66/67 E8
Asahikawa 92 E2
Asandeschwelle 102 EF6
Asansol 90/91 D4
Ascension 103 B7, 104.3 A2
Asch 34/35 H2
Aschach 34/35 IJ4
Aschaffenburg 34/35 E3
Aschersleben 24/25 G4
Aschgabat 89.1 DE3
Aseb 106/107 H4
Asela 106/107 G5
Åsele 58/59 D3
Aserbaidschan 70/71 P5,
80.1 C2
Ashburton 100/101 B3
Ashland 120/121 D2
Ash Shariqah 89.1 D2
Asi 70/71 L8
Asien 140/141 Q-U3/4, 76/77
Asinara 66/67 J5
Asir 78/79 F7/8
Asir, Hochland von 76/77 F7/8
Askja 58/59 B1/2
Asmara 106/107 G4, 104.3 B1
Asowsches Meer 70/71 K2/L3
Aspendos 70/71 I7
Aspromonte 66/67 MN6
Assadstausee 70/71 M7/8
Assalesee 106/107 H4
Assam 90/91 E4
Assen 24/25 B3
Assino 86/87 I4
Assuan 106/107 G3
Assuanhochdamm 106/107 G3
As Sulaymaniyah 89.1 C2
Assur 70/71 O8
Assyut 89.1 B2
Astana (Akmola) 86/87 H4,
80.1 D2
Asti 56 C3
Astipaläa 70/71 G7
Astove 110/111 E3
Astrachan 84 C3
Asturien 66/67 BC4
Asuka 133.2 B9
Asunción 132 C2, 128.1 B2
Asyut 106/107 G3
Atacama 132 AB2
Atacamagraben 138/139 V8
Atacama, Salar de 132 B2
Atakpamé 106/107 D5
Atâr 106/107 B3
Atatürkstausee 70/71 M7
Atbara; Fluss 106/107 G4
Atbara; Stadt im Sudan
106/107 G4
Athabaska 118/119 H4
Athabaskasee 118/119 I4
Athen (Athinai) 70/71 E6/7,
42/43.1 G5
Athinai (Athen) 70/71 E6/7,
42/43.1 G5
Äthiopien 106/107 GH5,
104.3 B1
Äthiopien, Hochland von
136/137 O6
Athlone 62/63 D5
Athos 70/71 F5
Atlanta 120/121 E3
Atlantic City 120/121 F3
Atlantische Küstenebene
114 NO6
Atlantischer Ozean 40/41 C2-4
Atlantisch-Indischer Rücken
136/137 M-O10
Atlantisch-Indisches-Südpolar-
becken 136/137 L-Q11
Atlasgebirge 140/141 LM4/5
Atlas, Hoher 40/41 D5
Atlas, Mittlerer 38/39 D5
Ätna 66/67 M7
Atschinsk 86/87 J4
At Taif 89.1 C2
Attendorn 24/25 C4
Attersee 34/35 I5
Atyrau 84 D3
Aube 56 A1
Auckland 100/101 H4

Aucklandinseln 140/141 X10,
142/143.1 L5
Audincourt 34/35 B5
Aue; Fluss 24/25 D3
Aue; Stadt in Sachsen 34/35 H2
Auerbach 34/35 H2
Augsburg 34/35 F4
Augusta, Stadt in Georgia, USA
120/121 E3
Augusta, Stadt in Maine, USA
120/121 G2
Aurangabad 90/91 C5
Auresgebirge 66/67 I8
Aurich 24/25 C2
Aursundsee 58/59 C3
Äußere Hebriden 62/63 C3-D2
Ausiait (Egedesminde)
118/119 N3
Aussig (Ústí nad Labem)
34/35 J2
Austfirðir 58/59 C1/2
Austin 120/121 D3
Australien; Kontinent
140/141 T-V8
Australien; Staat 100/101,
142/143.1 K4
Australische Alpen 98.1 E4
Australische Bucht, Große
100/101 CD4
Auvergne 62/63 I9
Avesta 58/59 D3
Avignon 56 A4
Avilés 66/67 BC4
Avon 62/63 G5
Awasa 106/107 G5
Awash 106/107 H4
Awbari 106/107 E3
Awbari, Edeyin 106/107 E3
Axel-Heiberg-Insel
118/119 J1/K2
Axios 70/71 E5
Ayacucho 130/131 C4
Aydin 70/71 G7
Ayers Rock 100/101 D3
Ayoûn el Atroûs 106/107 C4
Ayr 62/63 E4
Ayutthaya 96/97 C2
Azaouad 106/107 C4
Azoren 106/107 A2, 104.3 A1
Azorenschwelle 136/137 KL4
Az Zawiyah 106/107 E2

B

Baalbek 89.1 B1
Baar 34/35 D4/5
Babarinseln 96/97 E4
Bab el Mandeb 89.1 C3
Babuyaninseln 96/97 E2
Bacabal 130/131 F3
Bacaninseln 96/97 E4
Bacău 70/71 G2
Baccarat 34/35 B4
Bacharach 34/35 C2
Bachmatsch 54/55 P6
Bachmugowo 54/55 Q4
Back 118/119 I3
Backnang 34/35 E4
Bacolod 96/97 E2
Bad Aibling 34/35 H5
Badain Jaran, Wüste 90/91 F2/3
Badajoz 66/67 B6
Badalona 66/67 G5
Bad Bentheim 24/25 C3
Bad Bergzabern 34/35 CD3
Bad Berka 34/35 G2
Bad Berleburg 24/25 D4
Bad Bramstedt 24/25 E2
Bad Brückenau 34/35 E2
Bad Doberan 24/25 G1
Bad Driburg 24/25 E4
Bad Ems 34/35 C2
Baden; Stadt in der Schweiz
34/35 D5
Baden; Stadt in Österreich
56 G1
Baden-Baden 34/35 D4
Badenweiler 34/35 C5
Baden-Württemberg
34/35 DE3/4, 14 CD4
Bad Freienwalde 24/25 J3
Bad Füssing 34/35 I4

Bad Gandersheim 24/25 F4
Badgastein 56 E2
Bad Grund 24/25 F4
Bad Harzburg 24/25 F4
Bad Hersfeld 34/35 E2
Bad Homburg 34/35 D2
Bad Honnef 34/35 C2
Bad Ischl 34/35 I5
Bad Karlshafen 24/25 E4
Bad Kissingen 34/35 F2
Bad Kleinen 24/25 G2
Bad Königshofen 34/35 F2
Bad Kreuznach 34/35 C3
Badlands 120/121 C2
Bad Langensalza 34/35 F1
Bad Lauterberg 24/25 F4
Bad Liebenwerda 24/25 I4
Bad Lippspringe 24/25 D4
Bad Mergentheim 34/35 E3
Bad Nauheim 34/35 D2
Bad Neuenahr-Ahrweiler
34/35 C2
Bad Neustadt an der Saale
34/35 F2
Bad Niederbronn 34/35 C4
Bad Oeynhausen 24/25 D3
Bad Oldesloe 24/25 F2
Bad Orb 34/35 E2
Bad Pyrmont 24/25 E4
Bad Reichenhall 34/35 H5
Bad Säckingen 34/35 C5
Bad Salzdetfurth 24/25 F3
Bad Salzschlirf 34/35 E2
Bad Salzuflen 24/25 D3
Bad Salzungen 34/35 F2
Bad Saulgau 34/35 E4
Bad Schandau 34/35 J2
Bad Schwalbach 34/35 D2
Bad Schwartau 24/25 F2
Bad Segeberg 24/25 F2
Bad Soden-Salmünster 34/35 E2
Bad Steben 34/35 G2
Bad Tölz 34/35 G5
Bad Urach 34/35 E4
Bad Waldsee 34/35 E5
Bad Wildungen 34/35 E1
Bad Wilsnack 24/25 G3
Bad Wimpfen 34/35 E3
Bad Windsheim 34/35 F3
Bad Wörishofen 34/35 F4
Bad Zwischenahn 24/25 CD2
Bafatá 106/107 B4
Baffin Bay 118/119 M2
Baffininsel 118/119 K2/M3
Bafq 89.1 D1
Bagdad 40/41 I5, 80.1 C2
Bagé 132 C3
Baghlan 90/91 B3
Bago 90/91 E5
Baguio 96/97 E2
Baguirmi 106/107 E4
Bahama-Inseln 120/121 F4
Bahamas 120/121 F4, 116.2 B2
Bahawalpur 90/91 C4
Bahía Blanca; Bucht 132 B3
Bahía Blanca; Stadt in
Argentinien 132 B3
Bahrain 89.1 D2, 80.1 C3
Bahr Aouk 106/107 EF5
Bahr el Arab 106/107 F5
Bahr el Djebel 106/107 G5
Bahr-el-Ghasal; Fluss
106/107 FG5
Bahr-el-Ghasal; Wadi 106/107 E4
Bahr-el-Ghasal; Landschaft
106/107 F5
Bahr Salamat 106/107 E4/5
Baia Mare 70/71 E2
Bai'an 86/87 M5
Baicheng 90/91 H2
Baiersbronn 34/35 D4
Baikalien 78/79 LM4
Baikalsee 86/87 K4
Baikongir (Baikonur) 84 E3
Baikonur (Baikongir) 84 E3
Baile Atha Cliath (Dublin)
62/63 D5, 42/43.1 D3
Bains-les-Bains 34/35 B5
Bairiki 142/143.1 L3
Baiyuda 106/107 G4
Baiyudaschwelle 102 G5
Bake (Baku) 84 C3

Baker Lake 118/119 J3
Bakersfield 120/121 B3
Bakhtaran 40/41 I5
Baku (Bake) 84 C3, 80.1 C2
Balachna 84 C2
Balakowo 84 C2
Balaschkow 84 C2
Balaton (Plattensee) 70/71 BC2
Balbina-Stausee 130/131 DE3
Balchaschsee 86/87 H5
Balearen 66/67 F6/G5
Bali 96/97 D4
Balıkesir 70/71 G6
Balikpapan 96/97 D4
Balingen 34/35 D4
Balkan 70/71 E-G4
Balkanhalbinsel 40/41 G4
Ballarat 100/101 E4
Balleny-Inseln 140/141 W11
Balmoral 62/63 F3
Balsas 120/121 C5
Balsthal 34/35 C5
Bălţi 70/71 G2
Baltimore 120/121 F3
Baltischer Landrücken 38/39 FI
Baltrum 24/25 C2
Bamako 106/107 C4, 104.3 A1
Bambari 106/107 F5
Bamberg 34/35 F3
Bamenda 106/107 E5
Banat 70/71 DE3
Banda Aceh 96/97 B3
Bandar Abbas 89.1 D2
Bandar Lampung (Telukbetung)
96/97 C4
Bandar Seri Begawan 96/97 D3
80.1 E3
Bandar Sri Aman (Simanggang)
96/97 D3
Bandasee 96/97 E4
Bandırma 70/71 G5
Bandundu 110/111 B2
Bandung 96/97 C4
Banff 118/119 H4
Banff-Nationalpark 118/119 H4
Bangalore 90/91 C5
Bangassou 106/107 F5
Banghazi 106/107 F2
Bangka 96/97 C4
Bangkok (Krung Thep) 96/97 C2
80.1 D3
Bangladesch 90/91 DE4,
80.1 DE3
Bangor 120/121 G2
Bangui 106/107 E5, 104.3 A1
Bangweolosee 110/111 CD3
Ban Hat Yai 96/97 C3
Bani 106/107 C4
Baniyas 70/71 K8
Banja Luka 66/67 N3
Banjarmasin 96/97 D4
Banjul 106/107 B4, 104.3 A1
Banksinsel, Kanada 118/119 GH
Banksinseln, Neue Hebriden
100/101 G2
Banksstraße 100/101 E5
Bansin 24/25 J2
Banz 34/35 F2
Baoding 90/91 G3
Baoji 90/91 F3
Baoshan 90/91 E4
Baotou 90/91 FG2
Baragansteppe 70/71 G3
Baranowitschi 54/55 M5
Barbados 120/121 H5, 116.2 B2
Barbuda 120/121 G5
Barcelona; Stadt in Spanien
66/67 G5
Barcelona; Stadt in Venezuela
130/131 D1
Bardai 106/107 E3
Barddhaman 90/91 D4
Bardu 58/59 D2
Bareilly 90/91 C4
Bärenhöhle 34/35 E4
Barentsinsel 86/87 B2
Barentsinsel 86/87 B2
Barentssee 58/59 GH1
Barge 24/25 C2
Bargusin 86/87 K4
Bari 66/67 N5
Barito 96/97 D4

rletta 66/67 N5
rnaul 86/87 I4
rnim 24/25 I3
ro 106/107 D5
rquisimeto 130/131 D1
rr 34/35 C4
rra 130/131 F4
rrancabermeja 130/131 C2
rranquilla 130/131 C1
re des Ecrins 56 B3
rrengrounds 118/119 H-K3
rrow 118/119 D2
rrowinsel 100/101 B3
rrowstraße 118/119 J2
rsinghausen 24/25 E3
rth 24/25 H1
rú 130/131 B2
ruth 24/25 I3
ruun-Urt 90/91 G2
schkortostan 81.2
sel 34/35 C5
shistraße 90/91 H4
silan; Insel 96/97 E3
silan; Stadt auf den Philippinen 96/97 E3
skenland 66/67 DE4
ssas da India 110/111 DE4
sse-Terre 120/121 G5
sseterre 120/121 G5
ss-Straße 100/101 E4
ssum 24/25 D3
stei 34/35 J2
stia 62/63 L10
stogne 34/35 A2/3
ta 110/111 A1
tangas 96/97 E2
taninseln 96/97 E1
thurst 118/119 M5
thurst Inlet 118/119 I3
thurstinsel, Australien
100/101 C2
thurstinsel, Kanada
118/119 IJ2
tman 70/71 N7
tna 66/67 I8
ton Rouge 120/121 D3
tsfjord 58/59 F1
ttambang 96/97 C2
ttle Harbour 118/119 N4
tu 106/107 G5
tumi 70/71 N5
uchi 106/107 D4
uland 34/35 E3
aume-les-Dames 34/35 B5
aunatal 34/35 E1
uru 130/131 F5
utzen 34/35 J1
ayan Har Shan 90/91 EF3
ayanhongor 90/91 F2
ayburt 70/71 N5
ay City 120/121 E2
aydhabo 106/107 H5
ayerische Alpen 34/35 F-H5
ayerisch Eisenstein 34/35 I3
ayerisch Wald 34/35 H3/I4
ayern 34/35 F-I4, 14 DE4
ayonne 62/63 G10
ayóvar 130/131 B3
ayreuth 34/35 G3
ayrischzell 34/35 H5
eadmoregletscher 133.2 A
eaglekanal 132 B5
eaufort 120/121 F3
eaufortsee 118/119 E-G2
eaumont 120/121 D3
eauvais 62/63 I7
eaver 120/121 C3
ebenhausen 34/35 E4
ebra 34/35 E2
échar 106/107 C2
echuanaland 110/111 C4
echynĕ 34/35 J3
ecken von Diyarbakır 73.1 C1/2
ecken von Seistan 76/77 H6/7
eckum 24/25 D4
eeskow 24/25 J3
egna 58/59 BC3
ei'an 90/91 H2
eihai 90/91 F4
eijing (Peking) 90/91 G3,
80.1 E2
eilngries 34/35 G3
eira; Landschaft 66/67 AB5

Beira; Stadt in Mosambik
110/111 D3
Beirut 89.1 B1, 80.1 C2
Bei Shan 90/91 E2
Beitbridge 110/111 C4
Beja 66/67 B6
Bejaïa 66/67 H7
Bekabad 90/91 B2
Bekdasch 84 D3
Békéscsaba 70/71 D2
Bela 90/91 B4
Belaja 84 D2
Belchen 34/35 C5
Belcherinseln 118/119 K4
Beledweyne 106/107 H5
Belém 130/131 F3
Belfast 62/63 E4
Belfort 34/35 B5
Belgard (Białogard) 24/25 K2
Belgaum 90/91 C5
Belgien 62/63 IJ6, 42/43.1 E3
Belgorod 54/55 R6
Belgrad (Beograd) 70/71 D3,
42/43.1 G4
Belgrano II 133.2 B3
Bélinga 110/111 B1
Belitung 96/97 C4
Belize; Staat 120/121 E5,
116.2 B2
Belize; Stadt 120/121 E5
Bellary 90/91 C5
Belle-Ile 62/63 F8
Belle-Isle-Straße 118/119 N4
Bellinghausen 133.2 C1
Bellingshausensee 133.2 BC34
Bellinzona 56 C2
Belluno 56 E2
Belmopan 120/121 E5,
116.2 B2
Belogorsk 86/87 M4
Belo Horizonte 130/131 F4
Belomorsk 58/59 G3
Belorezk 84 D2
Belosersk 84 B1/2
Belowo 86/87 I4
Belt, Großer 58/59 C4
Belt, Kleiner 58/59 B4
Belucha 86/87 I5
Belzig 24/25 H3
Belzy 54/55 M8
Bend 120/121 A2
Bendigo 100/101 E4
Benediktenwand 34/35 G5
Benešov 34/35 J3
Bengalen 90/91 DE4
Benguela 110/111 B3
Benguelastrom 140/141 LM7
Beni 130/131 D4
Beni-Abbès 106/107 C2
Benin 106/107 D4/5, 104.3 A1
Benin City 106/107 D5
Beni Suef 106/107 G3
Ben Nevis 62/63 E3
Bensert (Bizerte) 66/67 J7
Bensheim 34/35 D3
Bentheim, Bad 24/25 C3
Benue 106/107 D5
Benxi 90/91 H2
Beograd (Belgrad) 70/71 D3,
42/43.1 G4
Beraun 34/35 I3
Berbera 106/107 H4
Berbérati 106/107 E5
Berchtesgaden 34/35 HI5
Berdjansk 70/71 L2
Berdsk 86/87 I4
Bereeda 103 I5
Beresina 54/55 N4/5
Beresniki 84 D2
Beresowo 84 E1
Bergama 70/71 G6
Bergamasker Alpen 56 CD3
Bergamo 56 C3
Berg-Badachschan 81.2
Bergedorf, Hamburg- 24/25 F2
Bergen; Stadt in Meckl.-
Vorpommern 24/25 I1
Bergen; Stadt in Norwegen
58/59 B3
Bergisches Land 34/35 C2
Bergisch-Gladbach 24/25 C5
Berg-Karabach 81.2

Bergland von Guayana
130/131 DE2
Bergkenfeld 34/35 C3
Bergslagen 58/59 D3/4
Bergufer (Wolga) 84 C3
Bergzabern, Bad 34/35 CD3
Beringmeer 140/141 XY3,
118/119 A-C4
Beringowski 86/87 R3
Beringstraße 118/119 BC3
Berka, Bad 34/35 G2
Berkel 24/25 B3
Berknerinsel 133.2 AB1/2
Berleburg, Bad 24/25 D4
Berlenga-Inseln 66/67 A6
Berlin 24/25 I3, 14 E2
Berlinchen 24/25 K3
Bermejo 132 B2
Bermuda 120/121 G3,
116.2 B2
Bermuda-Inseln 115 P6
Bern 14 B5, 42/43.1 E4
Bernardo O'Higgins 133.2 C1
Bernau 24/25 I3
Bernburg 24/25 G4
Berneck 34/35 D4
Bernkastel-Kues 34/35 C3
Beroun 34/35 J3
Bersenbrück 24/25 C3
Besançon 34/35 AB5
Beskiden 54/55 IJ7
Bessarabien 70/71 G1/H2
Bethel 118/119 C3
Béthune 62/63 I6
Betsiboka 110/111 E3
Betzdorf 34/35 C2
Beuron 34/35 DE4
Beuthen (Bytom) 54/55 I6
Beverungen 24/25 E4
Beyşehirsee 70/71 I7
Bezau 34/35 E5
Béziers 62/63 I10
Bhadravati 90/91 C5
Bhagalpur 90/91 D4
Bhamo 90/91 E4
Bhaunagar 90/91 C4
Bhilai 90/91 D4
Bhima 90/91 C5
Bhiwandi 90/91 C4
Bhopal 90/91 C4
Bhubaneswar 90/91 D4
Bhutan 90/91 E4, 80.1 DE3
Biak 96/97 F4
Białogard (Belgard) 24/25 K2
Białystok 54/55 K5
Biarritz 62/63 G10
Biberach 34/35 E4
Bida 106/107 D5
Biedenkopf 34/35 D2
Biel 56 B2
Bielefeld 24/25 D3
Biella 56 C3
Bielsko-Biała 54/55 I7
Biese 24/25 G3
Bietigheim-Bissingen 34/35 E4
Biggetalsperre 24/25 CD4
Bihar 90/91 D4
Bihé, Hochland von 110/111 B3
Biisk 86/87 I4
Bija 86/87 I4
Bikaner 90/91 C4
Bikin; Fluss 92 D1
Bikin; Stadt in Russland 92 C1
Bikini 138/139 MN6
Bila Zerkwa 54/55 O7
Bilbao 66/67 D4
Bilhorod-Dnistrowski 54/55 O8
Bilibino 86/87 Q3
Billings 120/121 C2
Bilma 106/107 E4
Bilma, Großer Erg von
106/107 E4
Binboğa Dağ 73.1 C1/2
Bingen 34/35 C3
Bingöl 73.1 C1
Bintunibucht 96/97 F4
Binz 24/25 I1
Bioko (Fernando Póo)
110/111 A1
Birak 106/107 E3
Birao 106/107 F4
Birdjand 90/91 A3
Birecik 73.1 A2
Birdum 100/101 D2

Birjand 89.1 D1
Birkenfeld 34/35 C3
Birkenhead 62/63 F5
Birma (Myanmar) 90/91 E4,
80.1 E3
Birmingham; Stadt in Großbritan-
nien 62/63 G5
Birmingham; Stadt in Alabama,
USA 120/121 E3
Birnau 34/35 E5
Birnbaum 24/25 K3
Birobidschan 86/87 N5
Birs 34/35 C5
Biscaya, Golf von 62/63 D-F9
Bischkek 78/79 I5, 80.1 D2
Bischofshofen 34/35 H5
Bischofswerda 34/35 J1
Bischofteinitz 34/35 HI3
Bishah 106/107 H3
Bisho 110/111 C5
Biskra 40/41 E5
Bismarck 120/121 C2
Bismarckarchipel 78/79 PQ10
Bismarcksee 96/97 G4
Bisrah 89.1 C2
Bisho 110/111 C5
Bitburg 34/35 B3
Bitlis 100/101 D1
Bitola 70/71 D5
Bitsch 34/35 C3
Bitterfeld 24/25 H4
Bitterfontein 110/111 B5
Bitterrootgebirge 120/121 B2
Biwasee 92 D3
Bizerte 66/67 J7
Blackpool 62/63 F5
Blackwater 100/101 E3
Blagodatnyi 92 D1
Blagoweschtschensk 86/87 M4
Blanca Peak 120/121 C3
Blanitz 34/35 J3
Blankenburg 24/25 F4
Blantyre 110/111 D3
Blatná 34/35 I3
Blaubeuren 34/35 E4
Blauer Nil 106/107 G4
Blåvands Huk 58/59 B4
Bleicherode 34/35 F1
Bleiloch-Talsperre 34/35 G2
Blekinge 58/59 CD4
Blida 66/67 G7
Blies 34/35 C3
Bloemfontein 110/111 C4
Blönduós 58/59 A1
Bluefields 120/121 E5
Blumberg 34/35 D5
Blumenau 132 D2
Bo 106/107 B5
Boa Vista 130/131 D2
Bober 24/25 K4
Böblingen 34/35 E4
Bobo-Dioulasso 106/107 C4
Bobruisk 54/55 N5
Bocholt 24/25 B4
Bochum 24/25 C4
Bodaibo 86/87 L4
Bode 24/25 G4
Bodélé 106/107 E4
Boden 58/59 E2
Bodenmais 34/35 I3
Bodensee 34/35 E5
Bodø 58/59 C2
Bodrum 70/71 G7
Bogø 24/25 H1
Bogor 96/97 C4
Bogotá 127 E4, 128.1 A1
Bogutschany 86/87 J4
Bohai 78/79 MN6
Böhmen 54/55 FG6, 34/35 I-K3
Böhmerwald 34/35 I3/4
Böhmisches Mittelgebirge
34/35 I2
Böhmisch Leipa (Česká Lípa)
34/35 J2
Bohol 96/97 E3
Bohuslän 58/59 C4
Boise 120/121 B2
Boizenburg 24/25 F2
Bokaro 90/91 D4
Boké 106/107 B4
Boknafjord 58/59 B4

Bolesławiec (Bunzlau) 24/25 K4
Bolgatanga 106/107 C4
Bolhrad 54/55 N9
Bolivien 130/131 D4, 128.1 AB1
Bollnäs 58/59 D3
Bolmen 58/59 C4
Bologna 56 C3
Bolschewik 86/87 KL2
Bolschoj-Stromschnelle
58/59 GH2
Bolsenasee 66/67 K4
Bolton 62/63 F5
Bolu 70/71 I5
Bolzano (Bozen) 56 D2
Boma 110/111 B2
Bombay (Mumbai) 90/91 C5
Bomlitz 24/25 E3
Bonaire 120/121 G5
Bonanza 120/121 E5
Bondo 110/1 1 C1
Bongoberge 106/107 F5
Bongor 106/107 E4
Boningraben 76/77 P6/7
Bonininseln 78/79 P7,
142/143.1 K3
Bonn 34/35 C2
Boosaaso 106/107 H4
Boothia, Halbinsel 118/119 J2
Booué 110/111 B1/2
Boppard 34/35 C2
Borås 58/59 C4
Bordeaux 62/63 G9
Bordesholm 24/25 EF1
Bordj Omar Driss 106/107 D3
Borga (Porvoo) 58/59 F3
Borgarnes 53/59 A2
Børgefjell 58/59 C2
Borgholm 58/59 D4
Borgou 106/107 D4
Borgund 58/59 B3
Borisow 54/55 N4
Borissoglebsk 84 C2
Borken; Stadt in Nordrhein-
Westfalen 24/25 B4
Borken; Stadt in Hessen
34/35 E1
Borkou 106/107 E4
Borkum 24/25 B2
Borlänge 58/59 D3
Borna 34/35 H1
Borneo (Kalimantan) 96/97 D3/4
Bornholm 58/59 D4
Borno 106/107 E4
Borowitschi 54/55 P2
Borsja 86/87 L4
Bose 90/91 F4
Bosna 70/71 BC3
Bosnien-Herzegowina
66/67 N3/O4, 42/43.1 FG4
Bosniakisch-kroatische
Föderation 72.3
Boso, Halbinsel 92 E4
Bosporus 70/71 H5
Bossangoa 106/107 E5
Bosten Hu 90/91 D2
Boston 120/121 F2
Botew 70/71 F4
Botoșani 70/71 G2
Botrange 34/35 B2
Botswana 110/111 C4, 104.3 B2
Bottnischer Meerbusen
58/59 D3-E2
Bouaké 106/107 C5
Bouar 106/107 E5
Bou Saâda 66/67 H7
Bougainville 140/141 W7
Boulogne-sur-Mer 62/63 H6
Bounty-Inseln 140/141 Y10,
142/143.1 M5
Bourg-en-Bresse 56 A2
Bourges 62/63 I8
Bourke 100/101 E4
Bournemouth 62/63 G6
Bourscheid 34/35 AB3
Bourtanger Moor 24/25 C2/3
Bouvetinsel 140/141 M10,
142/143.1 G5
Bowen 100/101 E3
Boyomafälle (Stanleyfälle)
110/111 C1/2
Bozen (Bolzano) 56 D2
Brač 66/67 M4
Bräcke 58/59 D3

Bradford 62/63 G5
Braga 66/67 A5
Bragança 130/131 F3
Brahmani 90/91 D4
Brahmapur 90/91 D5
Brahmaputra 90/91 DE4
Brăila 70/71 G3
Brake 24/25 D2
Brakel 24/25 E4
Bramsche 24/25 CD3
Bramstedt, Bad 24/25 E2
Brandberg 110/111 B4
Brandenburg; Bundesland
24/25 H-J3, 14 E2
Brandenburg; Stadt 24/25 H3
Brand-Erbisdorf 34/35 I2
Brandon 118/119 IJ5
Brandys-Stará Boleslav
34/35 J2
Branitz 24/25 J4
Brasília 130/131 F4, 128.1 B2
Brasilianisches Becken
136/137 JK7/8
Brasilianisches Bergland
130/131 EF4
Brasilien 127 F-H5, 128.1 AB1
Brasilstrom 140/141 J7/8
Brașov (Kronstadt) 70/71 F3
Bratislava (Preßburg) 54/55 H7,
42/43.1 F4
Bratsk 86/87 K4
Bratsker Stausee 86/87 K4
Braunau 34/35 I4
Braunlage 24/25 F4
Braunschweig 24/25 F3
Braunschweig, Regierungsbezirk
14 CD2/3
Brazos 120/121 D3
Brazzaville 110/111 B2,
104.3 A2
Brdywald 34/35 I3
Bredstedt 24/25 D1
Breg 34/35 D4
Bregenz 34/35 E5
Bregenzer Wald 34/35 EF5
Breiðafjord 58/59 A1
Breisach 34/35 C4
Breisgau 34/35 C4/5
Bremen; Bundesland 14 C2
Bremen; Stadt 24/25 D2
Bremerhaven 24/25 D2
Bremervörde 24/25 E2
Brenner 54/55 E8
Brenta 56 D3
Brescia 56 D3
Breslau (Wrocław) 54/55 H6
Bressanone (Brixen) 56 D2
Bresse 56 A2
Brest; Stadt in Weißrussland
54/55 K5
Brest; Stadt in Frankreich
62/63 E7
Bretagne 62/63 F7/8
Bretten 34/35 D3
Bridgetown 120/121 H5
Briey 34/35 A3
Brigach 34/35 D4/5
Brighton 62/63 G6
Brignoles 56 B4
Brilon 24/25 D4
Brindisi 66/67 N5
Brioni 56 E3
Brisbane 100/101 F3
Bristol 62/63 F6
Bristol Bay 118/119 CD4
Bristolkanal 62/63 EF6
Britisch-Columbia 118/119 G4
Britische Inseln 40/41 CD3
Brive-la-Gaillarde 62/63 H9
Brixen (Bressanone) 56 D2
Brjansk 54/55 Q5
Brno (Brünn) 54/55 H7
Broad Law 62/63 F4
Brocken 24/25 F4
Brodeur, Halbinsel 118/119 JK2
Broken Hill 100/101 E4
Bromberg (Bydgoszcz) 54/55 I5
Brønnøysund 58/59 C2
Brookskette 118/119 C-E3
Broome 100/101 C2
Brownsville 120/121 D4
Bruchsal 34/35 D3
Brückelberg 34/35 I3

Brückenau, Bad 34/35 E2
Brugge (Brügge) 62/63 I6
Brügge (Brugge) 62/63 I6
Brühl 24/25 B5
Brunei 96/97 D3, 80.1 E3
Brünn (Brno) 54/55 H7
Brunsbüttel 24/25 E2
Brunssum 24/25 A5
Brussel (Brüssel, Bruxelles)
  62/63 J6, 42/43.1 E3
Brüssel (Brussel, Bruxelles)
  62/63 J6, 42/43.1 E3
Brüx (Most) 34/35 I2
Bruxelles (Brussel, Brüssel)
  62/63 J6, 42/43.1 E3
Bryce Canyon 120/121 B3
Bucaramanga 130/131 C2
Buchanan 106/107 BC5
Buchans 118/119 N5
Buchen 34/35 E3
Buchholz 24/25 E2
Buchholz, Annaberg- 34/35 HI2
Buchloe 34/35 F4
Buchoro 90/91 B3
Buchtarmasee 90/91 D2
Buchtarma-Stausee 86/87 I5
Bucht von Taganrog 70/71 LM2
Buchwald 24/25 K3
Bückeburg 24/25 E3
Bucureşti (Bukarest) 70/71 G3
Budapest 70/71 C2, 42/43.1 F4
Büdingen 34/35 E2
Budweis (České Budějovice)
  34/35 J4
Buenaventura 130/131 C2
Buenos Aires 132 C3,
  128.1 AB2
Buenos-Aires-See 132 A4
Buffalo 120/121 F2
Bug 54/55 K5
Bug, Südlicher 70/71 H1
Bugulma 84 D2
Buguruslan 84 D2
Bühl 34/35 D4
Bujumbura 110/111 C2,
  104.3 B2
Bukama 110/111 C2
Bukarest (Bucureşti) 70/71 G3,
  42/43.1 G4
Bukatschatscha 86/87 L4
Bukavu 110/111 C2
Bukittinggi 96/97 C4
Bukoba 110/111 D2
Bukowina 54/55 L7/8
Bukureşti (Bucureşti) 70/71 G3,
  42/43.1 G4
Bulawayo 110/111 C4
Bulgan 90/91 F2
Bulgarien 70/71 E-G4,
  42/43.1 G4
Bumba 110/111 C1
Bunbury 100/101 B4
Bundaberg 100/101 F3
Bünde 24/25 D3
Bundesrepublik Deutschland 14
Bungostraße 92 C4
Bungsberg 24/25 F1
Bunguraninseln (Natuna-Besar-
  Inseln) 96/97 C3
Bunia 110/111 C1
Bunzlau (Bolesławiec) 24/25 K4
Buraydah 89.1 C2
Burejagebirge 86/87 N4/5
Büren 24/25 D4
Burg; Stadt in Sachsen-Anhalt
  24/25 G3
Burg; Stadt in Schleswig-Hol-
  stein 24/25 G1
Burgas 70/71 G4
Burgdorf 24/25 F3
Burgenland 56 G2
Burghausen 34/35 H4
Burgkirchen 34/35 H4
Burglengenfeld 34/35 H3
Burgos 66/67 D4
Burgstadl 34/35 I2
Burgund 56 A2
Burgundische Pforte 34/35 BC5
Burjatien 81.2
Burkina Faso 103 CD5, 104.3 A1
Burlington 120/121 D2
Burnie 100/101 E5
Bursa 70/71 H5

Buru 96/97 E4
Burundi 110/111 CD2, 104.3 B2
Busher 89.1 D2
Busira 110/111 BC2
Bussang 34/35 B5
Bussen 34/35 E4
Busto Arsizio 56 C3
Busuluk 84 D2
Büsum 24/25 D1
Buta 110/111 C1
Butte 120/121 B2
Butuan 96/97 E3
Butung 96/97 E4
Butzbach 34/35 D2
Bützow 24/25 G2
Buxtehude 24/25 E2
Büyük Menderes (Mäander)
  70/71 GH7
Buzău 70/71 G3
Bydgoszcz (Bromberg) 54/55 H5
Byrrangagebirge 86/87 JK2
Bytom (Beuthen) 54/55 I6

C

Caatinga 130/131 FG3
Caatingas 127 HI5
Cabanatuan 96/97 E2
Cabimas 130/131 C1
Cabinda 110/111 B2
Cabora-Bassa-See 110/111 D3
Cabotstraße 118/119 MN5
Cabrera 66/67 G6
Cáceres 66/67 B6
Cachoeira do Sul 132 C2
Cádiz 66/67 B7
Caen 62/63 G7
Caerdydd (Cardiff) 62/63 F6
Cagayan de Oro 96/97 E3
Cagliari 66/67 J6
Caguas 120/121 G5
Caicosinseln 120/121 F4
Caicosinseln, Turks- und
  120/121 FG4
Caimaninseln 114 N8
Cairns 100/101 E2
Cajamarca 130/131 C3
Calabozo 130/131 D2
Calais 62/63 H6
Calama 132 B2
Calamianinseln 96/97 D2
Calau 24/25 I4
Calbayog 96/97 E2
Calbe 24/25 G4
Caldera 132 A2
Calgary 118/119 H4
Cali 130/131 C2
Calicut 90/91 C5
Callao 130/131 C4
Calw 34/35 D4
Camagüey 120/121 F4
Camargo 120/121 C4
Camargue 62/63 J10
Cambrian Mountains
  62/63 E6-F5
Cambridge 62/63 H5
Cametá 130/131 F3
Camiri 130/131 D5
Cammin 24/25 J2
Camocim 130/131 F3
Campbellinsel 140/141 X10,
  142/143.1 L5
Campbellton 118/119 M5
Campeche 120/121 D5
Campina Grande 130/131 G3
Campinas 130/131 F5
Campo 127 GH6
Campo Durán 132 B2
Campo Grande 130/131 E5
Campos; Landschaft
  130/131 F3/4
Campos; Stadt in Brasilien
  130/131 F5
Canadian River 120/121 C3
Çanakkale 70/71 G5
Canal de l'Est 34/35 B4/5
Canal du Midi 62/63 HI10
Cananea 120/121 B3
Canaos 132 C2
Canberra 100/101 E4,
  142/143.1 K5
Cancún 120/121 E4

Cangzhou 90/91 G3
Çankırı 70/71 J5
Cannes 56 B4
Cantal 62/63 I9
Can Tho 96/97 C3
Cape Dorset 118/119 L3
Cape Lambert 100/101 B3
Cap-Haïtien 120/121 F5
Capri 66/67 M5
Caprivi-Zipfel 110/111 C3
Caquetá 130/131 C3
Caracas 130/131 D1, 128.1 A1
Carajás 130/131 E3
Caratinga 130/131 F4
Caravelas 130/131 G4
Cardiff (Caerdydd) 62/63 F6
Cardigan Bay 62/63 E5
Cargados-Carajos-Inseln
  110/111 G3
Carling 34/35 B3
Carlisle 62/63 F4
Carlsbad 120/121 C3
Carmen 120/121 D5
Carnac 62/63 F8
Carnarvon 100/101 A3
Carnegieschwelle 136/137 G7
Carnsore Point 62/63 D5
Carolina 130/131 F3
Caroline-Insel 138/139 PQ7
Carpentariagolf 100/101 DE2
Carpentaria Tiefland 98.1 DE2
Carrantuohill 62/63 BC6
Carretera Panamericana
  130/131 C4, 120/121 E6,
  132 A3
Carson City 120/121 B3
Cartagena; Stadt in Spanien
  66/67 E7
Cartagena; Stadt in Kolumbien
  130/131 C1
Caruaru 130/131 G3
Casablanca (Dar-el-Beïda)
  38/39 D5
Casamance 106/107 B4
Casey 133.2 C17/18
Casiquiare 130/131 D2
Casper 120/121 C2
Castel del Monte 66/67 MN5
Castellón de la Plana 66/67 E5/6
Castries 120/121 G5
Castro 132 A4
Catamarca 132 B2
Catanduanes 96/97 E2
Catania 66/67 M7
Catanzaro 66/67 N6
Catinsel 120/121 F4
Cauca 130/131 C2
Cauvery 90/91 C5
Caxias 130/131 F3
Caxias do Sul 132 C2
Cayenne 130/131 E2
Caymangraben 136/137 G5
Caymaninseln 120/121 EF5,
  116.2 B2
Cebu; Insel 96/97 E2/3
Cebu; Stadt auf den Philippinen
  96/97 E2
Cedrosinsel 120/121 B4
Čelákovice 34/35 J2
Celebes (Sulawesi) 96/97 DE4
Celebessee 96/97 DE3
Celle 24/25 F3
Cenderawasihbucht 96/97 F4
Cerf 110/111 F2
Cerro de Pasco 130/131 C4
Červená-Lhota 34/35 J3
Cēsis 58/59 F4
Česká Lípa (Böhmisch Leipa)
  34/35 J2
České Budějovice (Budweis)
  34/35 J4
Cessnock 100/101 F4
Ceuta 66/67 C8, 42/43.1 D5
Cevennen 62/63 I10-J9
Ceyhan 70/71 L7
Ceylanpınarebene 73.1 B/C2
Ceylon 90/91 D6
Chabarowsk 86/87 N5
Chakassien 81.2
Chalkidike 70/71 E5
Chalkis 70/71 E6
Chalon-sur-Saône 56 A2
Cham 34/35 H3

Chambal 90/91 C4
Chambéry 56 A3
Chambord 62/63 HI8
Chamonix 56 B3
Champagne 62/63 IJ7
Chañaral 132 A2
Chan-Chan 130/131 BC3
Chandigarh 90/91 C3
Chandyga 86/87 N3
Changaigebirge 90/91 EF2
Changbai Shan 92 B2
Changchun 90/91 H2
Changde 90/91 G4
Chang Jiang (Jangtsekiang)
  90/91 G3/4
Changsha 90/91 G4
Changzhi 90/91 G3
Changzhou 90/91 G3
Chania 70/71 F8
Chankasee 92 C2
Chanti Mansisk 84 E1
Chao Phraya 96/97 BC2
Chaozhou 90/91 G4
Chari 106/107 E4
Charkiw 54/55 R6/7
Charleroi 62/63 J6
Charleston; Stadt in South-
  Carolina, USA 120/121 EF3
Charleston; Stadt in West-
  Virginia, USA 120/121 E3
Charleville 100/101 E4
Charlotte 120/121 E3
Charlottenhöhle 34/35 F4
Charlottetown 118/119 M5
Charmes 34/35 B4
Charollais 56 A2
Chartres 62/63 H7
Chatanga; Fluss 86/87 K2
Chatanga; Stadt in Russland
  86/87 K2
Château-Salins 34/35 B4
Chathaminseln 100/101 I5,
  142/143.1 LM5
Chattanooga 120/121 E3
Chaumont 56 A1
Cheb (Eger) 34/35 H2
Chech, Erg 106/107 C3
Chechon 92 B3
Cheju; Insel 92 B4
Cheju; Stadt in Südkorea 92 B4
Cheliff 66/67 F7
Chemnitz 34/35 H2
Chemnitz, Regierungsbezirk
  14 E3
Chenab 90/91 C3
Chengde 90/91 G2
Chengdu 90/91 F3
Chennai (Madras) 90/91 D5
Chenonceaux 62/63 H8
Cher 62/63 I8
Cherbourg 62/63 G7
Cherrapunji 90/91 E4
Cherson 54/55 P8
Chesapeake Bay 120/121 F3
Chesterfield Inlet 118/119 J3
Chesterfieldinseln 100/101 F2
Chetumal 120/121 E5
Cheviot Hills 62/63 F4
Chew Bahir (Stefaniesee)
  106/107 G5
Cheyenne 120/121 C2
Chiang Rai 96/97 B2
Chiba 92 E3
Chibiny 58/59 G2
Chibougamau 118/119 L5
Chicago 120/121 E2
Chiclayo 130/131 C3
Chicoutimi 118/119 L5
Chiemsee 34/35 H5
Chieng-Mai 96/97 B2
Chifeng 90/91 G2
Chihuahua 120/121 C4
Chiisan 92 B3
Chile 132 A3, 128.1 A2
Chilebecken 138/139 TU9
Chilenische Schwelle
  138/139 TU9
Chillán 132 A3
Chiloé 132 A4
Chilpancingo 120/121 D5
Chilwasee 110/111 D3
Chimborazo 130/131 BC3
Chimbote 130/131 C3

Chimoio 110/111 D3
China 90/91 EF3, 80.1 DE2
Chincha Alta 130/131 C4
Chindwin 90/91 E4
Chingola 110/111 C3
Chinguetti 106/107 B3
Chioggia 56 E3
Chios 70/71 F6
Chiriqui 120/121 E6
Chirripó 130/131 B2
Chisasibi 118/119 L4
Chişinău 70/71 H2, 42/43.1 G4
Chita Nagpur 90/91 D4
Chittagong 90/91 E4
Chitungwiza 110/111 D3
Chiwa 84 E4
Chmelnizki 54/55 M7
Chodscheili 84 D3
Chodschent 90/91 B2
Chogori (K2) 90/91 C3
Choiseul 100/101 F1
Cholmsk 86/87 O5
Chomutov (Komotau) 34/35 I2
Chon Buri 96/97 C2
Chonan 92 B3
Chongjin 92 B2
Chongju 92 B3
Chongqing 90/91 F4
Chonju 92 §B3
Chonosarchipel 132 A4
Choper 84 C2
Chorin 24/25 I3
Chorog 90/91 C3
Chota Nagpur 90/91 D4
Choybalsan 90/91 G2
Christchurch 100/101 H5
Christianshåb (Qasigiánguit)
  118/119 N3
Christianskoog 24/25 DE1
Christmasinsel 96/97 C5,
  142/143.1 J4
Chromtau 84 D2
Chronosarchipel 126 E9
Chubut 132 B4
Chugokugebirge 92 C3/4
Chur 56 C2
Churchill, Fluss zur Hudson Bay
  118/119 J4
Churchill, Fluss zur Labradorsee
  118/119 M4
Churchill; Stadt in Kanada
  118/119 J4
Cienfuegos 120/121 E4
Cima dell'Argentera 56 B3
Cincinnati 120/121 E3
Cirebon 96/97 C4
Cisre 73.1 D2
Ciudad Bolívar 130/131 D2
Ciudad del Este 132 C2
Ciudad Guayana 130/131 D2
Ciudad Pemex 130/131 A1
Civitavecchia 66/67 K4
Clarionstufe 138/139 QR5/6
Clausthal-Zellerfeld 24/25 F4
Clearwatersee 118/119 L4
Clemenswerth 24/25 C3
Clenze 24/25 G3
Clermont-Ferrand 62/63 I9
Clervaux 34/35 AB2
Cleveland 120/121 E2
Clipperton 115 L8
Clippertoninsel 136/137 E6,
  116.2 A2
Clippertonstufe 138/139 QR6
Cloncurry 100/101 E3
Cloppenburg 24/25 D3
Cluj-Napoca (Klausenburg)
  70/71 F2
Cluny 56 A2
Clyde River 118/119 M2
Coatsinsel 118/119 K3
Coatsland 133.2 B3/4
Coatzacoalcos 120/121 D5
Cobar 100/101 E4
Coburg 34/35 F2
Cochabamba 130/131 D4
Cochem 34/35 C2
Coco 130/131 B1
Cocosinsel 127 D4, 116.2 B2
Cocosschwelle 136/137 G6/7
Coesfeld 24/25 C4
Coetivy-Insel 110/111 F2
Coevorden 24/25 B3
Cognac 62/63 G9

Coiba 120/121 E6
Coihaique 132 A4
Coimbatore 90/91 C5
Coimbra 66/67 A5
Colap 73.1 B2
Colatina 130/131 F4
Colbitz-Letzlinger Heide
  24/25 G3
Col de la Bonette 56 B3
Col de l'Iseran 56 B3
Colima 120/121 C5
Coll 62/63 D3
Collie 100/101 B4
Collm 34/35 HI1
Colmar 34/35 C4
Colombo 90/91 CD6, 80.1 D3
Colón 120/121 F6
Colorado 115 K6
Colorado, Fluss in Argentinien
  132 B3
Colorado, Fluss zum Golf von Ka
  lifornien 120/121 B3
Colorado, Fluss zum Golf von
  Mexiko 120/121 D4
Coloradoplateau 120/121 BC3
Colorado Springs 120/121 C3
Columbia; Fluss 120/121 AB2
Columbia; Stadt in den USA
  120/121 E3
Columbiaplateau 114 K5
Columbretesinseln 66/67 F6
Columbus; Stadt in Georgia, US
  120/121 E3
Columbus; Stadt in Ohio, USA
  120/121 E2/3
Colville 118/119 D3
Comacchio 56 E3
Comburg 34/35 E3
Comer See 56 C2/3
Commandante Ferraz 133.2 C1
Como 56 C3
Comodoro Rivadavia 132 B4
Conakry 106/107 B5
Concepción; Stadt in Chile
  132 A3
Concepción; Stadt in Paraguay
  132 C2
Conchos 120/121 C4
Concord 120/121 F2
Concordia 132 C3
Connemara 62/63 C5
Constanţa 70/71 H3
Constantine 66/67 I7
Cook Inlet 118/119 D3/4
Cookinseln; Inseln 138/139 P8
Cookinseln; Verwaltungseinheit
  142/143.1 A4
Cookstraße 100/101 H5
Cooktown 100/101 E2
Coolgardie 100/101 C4
Cooper Creek 100/101 D3
Copán 130/131 B1
Copiapó 132 A2
Copper Center 118/119 E3
Coppermine 118/119 H3
Coquimbo 132 A2
Corcaigh (Cork) 62/63 C6
Córdoba; Stadt in Spanien
  66/67 C7
Córdoba; Stadt in Argentinien
  132 B3
Cordova 118/119 E3
Cork (Corcaigh) 62/63 C6
Corner Brook 118/119 N5
Cornimont 34/35 B5
Cornwall 62/63 E6
Cornwallisinsel 118/119 IJ2
Coro 130/131 D1
Coronation-Golf 118/119 HI3
Coropuna 130/131 C4
Corpus Christi 120/121 D4
Corrientes 132 C2
Cortina d'Ampezzo 56 E2
Çoruh 70/71 N5
Çorum 70/71 K5
Corumbá 130/131 E4
Corupná 132 A1
Corvey 24/25 E4
Cosenza 66/67 N6
Cosmoledo-Inseln 110/111 E2
Costa Blanca 66/67 E7/F6
Costa Brava 66/67 G4/5
Costa de la Luz 66/67 B7

sta del Azahar 66/67 E6/F5
sta del Sol 66/67 CD7
sta Dorada 66/67 F5
sta Rica 120/121 E6, 116.2 B2
sta Verde 66/67 BC4
swig; Stadt in Sachsen-Anhalt 24/25 H4
swig; Stadt in Sachsen 34/35 I1
tabato 96/97 E3
te d'Argent 62/63 G9/10
te d'Azur 56 B4
te d'Ivoire (Elfenbeinküste) 106/107 C5, 104.3 A1
te d'Or 56 A2
tentin 62/63 G7
tes de Moselle 34/35 A4/B3
tonou 106/107 D5, 104.3 A1
topaxi 130/131 C3
ttbus 24/25 J4
ventry 62/63 G5
zumel 120/121 E4
aigavon 62/63 D4
ailsheim 34/35 F3
aiova 70/71 E3
ato 130/131 G3
eglingen 34/35 F3
eil 62/63 I7
emona 56 CD3
es 66/67 M3
êt de la Neige 56 A2
immitschau 34/35 H2
ivitz 24/25 G2
ossen 24/25 K3
oss Fell 62/63 F4
otone 66/67 N6
ozetinseln 140/141 P10, 142/143.1 H5
ozetrücken 136/137 OP10
ruzeiro do Sul 130/131 C3
ubango 110/111 B3
icuta 130/131 C2
uenca 130/131 C3
uernavaca 120/121 D5
uiabá 130/131 E4
uito 110/111 B3
ukurova 70/71 K7
uliacán 120/121 C4
umaná 130/131 D1
umberlandsund 118/119 M3
unene 110/111 B3
uneo 56 B3
unnamulla 100/101 E3
uraçao 120/121 G5
uritiba 130/131 F5
uttack 90/91 D4
uxhaven 24/25 D2
uzco 130/131 C4
yrenaika 106/107 F2
zernowitz (Tscherniwzi) 54/55 L7
zestochowa (Tschenstochau) 54/55 I6

D

aba Shan 90/91 FG3
achau 34/35 G4
achstein 34/35 I5
ăčín (Tetschen) 24/25 J5
agestan 81.2
agö (Hiiumaa) 58/59 E4
ahlakarchipel 106/107 H4
ahme; Fluss 24/25 I4
ahme; Stadt in Schleswig-Holstein 24/25 G1
ahna 89.1 C2
ahra 66/67 F7
ahuk 70/71 O7
akar 106/107 B4, 104.3 A1
akhla-Oasen 106/107 F3
alälv 58/59 D3
alandzadgad 90/91 F2
alap-Uliga-Darrit 142/143.1 L3
alarna 58/59 C3
a Lat 96/97 C2
alian (Lüda) 78/79 N6
aliang Shan 90/91 F4
allas 120/121 D4
almatien 66/67 M-O4

Dalnegorsk 86/87 N5
Dalneretschensk 86/87 N5
Daloa 106/107 C5
Daman 90/91 C4
Damar 96/97 E4
Damaraland 110/111 B4
Damaskus 89.1 B1, 80.1 C2
Damgarten, Ribnitz- 24/25 H1
Damme 24/25 D3
Dampier 100/101 B3
Danakil 106/107 H4
Danakiltiefland 102 H5
Da Nang 96/97 C2
Dandong 90/91 H2
Dänemark 14 CD1, 42/43.1 EF3
Dänemarkstraße 118/119 Q3
Dannenberg 24/25 G2
Danville 120/121 F3
Danzig (Gdańsk) 54/55 I4
Daqing 90/91 H2
Darbhanga 90/91 D4
Dardanellen 70/71 G5
Dar-el-Beïda (Casablanca) 38/39 D5
Daressalam 110/111 D2, 104.3 B2
Darfur 106/107 F4
Darfurschwelle 102 F5/6
Darhan 90/91 F2
Darjeeling 90/91 D4
Darling 100/101 E4
Darlingkette 100/101 B3/4
Darmstadt 34/35 D3
Darmstadt, Regierungsbezirk 14 C3
Darnah 106/107 F2
Darß 24/25 H1
Darßer Ort 24/25 H1
Dartmoor 62/63 EF6
Daru 96/97 G4
Darwin 100/101 D2
Datong 90/91 G2
Daugavpils (Dünaburg) 58/59 F4
Daun 34/35 B2
Dauphiné 56 A3
Davangere 90/91 C5
Davao 96/97 E3
David 120/121 E6
Davis 133.2 C14
Davissee 133.2 C15/16
Davisstraße 118/119 N3
Davos 56 C2
Dawson 118/119 F3
Dawson Creek 118/119 G4
Dayr az Zawr 70/71 M8
Dayton 120/121 E3
Daytona Beach 120/121 E4
Dchibuti 102 H5
De Aar 110/111 C5
Dease Lake 118/119 FG4
Dease-Straße 118/119 I3
Debrecen 70/71 D2
Debre Markos 106/107 G4
Děčín (Tetschen) 24/25 J5
Dedelow 24/25 I2
Deggendorf 34/35 H4
Dehra-Dun 90/91 C3
Deister 24/25 E3
Dekkan 90/91 CD4/5
Dekkan, Hochland von 76/77 IJ8
Delémont 34/35 C5
Delfzjl 24/25 B2
Delhi 90/91 C4
Delitzsch 24/25 H4
Delmenhorst 24/25 D2
De Long-Inseln 86/87 P2
De Long-Straße 133.1 B16/C15
Delphi 70/71 E6
Demawend 40/41 J5
Demmin 24/25 I2
Demokratische Republik Kongo (Zaire) 110/111 BC2, 104.3 AB2
Den Haag ('s-Gravenhage) 62/63 J5, 42/43.1 E3
Denizli 70/71 H7
Denpasar 96/97 D4
D'Entrecasteaux-Inseln 96/97 GH4
Denver 120/121 C3
Derbent 84 C3
Derby; Stadt in Großbritannien 62/63 G5

Derby; Stadt in Australien 100/101 C2
Der Kanal (Ärmelkanal) 62/63 F7-G6
Derschawinsk 86/87 G4
Dese 106/107 G4
Des Moines 120/121 D2
Desna 54/55 O6
Dessau 24/25 H4
Dessau, Regierungsbezirk 14 E3
Desventuradoinseln 127 E7
Detmold 24/25 D4
Detmold, Regierungsbezirk 14 C2
Detroit 120/121 E2
Dettifoss 58/59 B1
Deurne 24/25 A4
Deutsche Mittelgebirge 38/39 EF3
Deutschland 54/55 C-G6, 14
Deutsch Wartenberg 24/25 K4
Deventer 24/25 B3
Devoninsel 118/119 K2
Dezful 40/41 I5
Dhaka 90/91 E4, 80.1 DE3
Dhanbad 90/91 D4
Dhaulagiri 90/91 D4
Dhofar 89.1 D3
Dhule 90/91 C4
Diamantina; Fluss 100/101 E3
Diamantina; Stadt in Brasilien 130/131 F4
Dibrugarh 90/91 E4
Dickson 86/87 I2
Dieburg 34/35 D3
Diedenhofen (Thionville) 34/35 B3
Diego Garcia 76/77 I10, 142/143.1 I4
Die Haar 24/25 D4
Diemel 24/25 D4
Diepholz 24/25 D3
Dieppe 62/63 H7
Dieuze 34/35 B4
Dievenow; Fluss 24/25 J2
Dievenow; Stadt in Polen 24/25 J1
Diez 34/35 D2
Digne 56 B3
Digul 96/97 F4
Dijon 56 A2
Dili 96/97 E4
Dillenburg 34/35 D2
Dillingen; Stadt im Saarland 34/35 B3
Dillingen; Stadt in Bayern 34/35 F4
Dilolo 110/111 C3
Dimitrowgrad 84 C2
Dinarisches Gebirge 38/39 F4
Dingolfing 34/35 H4
Dinkelsbühl 34/35 F3
Dinslaken 24/25 B4
Diomede-Inseln 86/87 T3
Dipolog 96/97 E3
Dippoldiswalde 34/35 I2
Dire Dawa 106/107 H5
Dirranbandi 100/101 E3
Disappointmentsee 100/101 C3
Disko Bay 118/119 N3
Disko-Insel 118/119 N2/3
Dithmarschen 24/25 D1/E2
Divriği 70/71 M6
Dixonstraße 118/119 F4
Diyarbakır 70/71 N7
Djado 106/107 E3
Djado, Plateau von 106/107 E3
Djanet 106/107 D3
Djebel Chambi 66/67 J8
Djebel Chelia 66/67 I8
Djebel el Akhdar 106/107 F2
Djebel Marra 106/107 F4
Djebel Nefusa 106/107 E2
Djebel Shammar 89.1 C2
Djebel Tuwaik 89.1 C2
Djebel Uweinat 106/107 F3
Djelfa 106/107 D2
Djerba 106/107 E2
Djerdapstausee 70/71 DE3
Djisan 70/71 F8
Djolplateau 102 HI5
Djuba 110/111 E1
Djubaland 110/111 E1

Djurabniederung 102 E5
Dnipro 54/55 P8
Dniprodserschinsk 54/55 Q7
Dniprodserschinsker Stausee 54/55 Q7
Dniproniederung 38/39 H3/4
Dnipropetrowsk 54/55 Q7
Dniproplatte 38/39 GH4
Dnister 40/41 G4
Dnjepr 54/55 O5
Dno 54/55 N3
Döbeln 34/35 I1
Dobno 54/55 L6
Dobrič 70/71 G4
Dobrudscha 70/71 G4/H3
Dododma 104.3 B2
Dodoma 110/111 D2
Dogo 92 C3
Doha 89.1 D2, 80.1 C3
Dokkum 24/25 AB2
Dole 56 A2
Dolomiten 56 DE2
Dombås 58/59 B3
Dombasle 34/35 B4
Dombes 56 A2
Dominica 120/121 GH5, 116.2 B2
Dominikanische Republik 120/121 FG5, 116.2 B2
Dömitz 24/25 G2
Domodossola 56 C2
Don 84 C3
Donau 14 F4
Donaudelta 70/71 H3
Donaueschingen 34/35 D5
Donaumoos 34/35 G4
Donauried 34/35 F4
Donautiefland 38/39 G4
Donauwörth 34/35 F4
Donbass 84 B3
Donegal Bay 62/63 C4
Donez 84 C3
Donezk 84 B3
Donezplatte 38/39 HI4
Dongchuan 90/91 F4
Dongfang 90/91 F5
Dongguan 90/91 G5
Dongola 106/107 G4
Dongsha 90/91 G4
Dongshuan 96/97 C1
Dongting Hu 90/91 G4
Donnerpass 120/121 A3/B2
Donnersberg; Berg in der Tschech. Republik 34/35 I2
Donnersberg; Berg in Rheinland Pfalz 34/35 CD3
Donniederung 38/39 I3/4
Donon 34/35 C4
Dordogne 62/63 H9
Dornbirn 34/35 E5
Dornburg 34/35 G1
Dorsten 24/25 B4
Dortmund 24/25 C4
Dortmund-Ems-Kanal 24/25 C3
Dosse 24/25 H2
Dossor 84 D3
Douai 62/63 I6
Douala 106/107 D5
Doubs 56 B2
Dougga 66/67 J7
Douglas 62/63 E4
Douro 66/67 AB5
Dover; Stadt in Großbritannien 62/63 H6
Dover; Stadt in den USA 120/121 F3
Dovrefjell 58/59 B3
Dowsk 54/55 O5
Draa, Hamada des 106/107 C3
Draa, Wadi 106/107 C3
Drachten 24/25 B2
Drage 24/25 K2
Drageheide 24/25 K2
Draguinan 56 B4
Drakensberge 110/111 C5/D4
Drakestraße 133.2 D36/1
Drammen 58/59 B4
Drangajökull 58/59 A1
Drau 66/67 N3
Drawehn 24/25 F3

Drei Gleichen 34/35 F2
Drei Schluchten Stausee 90/91 FG4
Drente 24/25 B3
Dresden 34/35 I1
Dresden, Regierungsbezirk 14 EF3
Driburg, Bad 24/25 E4
Drin 70/71 D4
Drina 70/71 C3
Drobeta-Turnu Severin 70/71 E3
Drömling 24/25 FG3
Drygalsky-Insel 133.2 C16
Dschankoi 70/71 K3
Dschetygara 84 E2
Dschibuti; Staat 106/107 H4, 104.3 B1
Dschibuti; Stadt 106/107 H4, 104.3 B1
Dschugdschurgebirge 86/87 NO4
Dserschinsk 84 C2
Dsungarei 90/91 D2
Dsungarische Pforte 90/91 D2
Dsungarischer Alatau 86/87 HI5
Dubai 89.1 D2
Dubawntsee 118/119 IJ3
Dubbo 100/101 E4
Dübener Heide 24/25 H4
Dublin (Baile Átha Cliath) 62/63 D5, 42/43.1 D3
Dubosari 70/71 H2
Dubosari, Stausee von 70/71 H2
Dubrovnik 66/67 O4
Ducie-Insel 138/139 R8
Dudelange 34/35 B3
Duderstadt 24/25 F4
Dudinka 86/87 I3
Duero 66/67 AB5
Dugi Otok 66/67 M3/4
Duisburg 24/25 B4
Dukou 90/91 F4
Dülmen 24/25 C4
Duluth 120/121 D2
Dumai 96/97 C3
Dümmer 24/25 D3
Dumont d'Urville 133.2 C20
Dün 24/25 F4
Düna 54/55 L3
Dünaburg (Daugavpils) 58/59 F4
Dunaújváros 70/71 C2
Duncansby Head 62/63 FG2
Dundalk 62/63 D4
Dundee 62/63 F3
Dunedin 100/101 H5
Dungau 34/35 H4
Dunkerque (Dünkirchen) 62/63 I6
Dünkirchen (Dunkerque) 62/63 I6
Dünsberg 34/35 D2
Duppauer Gebirge 34/35 I2
Durance 56 A4
Durango 120/121 C4
Durban 110/111 D4
Düren 24/25 B5
Durgapur 90/91 D4
Durham 120/121 F3
Durmitor 70/71 C4
Durrës 66/67 D4
Duschanbe 78/79 H6, 80.1 D2
Düsseldorf 24/25 B4
Düsseldorf, Regierungsbezirk 14 B3
Dutch Harbor 118/119 C4
Duyun 90/91 F4
Dwinabucht 84 B1
Dwina, Nördliche 84 C1
Dyrhólaey 58/59 B2
Džbán 34/35 I2

E

Eastern Cape 110/111 C5
East London 110/111 C5
Ebbe 12 B3
Ebene von Muş 73.1 C1
Ebene von Teheran 38/39 IJ5
Ebensee 34/35 I5
Eberbach 34/35 DE3
Ebermannstadt 34/35 G3
Ebern 34/35 F2
Ebersbach 24/25 J4
Ebersberg 34/35 G4
Eberswalde 24/25 I3
Ebinur Hu 90/91 D2
Ebro 66/67 F5
Ebrobecken 38/39 DE4
Ech Cheliff 66/67 F7
Echo Bay 118/119 H3
Eckernförde 24/25 E1
Eckernförder Bucht 24/25 EF1
Ecuador 130/131 B3, 128.1 A1
Ede 24/25 A3
Edéa 106/107 E5
Edefors 58/59 E2
Eder 24/25 E4
Ederkopf 24/25 D5
Ederstausee 24/25 DE4
Edeyin Awbari 106/107 E3
Edeyin Murzuq 106/107 E3
Edge-Insel 86/87 C2
Edinburgh 62/63 F4
Edirne 70/71 G5
Edith-Ronne-Land 133.2 A
Edmonton 118/119 H4
Eduard-VII.-Halbinsel 133.2 B27/28
Edwardsee 110/111 CD2
Eemshaven 24/25 B2
Efate 100/101 G2
Eferding 34/35 J4
Egedesminde (Ausiait) 118/119 N3
Eger; Fluss 34/35 J2
Eger (Cheb); Stadt in der Tschech. Rep. 34/35 H2
Egerland 13 E3
Egersund 58/59 B4
Egge 24/25 DE4
Eggenfelden 34/35 H4
Egilsstaðir 58/59 C1
Eglab 106/107 C3
Eğridirsee 70/71 I6/7
Ehingen 34/35 E4
Eichsfeld 24/25 F4
Eichstätt 34/35 G4
Eider 24/25 E1
Eiderstedt 24/25 D1
Eifel 34/35 BC2
Eilenburg 34/35 H1
Einbeck 24/25 E4
Eindhoven 62/63 J6
Einödriegel 34/35 HI4
Einsiedeln 56 C1
Eisenach 34/35 F2
Eisenberg 34/35 G2
Eisenerz 34/35 J5
Eisenerzer Alpen 34/35 J5
Eisenhüttenstadt 24/25 J3
Eisenstadt 56 G2
Eisenwurzen 34/35 JK5
Eisernes Tor 70/71 E3
Eisleben 24/25 G4
Eismeerstraße 58/59 F2
Ekibastus 86/87 H4
El Aaiún 106/107 B3, 104.3 A1
El Akhdar, Djebel 106/107 F2
El Alamein 106/107 F2
El Arab, Bahr 106/107 F5
Elat 89.1 B2
Elâzığ 70/71 M6
Elba 66/67 K4
Elbe 54/55 E5
Elbe-Havel-Kanal 24/25 GH3
Elbe-Lübeck-Kanal 24/25 F2
Elbe-Seitenkanal 24/25 F2
El Bijad 89.1 C2
Elbing (Elbląg) 54/55 I4
Elbistan 70/71 L6
Elbląg (Elbing) 54/55 I4
Elbrus 70/71 O4
Elbsandsteingebirge 34/35 J2
Elburs 40/41 IJ5
Elche 66/67 E6
Elde 24/25 G2
Elde-Müritz-Wasserstraße 24/25 G2
Eldey 58/59 A2
El Djebel, Bahr 106/107 F5
El Djelfa 40/41 E5
El Dorado 120/121 D3
Eldoret 110/111 D1
Elephantinsel 133.2 C1
El Escorial 66/67 C5

Eleuthera-Insel 120/121 F4
El Faiyum 106/107 G3
El Fasher 106/107 F4
Elfenbeinküste (Côte d'Ivoire) 106/107 C5, 104.3 A1
El Ferrol 62/63 C10
El Gezira 106/107 G4
El Ghasal, Bahr 106/107 E4
El Gîza (Gise) 106/107 G3
Elgon 110/111 D1
El Hamra, Hamada 106/107 E2/3
El Hank 106/107 C3
El Haruj al Aswad 106/107 E3
Elista 70/71 P2
El Karnak 106/107 G3
El Kharga 106/107 G3
El Khenachich 106/107 C3
Elko 120/121 B2
Ellef-Ringnes-Insel 118/119 IJ2
Ellesmereland 118/119 K2/M1
Ellice-Inseln 138/139 NO7
Ellingen 34/35 G3
Ellsworthland 133.2 B35-33
Ellsworth-Mountains 133.2 AB33
Ellwangen 34/35 F4
Elm 24/25 F3
El Mahalla el Kubra 106/107 G2
El Milk, Wadi 106/107 FG4
El Minya 106/107 G3
Elmshorn 24/25 E2
El Obeid 106/107 G4
El Oued 106/107 D2
El Paso 120/121 C3
El Pico 130/131 D4
El Qahira (Kairo) 106/107 G2/3
El Salvador 120/121 DE5, 116.2 B2
Elsass 34/35 C4/5
Elsässer Belchen 34/35 B5
Elsfleth 24/25 D2
Elstergebirge 34/35 H2
Elster, Schwarze 24/25 I4
Elster, Weiße 34/35 H1
Elsterwerda 24/25 I4
El Tigre 130/131 D2
Eltz 34/35 C2
Elverum 58/59 C3
Elze 24/25 E3
Emån 58/59 D4
Emba 84 D3
Embarcación 132 B2
Emden 24/25 C2
Emi Koussi 106/107 E3/4
Emilia Romagna 56 C-E3
Emmen 24/25 B3
Emmendingen 34/35 C4
Emmerich 24/25 B4
Ems 24/25 C2
Ems, Bad 34/35 C2
Emsdetten 24/25 C3
Ems-Jade-Kanal 24/25 C2
Emskanal 24/25 B2
Emsland 24/25 C2/3
Emumägi 58/59 F4
Encarnación 132 C2
Encounterbucht 100/101 D4
Ende 96/97 E4
Enderbyland 133.2 BC11/12
Engels 84 C2
Enggano 96/97 C4
England 62/63 F-H5/6
En Nahud 106/107 F4
Ennedi 106/107 F4
Ennigerloh 24/25 D4
Enns; Fluss 34/35 J4
Enns; Stadt in Österreich 34/35 J4
Enontekiö 58/59 E2
Enschede 24/25 B3
Ensenada 120/121 B3
Entebbe 110/111 D1
Entenbühl 34/35 H3
Enugu 106/107 D5
Enz 34/35 D4
Epe 24/25 A3
Ephesus 70/71 G7
Epidauros 70/71 E7
Epinal 34/35 B4
Equatoria 106/107 FG5
Erbach 34/35 DE3
Erbeskopf 34/35 C3
Erbisdorf, Brand- 34/35 I2

Erciyas Daği 70/71 K6
Erdene 90/91 FG2
Erding 34/35 G4
Erdi, Plateau von 106/107 F4
Eremitage 34/35 G3
Erenhot 90/91 G2
Ereğli 70/71 I5
Erft 34/35 B1
Erftstadt 24/25 B5
Erfurt 34/35 G2
Erg Chech 106/107 C3
Erg Iguidi 106/107 C3
Erg Rebiana 106/107 EF3
Ergun He 86/87 LM4
Eriesee 120/121 EF2
Eritrea 103 GH5, 104.3 B1
Eriwan (Jerewan) 84 C3, 80.1 C2
Erkelenz 24/25 B4
Erlangen 34/35 G3
Erode 90/91 C5
Eromanga 100/101 G2
Er-Rif 66/67 CD8
Er Roseires 106/107 G4
Erzgebirge 34/35 HI2
Erzincan 70/71 M6
Erzurum 70/71 N6
Esbjerg 58/59 B4
Esbo (Espoo) 58/59 E3
Esch 34/35 A3
Eschwege 34/35 F1
Eschweiler 24/25 B5
Escuintlá 120/121 D5
Esens 24/25 C2
Esfahan (Isfahan) 89.1 D1
Eskilstuna 58/59 D4
Eskişehir 70/71 I6
Esla 66/67 C4
Esmeraldas 130/131 C2
Espelkamp 24/25 D3
Esperance 100/101 C4
Esperanza 133.2 C1
Espiritu Santo 100/101 G2
Espoo (Esbo) 58/59 E3
Esquel 132 A4
Esslingen 34/35 E4
Estland 58/59 EF4, 42/43.1 G3
Estremadura 66/67 A5/6
Etbaigebirge 102 G4/5
Etoscha-Nationalpark 110/111 B3
Etoschapfanne 110/111 B3
Etsch 56 D2
Ettal 34/35 G5
Ettelbrück 34/35 B3
Ettlingen 34/35 D4
Euböa 70/71 EF6
Eucla 100/101 C4
Eucumbenesee 100/101 EF4
Eugene 120/121 A2
Eupen 34/35 B2
Euphrat 40/41 I5
Euphrat, Östlicher (Murat) 70/71 NO6
Euphrat-Tigris-Tiefland 76/77 F6
Euphrat, Westlicher (Firat) 70/71 M6
Eureka 120/121 A2
Europa 140/141 M-P3
Europa-Insel 110/111 E4
Europäisches Nordmeer 133.1 BC32, 38/39 D-F2
Euskirchen 34/35 B4
Eutin 24/25 F1
Evansville 120/121 E3
Everglades 120/121 E4
Ewros 70/71 G5
Extremadura 66/67 BC6
Eyjafjord 58/59 B1
Eyre-Halbinsel 100/101 D4
Eyresee 100/101 D3

F

Fada 106/107 F4
Fagernes 58/59 B3
Fair 62/63 G2
Fairbanks 118/119 E3

Fakfak 96/97 F4
Falkenau (Sokolov) 34/35 H2
Falkenberg 24/25 I4
Falkenburg 24/25 KL2
Falkensee 24/25 I3
Falkenstein; Burg, Schloss 24/25 A1
Falkenstein; Burg-, Schlossruine 34/35 C3/4
Falkenstein; Stadt in Sachsen 34/35 H2
Falklandinseln 132 C5, 128.1 AB2
Fallingbostel 24/25 E3
Falster 12 DE1
Falun 58/59 D3
Famagusta 70/71 J8
Fanning 138/139 P6
Fanningrücken 138/139 P6
Farafra 106/107 F3
Farah 90/91 B4
Farasaninseln 89.1 C3
Fargo 120/121 D2
Faridabad 90/91 C4
Faro 66/67 B7
Faroë; Inseln 140/141 L2
Faröer; Verwaltungseinheit 40/41 D2, 42/43.1 D2
Fårön 58/59 D4
Farquharinseln 110/111 F2
Farrukhabad 90/91 C4
Fasanerie 34/35 E2
Fauske 58/59 D2
Faxabucht 58/59 A2
Faya 106/107 E4
Faxabuch 58/59 A2
Fdérik 106/107 B3
Federsee 34/35 E4
Fehmarn 24/25 FG1
Fehmarnbelt 24/25 FG1
Fehrbellin 24/25 H3
Feijó 130/131 C3
Feira de Santana 130/131 G4
Feldberg 34/35 C5
Feldkirch 56 C2
Femø 24/25 G1
Femundsee 58/59 C3
Feodosija 70/71 K3
Fergana 78/79 I5
Fernandina 130/131 A3
Fernando de Noronha 130/131 G3, 128.1 B2
Fernando Póo (Bioko) 110/111 A1
Ferrara 56 D3
Ferro (Hierro) 106/107 B3
Ferrol 66/67 A4
Fès 40/41 D5
Fethiye 70/71 H7
Feuchtwangen 34/35 F3
Feuerland 132 B5
Feyzabad 90/91 C3
Fezzan 106/107 E3
Fianarantsoa 110/111 E4
Fichtelberg 34/35 HI2
Fichtelgebirge 34/35 GH2/3
Fidschi 100/101 H2, 142/143.1 LM4
Fidschi-Inseln 138/139 N8
Figuig 106/107 C2
Filchner 133.2 B2
Filchner-Schelfeis 133.2 B36/1
Fils 34/35 E4
Finke 100/101 D3
Finne 24/25 G4
Finnischer Meerbusen 58/59 E4-F3
Finnische Seenplatte 38/39 G2
Finnland 58/59 EF3, 42/43.1 G2
Finnmark 58/59 E2/F1
Finnsnes 58/59 D2
Finsteraarhorn 56 BC2
Finsterwalde 24/25 I4
Firat (Westlicher Euphrat) 70/71 M6
Firenze (Florenz) 66/67 K4
Firozabad 90/91 C4
Firth of Forth 62/63 F3
Firth of Lorn 62/63 DE3
Firth of Tay 62/63 FG3
Fischerhalbinsel 58/59 G2

Fish 110/111 B4
Fishguard 62/63 E6
Fittrisee 106/107 E4
Fitzroy 100/101 C2
Flamborough Head 62/63 GH4
Fläming 24/25 H3-I4
Flatey 58/59 A1
Fleckenstein 34/35 C3
Flekkefjord 58/59 B4
Flensburg 24/25 E1
Flensburger Förde 24/25 EF1
Flevoland 24/25 A3
Flinders 100/101 E2
Flinderskette 98.1 D3/4
Flindersriffe 100/101 E2
Flin Flon 118/119 I4
Flintinsel 138/139 P7
Florencia 130/131 C2
Florenz (Firenze) 66/67 K4
Flores 96/97 E4
Floressee 96/97 D4
Florianópolis 132 D2
Florida 120/121 E4
Florida, Halbinsel 115 N6/7
Floridastraße 120/121 EF4
Florø 58/59 B3
Fly 96/97 G4
Foggia 66/67 M5
Föhr 24/25 D1
Folda 58/59 C2
Fontainebleau 62/63 I7
Fonteney 56 A2
Forbach 34/35 B3
Forchheim 34/35 G3
Forggensee 34/35 F5
Forli 66/67 L3
Formentera 66/67 F6
Formosa; Insel 90/91 H4
Formosa; Stadt in Argentinien 132 C2
Formosastraße 90/91 GH4
Forsayth 100/101 E2
Forst (Zasieki); Stadt in Polen 24/25 J4
Forst; Stadt in Brandenburg 24/25 J4
Fort Albany 118/119 K4
Fortaleza 130/131 G3
Fort Bragg 120/121 A3
Fort-de-France 120/121 G5
Fort Frances 118/119 J5
Fort Good Hope 118/119 G3
Fort Hope 118/119 K4
Fort Lauderdale 120/121 E4
Fort McMurray 118/119 H4
Fort Nelson 118/119 G4
Fort Norman 118/119 G3
Fort-Peck-Stausee 120/121 C2
Fort Resolution 118/119 H3
Fort Schewtschenko 84 D3
Fort Severn 118/119 K4
Fort Simpson 118/119 G3
Fort Smith 118/119 H3
Fort Vermilion 118/119 H4
Fort Wayne 120/121 E2
Fort William 62/63 E3
Fort Worth 120/121 D3
Fort Yukon 118/119 E3
Foshan 90/91 G4
Fossano 56 B3
Fos-sur-Mer 56 A4
Foula 62/63 F1
Fouta Djalon 106/107 B4
Foxebecken 118/119 KL3
Foxe, Halbinsel 118/119 L3
Foxekanal 118/119 KL3
Franceville 110/111 B2
Francistown 110/111 C4
Franken 13 D4
Frankenberg 34/35 D1
Frankenhöhe 34/35 F3
Frankenwald 34/35 G2
Frankfort 120/121 E3
Frankfurt am Main 34/35 D2
Frankfurt an der Oder (Słubice); Stadt in Polen 24/25 J3
Frankfurt an der Oder; Stadt in Brandenburg 24/25 J3
Fränkische Alb 34/35 F4/G3
Fränkische Rezat 34/35 F3
Fränkische Saale 34/35 E2
Fränkische Schweiz 34/35 G3
Franklinstraße 118/119 J2

Frankreich 62/63 G-I8, 42/43.1 DE4
Franzensbad 34/35 H2
Franz-Josef-Land 86/87 FG1
Französische Kalkalpen 56 A3
Französisch Guayana 127 G4, 128.1 B1
Französisch-Polynesien 142/143.1 AB4
Fraser 118/119 G4
Fraserinsel 100/101 F3
Fraserplateau 114 JK4
Frauenfeld 34/35 D5
Frauenstein 34/35 I2
Fredericia 58/59 B4
Fredericton 118/119 M5
Frederiksborg 58/59 C4
Frederikshåb (Paamiut) 118/119 O3
Frederikshavn 58/59 C4
Fredrikstad 58/59 C4
Freeport 120/121 F4
Freestate 110/111 C4
Freetown 106/107 B5, 104.3 A1
Freiberg 34/35 I2
Freiberger Mulde 34/35 HI1
Freiburg 34/35 C4/5
Freiburg, Regierungsbezirk 14 BC4
Freienwalde, Bad 24/25 J3
Freilassing 34/35 H5
Freising 34/35 G4
Freistadt 34/35 J4
Freital 34/35 I1/2
Fréjus 56 B4
Fresnillo 120/121 C4
Fresno 120/121 B3
Freudenstadt 34/35 D4
Freystad 24/25 K4
Freyung 34/35 I4
Friaul 56 E2
Fribourg 56 B2
Friedberg 34/35 D2
Friedeberg 24/25 K3
Friedland 34/35 K2
Friedrichshafen 34/35 E5
Friedrichstadt 24/25 E1
Friesland 24/25 AB2
Friesoythe 24/25 C2
Frisches Haff 54/55 IJ4
Fritzlar 34/35 E1
Frobisher Bay 118/119 M3
Frøya 58/59 B3
Frykenseen 58/59 C4
Fuchskauten 34/35 CD2
Fudschijama 92 D3
Fuerteventura 106/107 B3
Fuhse 24/25 F3
Fukue 92 B4
Fukui 92 D3
Fukuoka 92 C4
Fukushima; Stadt in Japan auf Hokkaido 92 E2
Fukushima; Stadt in Japan auf Honshu 92 E3
Fukuyama 92 C4
Fulda; Fluss 34/35 E1
Fulda; Stadt in Hessen 34/35 E2
Funabashi 92 DE3
Funchal 106/107 B2
Fundy Bay 118/119 M5
Fünen 13 D1
Furnas-Stausee 130/131 F5
Furneauxgruppe 100/101 E4/5
Fürstenberg; Schloss, Burg 24/25 E4
Fürstenberg; Stadt in Brandenburg 24/25 I2
Fürstenfeldbruck 34/35 G4
Fürstenwalde 24/25 J3
Fürstenzell 34/35 I4
Fürth 34/35 F3
Furth im Wald 34/35 H3
Fury-and-Hecla-Straße 118/119 K3
Fushun 90/91 H2
Füssen 34/35 F5
Füssing, Bad 34/35 I4
Fuxin 90/91 H2
Fuyu 92 A1
Fuzhou 90/91 G4

G

Gaalkacyo 106/107 H5
Gabès 106/107 E2
Gablonz (Jablonec) 34/35 K2
Gaborone 110/111 C4
Gabun 110/111 B1, 104.3 A2
Gadebusch 24/25 G2
Gafsa 106/107 D2
Gaggenau 34/35 D4
Gaildorf 34/35 E3/4
Galápagosinseln 130/131 AB3, 142/143.1 C3/4
Galápagosstufe 138/139 RS6/7
Galaţi 70/71 GH3
Galdhøppigen 58/59 B3
Galicien 66/67 AB4
Galite 66/67 J7
Galizien 54/55 JK7
Galle 90/91 D6
Gállego 66/67 E4
Gällivare 58/59 E2
Galveston 120/121 D4
Galway 62/63 C5
Gambia; Fluss 106/107 B4
Gambia; Staat 106/107 B4, 104.3 A1
Gambierinseln 138/139 Q8
Gamlakarleby (Kokkola) 58/59 E3
Gander 118/119 N5
Gandersheim, Bad 24/25 F4
Gandhinagar 90/91 C4
Ganges 90/91 D4
Gangestiefland 76/77 J7
Gangtok 90/91 D4
Ganzhou 90/91 G4
Gao 106/107 D4
Gap 56 B3
Garapan 96/97 G2
Garborone 102 F9, 104.3 B2
Gardasee 56 D3
Gardelegen 24/25 G3
Garmisch-Partenkirchen 34/35 G5
Garonne 62/63 H10
Garoowe 106/107 H5
Garoua 106/107 E5
Garrysee 118/119 IJ3
Gartz 24/25 J2
Gary 120/121 E2
Garyarsa 90/91 D3
Garze 90/91 EF3
Gascogne 62/63 GH10
Gascoyne 100/101 B3
Gatschina 58/59 G4
Gauhati 90/91 E4
Gauja 58/59 F4
Gaula 58/59 C3
Gaußberg 133.2 C15
Gauteng 110/111 C4
Gaxun Nur 90/91 F2
Gaya 90/91 D4
Gaziantep 70/71 L7
Gdańsk (Danzig) 54/55 I4
Gdingen (Gdynia) 54/55 I4
Gdow 54/55 M2
Gdynia (Gdingen) 54/55 I4
Gebweiler 34/35 C5
Gedaref 106/107 G4
Gedern 34/35 E2
Gediz 70/71 H6
Gedser 24/25 G1
Gedser Odde 24/25 H1
Geelong 100/101 E4
Geesthacht 24/25 F2
Geiersberg 34/35 E3
Geiranger 58/59 B3
Geislingen 34/35 E4
Gejiu 90/91 F4
Gela 66/67 M7
Gelber Fluss (Huang He) 90/91 G3
Gelbes Meer 90/91 H3
Gelderland 24/25 AB3
Geldern 24/25 B4
Geleen 24/25 A5
Gelnhausen 34/35 E2
Gelsenkirchen 24/25 C4
Gemena 110/111 B1
Gemünden 34/35 E2
General Belgrano 133.2 B3
General San Martin 133.2 C36

neral Santos 96/97 E3
nève (Genf) 56 B2
nf (Genève) 56 B2
nfer See 56 B2
nil 66/67 CD7
nk 34/35 A2
nova (Genua) 56 C3
nt 62/63 I6
nthin 24/25 H3
nua (Genova) 56 C3
omagnetischer Pol (Antarktis) 133.2 B18
omagnetischer Pol (Arktis) 133.1 B3-5
orgenfeld, Zinnwald- 34/35 I2
orgetown; Stadt in den USA 120/121 F3
orgetown; Stadt in Guyana 130/131 E2, 128.1 B1
orgian Bay 120/121 E2
orgien 84 C3, 80.1 C2
org-Land 86/87 E5
org-V.-Küste 133.2 C22/21
ra; Fluss 34/35 F2
ra; Stadt in Thüringen 34/35 H2
raldton 100/101 B3
rardmer 34/35 B4
retsried 34/35 G5
rlsdorfer Spitze 54/55 J7
rmersheim 34/35 D3
rmiston 110/111 C4
rolstein 34/35 B2
rolzhofen 34/35 F3
rona 66/67 G5
rsfeld 34/35 E2
säuse 34/35 J5
seke 24/25 D4
sellschaftsinseln 138/139 P8
adamis 106/107 D2/3
aghara 90/91 D4
ana 106/107 C5, 104.3 A1
ardaïa 106/107 D2
at 106/107 E3
aziabad 90/91 C4
braltar 66/67 C7, 42/43.1 D5
bsonwüste 100/101 C3
deälv 58/59 D3
engen 34/35 F4
eßen 34/35 D2
eßen, Regierungsbezirk 14 C3
fhorn 24/25 F3
fu 92 D3
glio 66/67 K4
jón 66/67 C4
lawüste 120/121 B3
lbertinseln 138/139 N6/7
resun 70/71 M5
romagny 34/35 B5
ronde 62/63 G9
sborne 100/101 H4
se (El Gîza) 106/107 G3
andscha 84 C3
øvik 58/59 C3
adbach, Bergisch- 24/25 C5
adstone 100/101 F3
åma 58/59 C3
an 34/35 C3
arner Alpen 56 C2
asgow 62/63 E4
ashütte 34/35 I2
asow 84 D2
auchau 34/35 H2
eiwitz (Gliwice) 54/55 I6
endalough 62/63 D5
ewe, Neustadt- 24/25 G2
littertal 58/59 B3
liwice (Gleiwitz) 54/55 I6
omfjord 58/59 CD2
lücksburg 24/25 E1
lückstadt 24/25 E2
münd 34/35 JK4
munden 34/35 I5
niezno 54/55 H5
obi 90/91 E-G2
obi-Altai 90/91 F2
öblberg 58/59 B1
och 24/25 B4
odafoss 58/59 B1
odavari 90/91 D5
odthåb (Nuuk) 115 Q3, 118/119 N3

Göhren 24/25 I1
Goiânia 130/131 F4
Gökçeada 70/71 FG5
Gold Coast 100/101 F3
Goldene Aue 24/25 FG4
Golfe du Lion 62/63 IJ10
Golfküstenebene 114 MN6/7
Golfstrom 140/141 HI4
Golf von Aden 89.1 C3
Golf von Alaska 118/119 E4
Golf von Antalya 70/71 I7
Golf von Aqaba 89.1 B2
Golf von Bengalen 90/91 DE5
Golf von Biscaya 62/63 D-F9
Golf von Bone 96/97 E4
Golf von Boothia 118/119 J2/K3
Golf von Cádiz 66/67 B7
Golf von Cambay 90/91 C4
Golf von Campeche 120/121 D4
Golf von Darién 130/131 C2
Golf von Genua 66/67 J3/4
Golf von Guinea 103 D6
Golf von Honduras 120/121 E5
Golf von İskenderun 70/71 KL7
Golf von Kalifornien 120/121 B3/C4
Golf von Korinth 70/71 E6
Golf von Liaodong 90/91 H2/3
Golf von Martaban 90/91 E5
Golf von Mexiko 120/121 DE4
Golf von Oman 89.1 DE2
Golf von Panama 120/121 F6
Golf von Patras 70/71 D6
Golf von Saint Malo 62/63 FG7
Golf von Siam 96/97 C2
Golf von Suez 106/107 G3
Golf von Tarent 66/67 N5
Golf von Tehuantepec 120/121 D5
Golf von Tolo 96/97 E4
Golf von Tomini 96/97 E4
Golf von Tonking 90/91 F4
Golf von Triest 56 E3
Golf von Valencia 66/67 EF6
Golf von Venedig 56 E3
Golf von Venezuela 130/131 C1
Gollnow 24/25 J2
Gollnower Heide 24/25 J2
Golmud 90/91 E3
Gomel 54/55 O5
Gomera 106/107 B3
Gonaïves 120/121 F5
Gonder 106/107 G4
Gondwana 133.2 B23
Gongga 90/91 F4
Goose Bay 118/119 M4
Göppingen 34/35 E4
Gorakhpur 90/91 D4
Gore 106/107 G5
Gorgan 89.1 D1
Gorges du Verdon 56 B4
Gori 70/71 P4
Gorizia 56 E3
Gorki 54/55 O4
Gorleben 24/25 G2
Görlitz; Stadt in Sachsen 34/35 J1
Görlitz (Zgorzelec); Stadt in Polen 24/25 K4
Gorno-Altaisk 86/87 I4
Goroka 96/97 G4
Gorom-Gorom 106/107 C4
Gorontalo 96/97 E3
Goryn 54/55 M6
Gorzów Wielkopolski (Landsberg) 24/25 K3
Goslar 24/25 F4
Götaälv 58/59 C4
Götakanal 58/59 D4
Götaland 58/59 CD4
Göteborg 58/59 C4
Gröbming 34/35 I5
Gotha 34/35 F2
Gotland 58/59 D4
Gotoinseln 92 B4
Göttingen 24/25 E4
Gottorf 24/25 E1
Goughinsel 140/141 L9, 142/143.1 F5
Goulburn 100/101 E4
Governador Valadares 130/131 F4
Gowerla 70/71 F1/2
Goya 132 C2

Gozo 66/67 M7
Graal-Müritz 24/25 H1
Grabfeld 34/35 F2
Grabow 24/25 G2
Grafenau 34/35 I4
Grafing 34/35 G4
Grafton 100/101 F3
Grahamland 133.2 C36/1
Grampian Mountains 62/63 EF3
Gran 54/55 I7
Granada; Stadt in Spanien 66/67 D7
Granada; Stadt in Nicaragua 120/121 E5
Gran Canaria 106/107 B3
Gran Chaco 132 B2
Grand Bahama-Insel 120/121 F4
Grand Bassam 106/107 C5
Grand Canyon-Nationalpark 120/121 BC3
Grande Chartreuse 56 A3
Grande Comore (Njazidja) 110/111 B3
Grande Prairie 118/119 H4
Grand Forks 120/121 D2
Grand Island 120/121 D2
Grand Rapids 120/121 E2
Granitz 24/25 I1
Gran Paradiso 56 B3
Gran Sasso 38/39 F4
Gran Sasso d'Italia 40/41 F4
Gransee 24/25 I2
Grantland 118/119 KL1
Graslitz 34/35 H2
Grasse 56 B4
Graudenz (Grudziadz) 54/55 I5
Gravenstein 24/25 E1
Graz 56 F2
Great Abaco-Insel 120/121 F4
Great Dividing Range 100/101 E2/F3
Great Falls 120/121 B2
Great Inagua-Insel 120/121 F4
Great Nicobar 96/97 B3
Great Plains 114 K4-M6
Great Wall 133.2 C1
Great Yarmouth 62/63 H5
Greem-Bell-Insel 86/87 GH1
Green Bay 120/121 E2
Green River 120/121 C2/3
Greensboro 120/121 F3
Greenville 120/121 D3
Greenwich, London 62/63 GH6
Greifenberg 24/25 K2
Greifenhagen 24/25 J2
Greiffenberg 24/25 K4
Greifswald 24/25 I1
Greifswalder Bodden 24/25 I1
Greifswalder Oie 24/25 IJ1
Grein 34/35 J4
Greiz 34/35 H2
Grenå 58/59 C4
Grenada 120/121 G5
Grenadinen, Saint Vincent und die 120/121 GH5
Grenen 58/59 C4
Grenoble 56 A3
Greven 24/25 C3
Grevenbroich 24/25 B4
Grevesmühlen 24/25 G2
Greymouth 100/101 H5
Griechenland 70/71 D-F6, 42/43.1 G5
Grieskirchen 34/35 I4
Grimma 34/35 H1
Grimmen 24/25 I1
Grimsby 62/63 G5
Grimsey 58/59 B1
Grimsvötn 58/59 B2
Gripsholm 58/59 D4
Gröbming 34/35 I5
Gröditz 34/35 I1
Grömitz 24/25 F1
Grodno 54/55 K5
Gronau; Stadt in Nordrhein-Westfalen 24/25 C3
Gronau; Stadt in Niedersachsen 24/25 E3
Grong 58/59 C3
Groningen 24/25 B2
Grönland 115 RS2/3,133.1 BC35
Grönlandsee 115 UV2
Grønsund 24/25 H1

Groote Eylandt 100/101 D2
Grootfontein 110/111 B3
Grosny 70/71 P4
Großbritannien 62/63 G-I4, 42/43.1 DE3
Große Antillen 120/121 E4/G5
Große Arabische Wüste 89.1 CD2/3
Große Australische Bucht 100/101 CD4
Große Ebene 90/91 G3
Große Karru 110/111 C5
Große Lauter 34/35 E4
Große Mauer 90/91 F3
Große Mühl 34/35 I4
Großenhain 34/35 I1
Großer Arber 34/35 I3
Großer Bärensee 118/119 GH3
Großer Beerberg 34/35 F2
Großer Belchen 34/35 C5
Großer Belt 58/59 C4
Großer Erg, Östlicher 106/107 D3/2
Großer Erg von Bilma 106/107 E4
Großer Erg, Westlicher 106/107 C3/D2
Großer Feldberg 34/35 D2
Großer Geysir 58/59 A2
Großer Gleichberg 34/35 F2
Großer Hinggan 90/91 GH1/2
Großer Inselsberg 34/35 F2
Großer Kanal 90/91 G3
Großer Lübbesee 24/25 K2
Großer Ob 84 E1
Großer Peilstein 34/35 K4
Großer Plöner See 24/25 F1
Großer Pölsenstein 34/35 J5
Großer Priel 34/35 J5
Großer Rachel 34/35 I4
Großer Salzsee 120/121 B2
Großer Sandsee 106/107 F3
Großer Sklavensee 118/119 H3
Großer Usen 84 C2/3
Großer Zab 70/71 O7
Große Salzwüste 89.1 D1
Große Sandwüste 100/101 C3
Großes Artesisches Becken 100/101 DE3
Großes Barriereriff 100/101 E2/F3
Großes Becken 120/121 B3
Große Seen 140/141 FG3/4
Große Sunda-Inseln 140/141 TU7
Große Syrte 106/107 E2
Große Victoriawüste 100/101 CD3
Groß-Gerau 34/35 D3
Großglockner 12 E5
Grotte von Lascaux 62/63 H9
Grudziądz (Graudenz) 54/55 I5
Grünberg (Zielona Góra) 24/25 K4
Grund, Bad 24/25 F4
Grundlsee 34/35 IJ5
Grusinien 84 C3
Guadalajara 120/121 C4
Guadalcanal 100/101 FG2
Guadalquivir 66/67 D7
Guadalupe 120/121 B4, 116.2 A2
Guadeloupe 120/121 G5, 116.2 B2
Guadiana 66/67 B7
Guainía 130/131 D2
Guajará 130/131 D4
Guam 96/97 G2, 142/143.1 K3
Guanajuato 120/121 C4
Guangdong 96/97 D1
Guangzhou (Kanton) 90/91 G4
Guantánamo 120/121 F4
Guaporé 130/131 D4
Guarapuava 130/131 E5
Guarda 66/67 B5
Guatemala; Staat 120/121 E5, 116.2 B2
Guatemala; Stadt 120/121 D5, 116.2 B2
Guaviare 130/131 C1
Guayanabecken 136/137 IJ6
Guayana, Bergland von 130/131 DE2
Guayaquil 130/131 BC3

Guaymas 120/121 B4
Guban 106/107 H4
Guben; Stadt in Brandenburg 24/25 J4
Guben (Gubin); Stadt in Polen 24/25 J4
Gubin (Guben); 24/25 J4
Gudbrandsda 58/59 BC3
Gudermes 70/71 Q4
Guelma 66/67 I7
Guernsey 62/63 F7
Guilin 90/91 G4
Guinea 106/107 B4/C5, 104.3 A1
Guineabecken 136/137 L6/7
Guinea-Bissau 106/107 B4, 104.3 A1
Guineaschwelle 136/137 LM7
Guineastrom 140/141 KL6
Guiyang (Kweijang) 90/91 F4
Gujranwala 90/91 C3
Gulbarga 90/91 C5
Guldborgsund 24/25 G1
Gulian 90/91 H1
Gulja (Yining) 90/91 D2
Gullfoss 58/59 AB2
Gulstav 24/25 F1
Gummersbach 24/25 C4
Gümri 70/71 O5
Gundelfingen 34/35 F4
Gunnbjörnfjeld 118/119 PQ3
Guntur 90/91 D5
Günzburg 34/35 F4
Gunzenhausen 34/35 F3
Gurbantünggüt, Wüste 90/91 D2
Gurk 56 F2
Güstrow 24/25 H2
Gütersloh 24/25 D4
Gutland 34/35 AB3
Guyana 130/131 E2, 128.1 AB1
Guyenne 62/63 GH9
Gwadar 89.1 E2
Gwalior 90/91 C4
Gweru 110/111 C3
Gydan, Halbinsel 86/87 HI2/3
Györ 70/71 B2
Gypsumville 118/119 J4

H

Haapsalu 58/59 E4
Haar, Die 24/25 D4
Haardt 34/35 D3
Haarlem 62/63 J5
Hachijojima 92 D4
Hachinohe 92 E2
Hadar 103 G-H5
Hadibu 89.1 D3
Hadramaut 78/79 FG8
Hadur Shuayb 89.1 C3
Haeju 92 B3
Hagelberg 24/25 H3
Hagen 24/25 C4
Hagenau 34/35 C4
Hagfors 58/59 C3
Hagondange 34/35 B3
Haidenaab 34/35 G3
Haifa 89.1 B
Haikou 90/91 G4/5
Hail 89.1 C2
Hailar 90/91 G2
Hailuoto 58/59 E2
Hainan 90/91 G5
Hainanstraße 90/91 FG4
Hainich 34/35 F1
Hainleite 24/25 FG4
Haiphong 96/97 C1
Haisin 54/55 N7
Haithabu 24/25 E1
Haiti 120/121 F5, 116.2 B2, 116.2 B2
Hakodate 92 E2
Halab (Aleppo) 70/71 L7
Halberstadt 24/25 G4
Halbinsel Boso 92 E4
Halbinsel Kanin 84 C1
Halbinsel Kola 84 B1
Halbinsel Krim 84 B3
Halbinsel Malakka 90/91 E6
Halbinsel Noto 92 D3
Halbinsel Shimokita 92 E2

Halbinsel Sinai 89.1 B2
Halden 58/59 C4
Haldensleben 24/25 G3
Halifax 118/119 M5
Halland 58/59 C4
Halle; Stadt in Sachsen-Anhalt 24/25 G4
Halle; Regierungsbezirk 14 D3
Halle; Stadt in Nordrhein-Westfalen 24/25 D3
Hallein 34/35 I5
Hallertau 34/35 G4
Halley 133.2 B4
Halligen 24/25 D1
Hallingdal 58/59 B3
Halls Creek 100/101 C2
Hallstatt 34/35 I5
Hallstätter See 34/35 I5
Halmahera 96/97 EF3
Halmstad 58/59 C4
Hälsingborg 58/59 C4
Haltiatunturi 58/59 E2
Hamada 92 C4
Hamada des Draa 106/107 C3
Hamada el Hamra 106/107 E2/3
Hamadan 89.1 C1
Hamada von Tinghert 106/107 DE3
Hamah 70/71 L8
Hamamatsu 92 D4
Hamar 58/59 C3
Hamburg; Bundesland 14 CD2
Hamburg; Stadt 24/25 EF2
Hamburg-Bergedorf 24/25 F2
Hämeenlinna 58/59 E3
Hameln 24/25 E3
Hämelschenburg 24/25 E3
Hamersleykette 100/101 B3
Hamhung 92 B2/3
Hami 90/91 E2
Hamilton; Stadt in Neuseeland 100/101 H4
Hamilton; Stadt in Kanada 118/119 L5
Hamilton Inlet 118/119 N4
Hamm 24/25 C4
Hammamet 66/67 K7
Hammelburg 34/35 E2
Hammerfest 58/59 E1
Hanau 34/35 D2
Handan 90/91 G3
Hangang 92 B3
Hangö (Hanko) 58/59 E4
Hangzhou (Hangtschou) 90/91 G3
Hanko (Hangö) 58/59 E4
Hannover 24/25 E3
Hannover, Regierungsbezirk 14 C2
Hanoi 96/97 C1, 80.1 E3
Haora 90/91 D4
Haparanda 58/59 E2
Harad 89.1 C2
Harare 110/111 D3, 104.3 B2
Harbin 90/91 H2
Harburg 34/35 F4
Hardangerfjord 58/59 B3
Hardangerjøkulen 58/59 B3
Hardangervidda 58/59 B3
Hardenberg 24/25 B3
Harderwijk 24/25 A3
Harer 106/107 H5
Hargeysa 106/107 H5
Harirud 90/91 B3
Harjavalta 58/59 E3
Härnösand 58/59 D3
Harranebene 73.1 B2
Harrisburg 120/121 F2
Harstad 58/59 D2
Hartberg 56 F2
Hartford 120/121 F2
Harwich 62/63 H6
Harz 24/25 FG4
Harzburg, Bad 24/25 F4
Hasan Daği 70/71 K6/7
Hase 24/25 C3
Haskovo 70/71 F5
Haslach 34/35 D4
Haßberge 34/35 F2
Haßfurt 34/35 F2
Hassi Messaoud 106/107 D2
Hassi R'Mel 106/107 D2
Hastings 62/63 H6

Hattusa 70/71 K5
Haugesund 58/59 B4
Haugstein 34/35 I4
Haukisee 58/59 F3
Hausruck 34/35 I4
Havanna (La Habana) 120/121 E4, 116.2 B2
Havel 24/25 H3
Havelberg 24/25 H3
Havelland 24/25 H3
Havre Saint-Pierre 118/119 M4
Hawaii; Insel 138/139 P5
Hawaii; Verwaltungseinheit 142/143.1 A3
Hawaii-Inseln 138/139 OP5
Hawaiirücken 138/139 OP5
Hayange 34/35 B2
Hayden 120/121 B3
Hay River 118/119 H3
Hazarsee 73.1 B1
Hazelton 118/119 G4
Heardinsel 140/141 Q10, 142/143.1 I5
Hearst 118/119 K5
Hebriden 40/41 D3
Hebriden, Äußere 62/63 C3-D2
Hebriden, Innere 62/63 D3/4
Hebriden, Neue 138/139 N8
Hecatestraße 118/119 F4
Hechingen 34/35 D4
Heddal 58/59 B4
Hedjas 89.1 B2
Heerenveen 24/25 A3
Heerlen 24/25 A5
Hefei 90/91 G3
Hefshuizen 24/25 B2
Hegang 90/91 I2
Hegau 34/35 D5
Heide 24/25 E1
Heidelberg 34/35 D3
Heidenheim 34/35 F4
Heidenreichstein 34/35 K4
Heihe 90/91 H1
Heilbronn 34/35 E3
Heiligenberg 34/35 E5
Heiligenhafen 24/25 F1
Heiligenstadt 34/35 F1
Heilong Jiang 78/79 N4/5
Heimaey 58/59 A2
Hekla 58/59 B2
Heldburg 34/35 F2
Helena 120/121 B2
Helgeland 58/59 C2
Helgoland 24/25 C1
Helgoländer Bucht 24/25 CD1
Hellberge 24/25 G3
Hellweg 13 BC3
Helmand 90/91 B3
Helme 24/25 F4
Helmstedt 24/25 FG3
Helpter Berge 24/25 I2
Helsingfors (Helsinki) 58/59 E3, 42/43.1 G2
Helsingør 58/59 C4
Helsinki (Helsingfors) 58/59 E3, 42/43.1 G2
Hengduan Shan 90/91 E3/4
Hengelo 24/25 B3
Hengyang 90/91 G4
Henneburg 34/35 E3
Hennigsdorf 24/25 I3
Henzada 90/91 E5
Herakol Dağ 73.1 D2
Herat 90/91 B3
Herborn 34/35 D2
Herðubreið 58/59 B1
Hereroland 110/111 BC4
Herford 24/25 D3
Heringen 34/35 F2
Heringsdorf 24/25 J2
Herisau 34/35 E5
Hermannsburg 24/25 F3
Hermannstadt (Sibiu) 70/71 F3
Hermosillo 120/121 B4
Herning 58/59 B4
Herrenberg 34/35 D4
Herrenchiemsee 34/35 H5
Herrlisheim 34/35 C4
Herrnhut 34/35 J1
Hersbruck 34/35 G3
Hersfeld, Bad 34/35 E2

Herzberg; Stadt in Niedersachsen 24/25 F4
Herzberg; Stadt in Brandenburg 24/25 I4
Herzegowina, Bosnien- 70/71 B3/C4
Herzogenaurach 34/35 F3
Hesselberg 34/35 F3
Hessen 34/35 DE2
Hessisches Bergland 12 C3
Hettstedt 24/25 G4
Hidagebirge 92 D3
Hidalgo del Parral 120/121 C4
Hiddensee 24/25 HI1
Hieflau 34/35 J5
Hierro (Ferro) 106/107 B3
Highlands 62/63 EF3
Hiiumaa (Dagö) 58/59 E4
Hildburghausen 34/35 F2
Hildesheim 24/25 E3
Hils 24/25 E4
Himalaya 90/91 C-E3/4
Himeji 92 C4
Hims 40/41 H5
Hindukusch 90/91 BC3
Hindustan 90/91 CD4
Hinggan, Großer 90/91 GH1/2
Hinggan, Kleiner 90/91 HI2
Hinnøy 58/59 D2
Hirfanlıstausee 70/71 JK6
Hirosaki 92 E2
Hiroshima 92 C4
Hirsau 34/35 D4
Hirschberg (Jelenia Góra); Stadt in Polen 24/25 K5
Hirschberg; Stadt in der Tschech. Rep. 34/35 J2
Hirschenstein 34/35 H4
Hirtshals 58/59 BC4
Hispaniola 120/121 FG5
Hitachi 92 E3
Hitra 58/59 B3
Hitzacker 24/25 G2
Hjälmarsee 58/59 D4
Hobart 100/101 E5
Hoburgen 58/59 D4
Hochebene der Schotts 38/39 DE5, 66/67 GH8
Hochebene von Gaziantep 73.1 AB2
Hochebene von Urfa 73.1 AB2
Hochgolling 34/35 I5
Ho Chi Minh (Saigon) 96/97 C2
Hochkönig 34/35 HI5
Hochland von Adamaoua 102 DE6
Hochland von Asir 76/77 F7/8
Hochland von Äthiopien 103 GH5/6
Hochland von Bihé 110/111 B3
Hochland von Dekkan 76/77 IJ8
Hochland von Iran 76/77 G6
Hochland von Mato Grosso 130/131 E4
Hochland von Mexiko 120/121 C4
Hochland von Tibet 76/77 J6
Hochschwab 56 F2
Höchstadt 34/35 F3
Hochwald 12 B4
Hof 34/35 G2
Hofgeismar 24/25 E4
Höfn 58/59 B2
Hofsjökull 58/59 B2
Hofu 92 C4
Hohe Acht 34/35 BC2
Hohe Eifel 12 B3
Hohenloher Ebene 34/35 EF3
Hohenneuffen 34/35 E4
Hohentwiel 34/35 D5
Hohenwarte-Talsperre 34/35 G2
Hohenzieritz 24/25 HI2
Hohenzollern 34/35 D4
Hoher Atlas 40/41 D5
Hoher Mechtin 24/25 FG2
Hohes Venn 34/35 AB2
Hohe Tatra 54/55 IJ7
Hohe Tauern 56 E2
Hohhot 90/91 G2
Hohkönigsburg 34/35 C4
Höhle von Koněprusy 34/35 IJ3
Hohneck 34/35 BC4
Hokkaido 92 DE2

Holguín 120/121 F4
Holmsee 58/59 D3
Holmsund 58/59 E3
Holstebro 58/59 B4
Holsteinische Schweiz 24/25 F1
Holsteinsborg (Sisimiut) 118/119 N3
Holyhead 62/63 E5
Holzminden 24/25 E4
Homburg 34/35 C3
Homburg, Bad 34/35 D2
Homécourt 34/35 A3
Hondsrug 24/25 B2/3
Honduras 120/121 E5, 116.2 B2
Hønefoss 58/59 C3
Hongkong (Xianggang) 90/91 G4
Hongshui He 90/91 F4
Honiara 100/101 F1, 142/143.1 L4
Honnef, Bad 34/35 C2
Honningsvåg 58/59 F1
Honolulu 138/139 P5
Honshu 92 CD3
Hooge 24/25 D1
Hoogeveen 24/25 B3
Hoogezand-Sappemeer 24/25 B2
Hooverdamm 120/121 B3
Hopen 86/87 C2
Horb 34/35 D4
Horliwka 70/71 M1
Horn 58/59 A1
Hornavan 58/59 D2
Horni Bříza 34/35 I3
Hornisgrinde 34/35 D4
Hörnli 34/35 D5
Hořovice 34/35 I3
Horsens 58/59 B4
Houston 120/121 D4
Hovd 90/91 E2
Hövsgöl Nuur 86/87 K4
Howlandinsel 138/139 O6, 142/143.1 M3
Höxter 24/25 E4
Hoy 62/63 F2
Hoya 24/25 E3
Høyanger 58/59 B3
Hoyerswerda 24/25 J4
Hradec Králové (Königgrätz) 54/55 G6
Hrastovlje 56 EF3
Hřebeny 34/35 J3
Hsian (Xi'an) 90/91 F3
Hsintschu 90/91 H4
Huainan 90/91 G3
Huallaga 130/131 C3
Huambo 110/111 B3
Huancayo 130/131 C4
Huang He (Gelber Fluss) 90/9 G3
Huangshi 90/91 G3
Huaráz 130/131 C3
Huascarán 130/131 C3
Hubertusburg 34/35 HI1
Hubli-Dharwad 90/91 C5
Hückelhoven 24/25 B4
Huddersfield 62/63 G5
Hude 24/25 D2
Hudiksvall 58/59 D3
Hudson 120/121 F2
Hudson Bay 118/119 J3/K4
Hudsonstraße 118/119 LM3
Hudsontiefland 114 MN4
Hue 96/97 C2
Huelva 66/67 B7
Huesca 66/67 E4
Hughenden 100/101 E3
Hugoton 120/121 C3
Huila 130/131 C2
Hulin 90/91 I2
Hull (Kingston-upon-Hull) 62/63 G5
Hulun Nur 90/91 G2
Humber 62/63 H5
Humboldtgletscher 118/119 M2
Humboldtstrom 140/141 G7/8
Hümmling 24/25 C3
Húnabucht 58/59 A1
Hunedoara 70/71 E3
Hünfeld 34/35 E2
Hungersteppe 86/87 GH5
Hungnam 92 B3
Hunjiang 90/91 H2
Hunsrück 34/35 BC3
Hunte 24/25 D2

Huntington 120/121 E3
Huntsville 120/121 E3
Hurghada 106/107 G3
Huronsee 120/121 E2
Hürth 24/25 B5
Husum 24/25 E1
Húsavik 58/59 B1
Hvannadalshnúkur 58/59 B2
Hvar 66/67 N4
Hveragerði 58/59 A2
Hyargas Nuur 90/91 E2
Hyderabad; Stadt in Indien 90/91 C5
Hyderabad; Stadt in Pakistan 90/91 B4
Hyères 56 B4
Hyesan 92 B2
Hyvinkää 58/59 E3

I

Iaşi 70/71 G2
Ibadan 106/107 D5
Ibagué 130/131 C2
Ibarra 130/131 C2
Ibb 89.1 C3
Ibbenbüren 24/25 C3
Iberische Halbinsel 40/41 D4/5
Iberisches Becken 136/137 KL4
Iberisches Randgebirge 66/67 D4/5
Ibiza; Insel 66/67 F6
Ibiza; Stadt in Spanien 66/67 F6
Ica; Stadt in Peru 130/131 C4
Içá; Fluss 130/131 D3
Idaho Falls 120/121 B2
Idar-Oberstein 34/35 C3
Idarwald 12 B4
Idlib 70/71 L8
Idstein 34/35 D2
Ife 106/107 D5
Iforas, Adrar der 106/107 D4
Igarka 86/87 I3
Igrim 84 E1
Iguaçufälle 130/131 E5
Iguatu 130/131 G3
Iguidi, Erg 106/107 C3
Igumenitsa 70/71 D6
Ihna 24/25 J2
Iijoki 58/59 F2
Iisalmi 58/59 F3
IJssel 13 B2
IJsselmeer 14 A2
Ikaria 70/71 FG7
Ilebo 110/111 C2
Île de France 62/63 I7
Ilek 84 D2
Îles d'Hyères 56 B4
Îles Glorieuses 110/111 E3
Iraklion 70/71 F8
Ilha-Grande-Stausee 130/131 E5
Ilhéus 130/131 G4
Ili 90/91 C2
Iliamna 118/119 D3/4
Ill 34/35 C4
Iller 34/35 EF4
Illertissen 34/35 F4
Illigan 96/97 E3
Illinois 120/121 D2/3
Illimani 130/131 D4
Ilm 34/35 G1
Ilmenau; Fluss 24/25 F2
Ilmenau; Stadt in Thüringen 34/35 F2
Ilmensee 58/59 G4
Ilo 130/131 C4
Iloilo 96/97 E2
Ilomantsi 58/59 G3
Ilorin 106/107 D5
Ilsede 24/25 F3
Ilulíssat (Jakobshavn) 118/119 N3
Ilz 34/35 I4
Imabari 92 C4
Imandrasee 58/59 G2
Imatra 58/59 F3
Imatrafälle 58/59 F3
Immenstadt 34/35 F5
Imperatorrücken 138/139 N4
Imperia 56 C4

Imphal 90/91 E4
Imst 34/35 F5
Inari 58/59 F2
Inarisee 58/59 F2
Inawashirosee 92 E3
Inchon 92 B3
Indalsälv 58/59 D3
Indianapolis 120/121 E3
Indien 90/91 CD4/5, 80.1 D3
Indigirka 78/79 P2/3
Indisch-Antarktischer Rücken 136/137 R9-V10
Indisch-Antarktisches Becken 136/137 S-U10
Indischer Ozean 100/101 B-E5
Indischer Rücken, Östlicher 136/137 R7-9
Indischer Rücken, Westlicher 136/137 Q9-Q8
Indonesien 96/97 C-F4, 80.1 EF4
Indore 90/91 C4
Indus 90/91 B4
Industiefland 76/77 HI7
Inforas, Adrar der 136/137 M5
Ingermanland 58/59 FG4
Ingólfshöfdi 58/59 B2
Ingolstadt 34/35 G4
Ingul 54/55 P8
Ingulez 70/71 J2
Inguschetien 81.2
Inhambane 110/111 D4
Inlandsee 92 C4
Inn 13 E4
Inneranatolien 70/71 I-K6
Inneranatolische Hochfläche 38/39 GH5
Innere Hebriden 62/63 D3/4
Innere Mongolei 90/91 FG2
Innerste 24/25 F3
Innsbruck 34/35 G5
Innviertel 34/35 I4
In Salah 106/107 D3
Insel Man 62/63 E4
Inta 84 DE1
Interlaken 56 B2
Inukjuak 118/119 L4
Inuvik 118/119 F3
Invercargill 100/101 G5
Inverness 62/63 E3
Inyangani 110/111 D3
Ionische Inseln 70/71 C6/D7
Ionisches Meer 40/41 F5
Ipf 34/35 F4
Iphofen 34/35 F3
Ipoh 96/97 C3
Ipswich 62/63 H5
Iqaluit 115 P3
Iquique 132 A2
Iquitos 130/131 C3
Irak 40/41 I5, 80.1 C2
Iran 40/41 I5, 80.1 C2
Iran, Hochland von 136/137 P4/5
Iranshahr 89.1 E2
Irawadi 90/91 E5
Irangebirge 96/97 D3
Irbid 89.1 B1
Iriklinsker Stausee 84 D2
Iringa 110/111 D2
Irische See 62/63 EF5
Irland 62/63 CD5, 42/43.1 D3
Iron Knob 100/101 D4
Iron Range 100/101 E2
Irtysch 40/41 L3
Isabela; Insel 130/131 A3
Isabela; Stadt auf den Philippinen 96/97 E3
Ìsafjord 58/59 A1
Ìsafjörður 58/59 A1
Isar 34/35 H4
Ischewsk 84 D2
Ischia 66/67 L5
Ischim; Fluss 40/41 K3
Ischim; Stadt in Russland 40/41 K2
Ischimbai 84 D2
Ischimsteppe 86/87 GH4
Ischl, Bad 34/35 I5
Ischma 84 D1
Iseosee 56 D3
Iser 34/35 J2

Isère 56 B3
Isergebirge 24/25 K5
Iserlohn 24/25 C4
Isfahan (Esfahan) 89.1 D1
Ishinomaki 92 E3
Isiro 110/111 C1
İskenderun 70/71 L7
Isker 70/71 F4
Isla de la Juventud (Isla de Pinos) 120/121 E4
Isla de Pinos (Isla de la Juventud) 120/121 E4
Islamabad 90/91 C3, 80.1 D2
Island; Insel 115 U3
Island; Staat 58/59 AB1, 42/43.1 BC2
Islandbecken 136/137 K3
Islas Los Roques 120/121 G5
Islay 62/63 D4
Isles d'Hyères 56 B4
Ismajil 70/71 H3
Isny 34/35 F5
Iso-Syöte 58/59 F2
İsparta 70/71 I7
Israel 89.1 B1, 80.1 C2
Issykkul 78/79 I5
İstanbul 70/71 H5
Istrancagebirge 70/71 GH5
Istrien 66/67 LM3
Itaipústausee 130/131 E5
Itaituba 130/131 E3
Italien 66/67 LM5, 42/43.1 F4
Itanagar 90/91 E4
Itarsi 90/91 C4
Ith 24/25 E3
Ithaka 70/71 D6
Itschinskaja Sopka 86/87 P4
Ittoqqortoormiit (Scoresbysund) 115 T2
Ituri 110/111 C1
Iturup 86/87 O5
Itz 34/35 F2
Itzehoe 24/25 E2
Iultin 86/87 S3
Ivalo 58/59 F2
Ivalojoki 58/59 F2
Ivigtut 118/119 O3
Ivrea 56 B3
Iwaki 92 E3
Iwano-Frankiwsk 54/55 L7
Iwanowo 84 C2
Iwate 92 E2/3
Iwazewitschi 54/55 L5
Iwdel 84 E1
İzmir 70/71 G6
İzmit 70/71 H5
İzniksee 70/71 H5
Izuinseln 92 D4

J

Jabalpur 90/91 C4
Jablonec (Gablonz) 34/35 K2
Jablonowygebirge 86/87 KL4
Jabotão 130/131 G3
Jáchal 132 B3
Jackson 120/121 D3
Jacksonville 120/121 E3
Jacobabad 90/91 B4
Jade 24/25 D2
Jadebusen 24/25 D2
Jaén 66/67 D7
Jaffa, Tel Aviv- 106/107 G2
Jaffna 90/91 CD6
Jagst 34/35 E3
Jaipur 90/91 C4
Jakarta 96/97 C4, 80.1 E4
Jakobshavn (Ilulíssat) 118/119 N3
Jakobstad (Pietarsaari) 58/59 E3
Jakutien (Sacha) 81.2
Jakutsk 86/87 M3
Jalapa Enríquez 120/121 D5
Jalgaon 90/91 C4
Jalpuchsee 70/71 H3
Jalta 70/71 K3
Jalu Jiang 90/91 H2
Jamaika 120/121 F5, 116.2 B2
Jamal, Halbinsel 86/87 GH2
Jamantau 84 D2
Jambi 96/97 C4
Jambol 70/71 G4

mes 120/121 D2
mes Bay 118/119 KL4
mmerbucht 58/59 B4
mmu 90/91 C3
mnagar 90/91 C4
msä 58/59 F3
mshedpur 90/91 D4
mtland 58/59 CD3
munder See 24/25 KL1
na 86/87 N3
ngtsekiang (Chang Jiang) 90/91 G3/4
n Mayen 115 V2
pan 92 C4-E2, 80.1 F2
pangraben 76/77 P5/6
panisches Meer 92 CD2/3
purá 130/131 D3
ri 130/131 E2
rmen 24/25 I2
rny 34/35 A3
roslawl 54/55 S3
rvisinsel 138/139 P7, 142/143.1 A3
selda 54/55 L5
sper 118/119 H4
sper-Nationalpark 118/119 H4
unde (Yaoundé) 106/107 E5, 104.3 A1
va 96/97 CD4
vasee 96/97 CD4
whar 106/107 H5
yapura 96/97 G4
zd 89.1 D1
etzel 24/25 G2/3
fferson City 120/121 D3
gorluk 70/71 N2
isk 70/71 M2
ja 70/71 M2
ekaterinburg 84 E2
labuga 84 D2
lenia Góra (Hirschberg) 24/25 K5
lez 84 B2
lgava 58/59 E4
emen 89.1 C3, 80.1 C3
ena 34/35 G2
enbach 34/35 G5
enissei 86/87 I3
enisseisk 86/87 J4
erewan (Eriwan) 70/71 P5
erez de la Frontera 66/67 B7
ergenhügel 70/71 O2/P3
ersey 62/63 F7
erusalem 89.1 B1, 80.1 C2
eschken 34/35 JK2
esenice 56 F2
essen 24/25 H4
essil 86/87 G4
ever 24/25 C2
ezercè 70/71 CD4
hansi 90/91 C4
nelum 90/91 C3
amusi 90/91 I2
'an 90/91 G4
iaozuo 90/91 G3
ičin 34/35 K2
iddah 89.1 B2
lin 90/91 H2
ma 106/107 G5
inan 90/91 G3
indřichuv Hradec (Neuhaus) 34/35 JK3
ingdezhen 90/91 G4
inhua 90/91 G4
ning; Stadt in der Inneren Mongolei, China 90/91 G2
ning; Stadt in der Großen Ebene, China 90/91 G3
inja 110/111 D1
inotega 120/121 E5
insha Jiang (Jangtsekiang) 90/91 G3/4
inxi 90/91 H2
inzhou 90/91 H2
iu 70/71 E3
iujiang 90/91 G4
ixi 90/91 I2
izan 89.1 C3
oão Pessoa 130/131 G3
odhpur 90/91 C4
oensuu 58/59 F3
œuf 34/35 B3

Johannesburg 110/111 C4
Johanngeorgenstadt 34/35 H2
Johnstoninsel 138/139 O5, 142/143.1 M3
Johor Baharu 96/97 C3
Joinville 132 D2
Jokkmokk 58/59 D2
Jökulsá á Fjöllum 58/59 B1
Jolo 96/97 E3
Jonessund 118/119 K2
Jönköping 58/59 C4
Jordanien 89.1 B1, 80.1 C2/3
Jos 106/107 D5
Joschkar-Ola 84 C2
Joseph-Bonaparte-Golf 100/101 C2
Josplateau 102 DE5/6
Jostedalsbre 58/59 B3
Jotunheimen 58/59 B3
Jou Jiang 96/97 C1
Juan-de-Fuca-Straße 118/119 G5
Juan de Nova 110/111 E3
Juan-Fernández-Inseln 127 DE8, 128.1 A2
Juárez 120/121 C3
Juázeiro 130/131 F3
Juba 106/107 G5
Jubany 133.2 C1
Júcar 66/67 E6
Juist 24/25 BC2
Juiz de Fora 130/131 F5
Jujuy 132 B2
Julianehåb (Qarqortoq) 118/119 O3
Jülich 24/25 B5
Jülicher Börde 13 B3
Julische Alpen 56 EF2
Jullundur 90/91 C3
Junagadh 90/91 C4
Jundiaí 130/131 F5
Juneau 118/119 F4, 116.2 A1
Jungbunzlau (Mladá Boleslav) 34/35 J2
Jungferninseln 120/121 G5, 116.2 B2
Jur 106/107 F5
Jura; Gebirge 54/55 BC8
Jura; Insel 62/63 DE3
Jūrmala 58/59 E4
Juruá 130/131 D3
Juruena 130/131 E4
Juschkosero 58/59 G3
Juschno-Sachalinsk 86/87 O5
Jussey 34/35 A5
Jüterbog 24/25 I4
Jütland 58/59 B4
Jyväskylä 58/59 F3

K

K2 (Chogori) 90/91 C3
Kaaden 34/35 I2
Kabalo 110/111 C2
Kabardino-Balkarien 81.2
Kabinda 110/111 C2
Kabul 90/91 B3, 80.1 D2
Kabwe 110/111 C3
Kachiwka 54/55 P8
Kachiwkaer Stausee 70/71 K2
Kaçkar Dağin 70/71 N5
Kadoma 110/111 C3
Kadugli 106/107 F4
Kaduna 106/107 D4
Kaedi 106/107 B4
Kaesong 92 B3
Kafue 110/111 C3
Kagera 110/111 D2
Kagoshima 92 C4
Kahler Asten 24/25 D4
Kahramanmaraş 70/71 L7
Kaifeng 90/91 G3
Kai-Inseln 96/97 F4
Kainji-Stausee 106/107 D4
Kainuunselkä 58/59 F2/3
Kairo (El Qahira) 106/107 G2/3, 104.3 B1
Kairouan 66/67 K8
Kaisergebirge 34/35 H5

Kaiserslautern 34/35 C3
Kaiserstuhl 34/35 C4
Kaiserwald 34/35 H2
Kaituma 130/131 E2
Kajaani 58/59 F3
Kakinada 90/91 D5
Kalaallit Nunaat 118/119 N-P2, 116.2 B1
Kalabrien 66/67 N6
Kalahari 110/111 C4
Kalaharibecken 102 F9
Kalahari-Gemsbok-Nationalpark 110/111 C4
Kalamata 70/71 E7
Kalansho Sandwüste 106/107 F3
Kalansho, Serir 106/107 F3
Kalat 90/91 B4
Kalatsch 70/71 O1
Kalaus 70/71 O3
Kaledonischer Kanal 62/63 E3
Kalemie 110/111 C2
Kalewala 58/59 G2
Kalgoorlie 100/101 C4
Kalifornisches Längstal 114 J5-K6
Kalimantan (Borneo) 96/97 D3/4
Kaliningrad (Königsberg) 54/55 J4
Kalisch (Kalisz) 54/55 I6
Kalisz (Kalisch) 54/55 I6
Kalix 58/59 E2
Kalixälv 58/59 E2
Kallasee 58/59 F3
Kallies 24/25 K2
Kallsee 58/59 C3
Kalmar 58/59 D4
Kalmarsund 58/59 D4
Kalmit 12 C4
Kalmückensteppe 70/71 PQ2
Kalmykien 81.2
Kaluga 54/55 R4
Kama 84 D1
Kamaishi 92 E3
Kamaraninseln 89.1 C3
Kamastausee 84 D2
Kambalda 100/101 C4
Kambodscha 96/97 C2, 80.1 E3
Kamen-na-Obi 86/87 I4
Kamensk-Schachtinski 70/71 N1
Kamensk-Uralski 84 E2
Kamenz 34/35 J1
Kamerun 106/107 DE5, 104.3 A1
Kamerunberg 106/107 D5
Kamina 110/111 C2
Kamischin 84 C2
Kamjanez-Podilski 54/55 M7
Kamloops 118/119 G4
Kamp 34/35 K4
Kampala 110/111 D1, 104.3 B1
Kampanien 66/67 M5
Kampen 24/25 A3
Kamtschatka, Halbinsel 86/87 P4
Kanada 115 L-N4, 116.2 AB1
Kanadischer Archipel 140/141 D-G2
Kanadischer Schild 114 L3-O4
Kanadische Seenplatte 115 O-P4/5
Kanal, Der (Ärmelkanal) 62/63 F7-G7
Kanalinseln 62/63 FG7, 42/43.1 D4
Kanal von Burgund 56 A2
Kananga 110/111 C2
Kanarenbecken 136/137 JK5
Kanarenstrom 140/141 K5
Kanarische Inseln 106/107 B3, 104.3 A1
Kanazawa 92 D3
Kanchenjunga 90/91 D4
Kanchipuram 90/91 C5
Kandahar 90/91 B3
Kandalakscha 58/59 G2
Kandalakschabucht 58/59 G2
Kandavu 100/101 H2
Kandel 34/35 CD4
Kandla 90/91 C4
Kandy 90/91 D6
Kanem 106/107 E4
Kangeaninseln 96/97 D4
Kanggye 92 B2
Kangiqsujuaq 118/119 L3

Kangirsuk 118/119 LM3/4
Kangnung 92 B3
Känguruhinsel 100/101 D4
Kaniapiskau 118/119 M4
Kanin, Halbinsel 40/41 I2
Kankan 106/107 C4
Kano 106/107 D4
Kanoya 92 C4
Kanpur 90/91 D4
Kansas City 120/121 D3
Kansk 86/87 J4
Kantabrisches Gebirge 66/67 B-D4
Kanto 92 DE3
Kanton (Guangzhou) 90/91 G4
Kanye 110/111 C4
Kaohsiung 90/91 H4
Kaokoveld 110/111 B3
Kaolack 106/107 B4
Kap Adare 133.2 B24
Kap Agulhas (Nadelkap) 110/111 B5
Kap Anamur 70/71 J8
Kap Andreas 70/71 K8
Kap Arkona 24/25 I1
Kap Arnauti 70/71 IJ8
Kap Ashizuri 92 C4
Kap Barrow 118/119 D2
Kap Bathurst 118/119 G2
Kap Batterbee 133.2 C12
Kap Bauld 118/119 N4
Kapbecken 136/137 M9
Kap Blanc 66/67 J7
Kap Bon 66/67 K7
Kap Bougaroun 66/67 I7
Kap Branco 130/131 G3
Kap Breton 118/119 N5
Kap Byron; Australien 100/101 F3
Kap Byron; Südamerika 130/131 C1
Kap Ca Mau 96/97 C3
Kap Canaveral 120/121 EF4
Kap Catoche 120/121 E4
Kap Chidley 118/119 M3
Kap Cod 120/121 G2
Kap Colbeck 133.2 B27
Kap Comorin 90/91 C6
Kap Conception 120/121 A3
Kap Corrientes 110/111 D4
Kap Corse 56 C4
Kap Creus 66/67 G4
Kap d'Ambre 110/111 E3
Kap Dart 133.2 B30
Kap Delgado 110/111 E3
Kap der Guten Hoffnung 110/111 B5
Kap Deschnew 86/87 ST3
Kap Dondra 90/91 D6
Kap d'Urville 96/97 F4
Kap Farvel (Uummannarsuaq) 118/119 O4
Kap Finisterre 66/67 A4
Kap Flattery 120/121 A2
Kap Frio; Afrika 110/111 B3
Kap Frio; Südamerika 130/131 F5
Kap Gallinas 130/131 C1
Kap Gata 66/67 D7
Kap Guardafui 106/107 I4
Kap Hague 62/63 G7
Kap Hatteras 120/121 F3
Kap Hoorn 132 B5
Kap Howe 100/101 F4
Kap İnce 70/71 K4
Kap Kaliakra 70/71 H4
Kap Kamenjak 66/67 LM3
Kap Kanin 86/87 E3
Kap Kemenjak 56 EF3
Kap Krilon 92 E1
Kapland 103 EF10
Kap Leeuwin 100/101 B4
Kap Lithinon 70/71 F8
Kap Lopatka 86/87 P4
Kap Lopez 110/111 A2
Kap Maria van Diemen 100/101 H2
Kap Matapan (Kap Tänaron) 70/71 E7
Kap Mendocino 120/121 A2/3
Kap Morris Jesup 115 Q-S1
Kap Nao 66/67 F6
Kap Nawarin 86/87 RS3
Kap Negrais 90/91 E5

Kap Norvegia 133.2 B4/5
Kap Oljutorsk 86/87 R4
Kap Ortegal 66/67 AB4
Kap Palmas 106/107 C5
Kap Pariñas 130/131 B3
Kap Passero 66/67 M7
Kappeln 24/25 E1
Kap Poinsett 133.2 C18
Kap Prince of Wales 118/119 C3
Kap Race 118/119 N5
Kap Sable 118/119 M5
Kap Sainte Marie 110/111 E4
Kap San Diego 132 B5
Kap San Lucas 120/121 B4
Kap San Maria di Leuca 66/67 NO6
Kap São Roque 130/131 G3
Kap São Vicente 66/67 A7
Kap Sata 92 C4
Kap Schelania 86/87 GH2
Kapschwelle 136/137 MN9/10
Kap Selatan 96/97 D4
Kap Shiono 92 D4
Kap Sideros 70/71 G8
Kap Soya 92 E2
Kap Spartel 66/67 BC8
Kapstadt 110/111 B5, 104.3 A2
Kap Sunion 70/71 EF7
Kap Tänaron (Kap Matapan) 70/71 E7
Kap Tarchankut 70/71 IJ3
Kap Teulada 66/67 J6
Kap Tres Forcas 66/67 D8
Kap Tres Puntas 132 B4
Kap Tscheljuskin 86/87 KL2
Kapuas 96/97 D4
Kapuskasing 118/119 K5
Kap Vals 96/97 F4
Kap Varvel (Lummannarsuaq) 115 RS4
Kapverde 104.3 A1
Kap Verde 106/107 B4
Kap-Verde-Becken 136/137 JK6
Kap-Verde-Schwelle 136/137 JK5
Kapverdische Inseln 140/141 JK5
Kap Wilson 100/101 E4
Kap Wrath 62/63 E2
Kap York 100/101 E2
Kap-York-Halbinsel 100/101 E2
Kara-Bogas-Gol 84 D3
Karabük 70/71 J5
Karacadağ 70/71 MN7
Karacalı Dağ 73.1 B2
Karachi 90/91 B4
Karagandi 86/87 H5
Karaginski-Insel 86/87 Q4
Karakalpakistan 81.2
Karakayasta, see 70/71 LM6
Karakorum; Gebirge 90/91 C3
Karakorum; Ruinenstätte 86/87 K5
Karakum 86/87 FG5/6
Karaman 70/71 J7
Karamay 90/91 D2
Karasberg 110/111 B4
Karasee 86/87 GH2
Karasjok 58/59 F2
Karastraße 78/79 G2/3
Karatschai-Tscherkessien 81.2
Karawanken 56 F2
Karbala 40/41 I5
Karelien; Landschaft 58/59 G23
Karelien; Autonome Republik 81.2
Karibasee 110/111 C3
Karibisches Meer 120/121 EF5
Karima 106/107 G4
Karimatastraße 96/97 C4
Karisimbi 110/111 C2
Karkarali 86/87 H5
Karkinitbucht 70/71 J3
Karlovy Vary (Karlsbad) 34/35 H2
Karlsbad (Karlovy Vary) 34/35 H2
Karlshafen, Bad 24/25 E4
Karlshamn 58/59 C4
Karlskoga 58/59 C4
Karlskrona 58/59 D4
Karlsruhe 34/35 D4
Karlsruhe, Regierungsbezirk 14 C4
Karlstad 58/59 C4

Karlstadt 34/35 E3
Karlstein 34/35 J3
Karmøy 58/59 AB4
Karnal 90/91 C4
Karnische Alpen 56 E2
Karolinen 140/141 VW6
Karolinenbecken 138/139 LM6
Karolineninseln 78/79 N-P9
Karpaten 54/55 H-K7
Karpathos 70/71 G8
Kars 70/71 O5
Karschi 90/91 B2
Karst 66/67 LM3
Kartaly 84 E2
Karthago 66/67 K7
Karwendelgebirge 34/35 G5
Kasachensteppe 40/41 I-K3/4
Kasachische Schwelle 76/77 HI4/5
Kasachstan 40/41 JK4, 80.1 CD2
Kasai; Landschaft 110/111 C2
Kasai; Fluss 110/111 C2
Kasan 84 C2
Kasbek 70/71 P4
Kaschgar (Kashi) 90/91 C3
Kaschira 54/55 S4
Kaschmir 90/91 C3
Kashan 40/41 J5
Kashi (Kaschgar) 90/91 C3
Kaskadenkette 120/121 A2
Kaskinen (Kaskö) 58/59 E3
Kaskö (Kaskinen) 58/59 E3
Kaspische Senke 84 CD3
Kaspisches Meer 84 CD3/4
Kassala 106/107 G4
Kassandra 70/71 E6
Kassel 34/35 E1
Kassel, Regierungsbezirk 14 C3
Kasserine 66/67 J8
Kastamonu 70/71 J5
Kastellorizon 70/71 H7
Kastilien-León 66/67 CD5
Kastilisches Scheidegebirge 66/67 B-D5
Kastilien-La-Mancha 66/67 CD6
Katalonien 66/67 F5/G4
Katanga (Shaba) 110/111 C2
Katar 89.1 D2, 80.1 C2
Katarakt (1.bis6.) 106/107 FG3/4
Katarapass 70/71 D6
Katherine; Fluss 100/101 D2
Katherine; Stadt in Australien 100/101 D2
Kathiawar, Halbinsel 78/79 HI7
Kathmandu 90/91 D4, 80.1 D3
Katowice (Kattowitz) 54/55 I6
Katschkanar 84 D2
Katsina 106/107 D4
Kattarasenke 106/107 F2/3
Kattegat 58/59 C4
Kattowitz (Katowice) 54/55 I6
Katz 34/35 C2
Katzenbuckel 34/35 E3
Kauai 138/139 P5
Kauar 106/107 E4
Kaufbeuren 34/35 F5
Kaukasien 40/41 HI4
Kaukasus 84 C3
Kaukasus, Kleiner 70/71 OP5
Kaunas 58/59 E5
Kautokeino 58/59 E2
Kavieng 96/97 H4
Kawala 70/71 F5
Kawasaki 92 D3
Kayes 106/107 B4
Kayseri 70/71 K6
Kaz Daği 70/71 G6
Kazym 84 E1
Kebanstausee 70/71 M6
Kebnekajse 58/59 D2
Kecskemét 70/71 C2
Kédainiai 58/59 E4
Keele Peak 118/119 F3
Keelingbecken 136/137 S7
Keetmanshoop 110/111 B4
Kefa 106/107 G5
Kefallinia 70/71 CD6
Kefermarkt 34/35 J4
Keflavík 58/59 A2
Kehl 34/35 C4
Keilberg 34/35 HI2
Keitele 58/59 F3

166

Kelang 96/97 C3
Kelheim 34/35 G4
Kelkit 70/71 L5
Keller 34/35 DE2
Kelloselkä 58/59 F2
Kelowna 118/119 H5
Kem; Fluss 58/59 G2
Kem; Stadt in Russland 58/59 G3
Kemano 118/119 G4
Kemerowo 86/87 I4
Kemi 58/59 E2
Kemijärvi 58/59 F2
Kemijoki 58/59 F2
Kemisee 58/59 F2
Kempten 34/35 F5
Kenai 118/119 D3
Kendari 96/97 E4
Kenia 110/111 D1, 104.3 B1
Kénitra 66/67 B8
Keno Hill 118/119 F3
Kenora 118/119 J5
Kentau 86/87 G5
Keretsee 58/59 G2
Kerguelen 140/141 Q10,
    142/143.1 I5
Kerguelenrücken
    136/137 QR10/11
Kerinci 96/97 C4
Kerkennah-Inseln 66/67 KL8
Kerkira (Korfu) 70/71 C6
Kerkrade 24/25 B5
Kermadecgraben 138/139 O8/9
Kermadecinseln 100/101 I4,
    142/143.1 M4/5
Kerman 89.1 D1
Kertsch 70/71 L3
Kerulen 90/91 G2
Kestenga 58/59 G2
Ketchikan 118/119 F4
Kevelaer 24/25 B4
Khabur 70/71 N8
Khaburstausee 70/71 N7
Khamis Mushayt 89.1 C3
Kharagpur 90/91 D4
Khartoum 106/107 G4, 104.3 B1
Khartoum North 106/107 G4
Khashm el Girba 106/107 G4
Khon Kaen 96/97 C2
Khourigba 106/107 C2
Khulna 90/91 D4
Khunjirabpass 90/91 C3
Khyberpass 90/91 C3
Kiantasee 58/59 F3
Kibali 110/111 CD1
Kidal 106/107 D4
Kiel 24/25 F1
Kielce 54/55 J6
Kieler Bucht 24/25 F1
Kieler Förde 24/25 F1
Kiew 54/55 O6, 42/43.1 H3
Kiewer Stausee 54/55 NO6
Kigali 110/111 D2, 104.3 B2
Kigoma 110/111 C2
Kiistraße 92 CD4
Kiiw (Kiew) 40/41 H3,
    42/43.1 H3
Kikwit 110/111 B2
Kildininsel 58/59 GH2
Kilija-Arm (Donau) 70/71 H3
Kilimandscharo 110/111 D2
Kilis 73.1 A2
Kilkenny 62/63 D5
Killarney 62/63 C5
Kilpisjärvi 58/59 E2
Kilung 90/91 H4
Kimbe 96/97 H4
Kimberley; Landschaft
    100/101 C2
Kimberley; Stadt in Südafrika
    110/111 C4
Kimberley; Stadt in Kanada
    118/119 H5
Kimberleyplateau 136/137 U8
Kimchaek 92 B2
Kinabalu 96/97 D3
Kindia 106/107 B5
Kindu 110/111 C2
Kineschma 84 C2
Kinginsel 100/101 E4
Kingissepp 54/55 K2
King Sejong 133.2 C1
Kingston; Stadt auf Jamaika
    120/121 F5, 116.2 B2

Kingston-upon-Hull (Hull)
    62/63 G5
Kingstown 120/121 G5
Kingsund 100/101 C2
King-William-Insel 118/119 J3
Kinnairds Head 62/63 G3
Kinnekule 58/59 C4
Kinshasa 110/111 B2, 104.3 A2
Kintyre, Halbinsel 62/63 E4
Kinyeti 106/107 G5
Kinzig; Fluss zum Main 34/35 E2
Kinzig; Fluss zum Rhein 34/35 D4
Kirchdorf 34/35 J5
Kirchheim 34/35 E4
Kirchheimbolanden 34/35 CD3
Kirensk 86/87 K4
Kirgisistan 78/79 I5, 80.1 D2
Kirikkale 70/71 J6
Kirischi 58/59 G4
Kirkenes 58/59 G2
Kirkuk 70/71 P8
Kirkwall 62/63 F2
Kirn 34/35 C3
Kirowohrad 54/55 P7
Kirowsk 58/59 G2
Kırşehir 70/71 K6
Kiruna 58/59 E2
Kisangani 110/111 C1
Kisel 84 D2
Kısılırmak 70/71 K5
Kislowdosk 70/71 O4
Kismaayo 110/111 E2
Kisseljewsk 86/87 I4
Kissingen, Bad 34/35 F2
Kisumu 110/111 D1/2
Kisyl-Arwat 84 D4
Kita-Kyushu 92 C4
Kitami 92 E2
Kitamigebirge 92 E2
Kithira 70/71 E7
Kitimat 118/119 G4
Kitinen 58/59 F2
Kitwe 110/111 C3
Kitzbühel 34/35 H5
Kitzbüheler Alpen 12 DE5,
    34/35 H5
Kitzingen 34/35 F3
Kivalo 58/59 F2
Kivisee 58/59 EF3
Kivu 110/111 C2
Kivusee 110/111 C2
Kızılırmak 38/39 H4
Kladno 34/35 J2
Kladrau 34/35 HI3
Klagenfurt 56 F2
Klaipeda (Memel) 58/59 E4
Klarälv 58/59 C3
Klatovy (Klattau) 34/35 I3
Klattau (Klatovy) 34/35 I3
Klausenburg (Cluj-Napoca)
    70/71 E2
Kleinasiatische Halbinsel
    40/41 H4/5
Kleine Antillen 120/121 G5
Kleinen, Bad 24/25 G2
Kleiner Belt 58/59 B4
Kleiner Hinggan 90/91 HI2
Kleiner Kaukasus 70/71 OP5
Kleiner Minch 62/63 D3
Kleiner Ob 84 E1
Kleine Sunda-Inseln 96/97 DE4
Kleine Syrte 106/107 E2
Klerksdorp 110/111 C4
Kleve 24/25 B4
Klin 54/55 R3
Klingenthal 34/35 H2
Klinzy 54/55 P5
Kljutschewskaja Sopka
    86/87 Q4
Klötze 24/25 G3
Klützow 24/25 K2
Knittelfeld 34/35 J5
Knossos 70/71 F8
Knoxküste 133.2 C17
Knoxville 120/121 E3
Knud-Rasmussen-Land
    118/119 M2/O1
Knüll 34/35 E2
Kobe 92 D3
København (Kopenhagen)
    58/59 C4, 42/43.1 F3
Koblenz 34/35 C2

Koblenz, Regierungsbezirk
    14 B4
Kochelsee 34/35 G5
Kocher 34/35 E3
Kochi; Stadt in Indien
    90/91 C5/6
Kochi; Stadt in Japan 92 C4
Kodiak; Insel 118/119 D4
Kodiak; Stadt in den USA
    118/119 D4
Kodial 115 G4
Kodok 106/107 G5
Köflach 56 F2
Kofu 92 D3
Kohima 90/91 E4
Kohlfurt 24/25 K4
Kohtla-Järve 58/59 F4
Koitere 58/59 G3
Kokand 90/91 C2
Kokemäenjoki 58/59 E3
Kokenau 96/97 F4
Kokořín 34/35 J2
Kokosinsel 130/131 B2
Kokosinseln 140/141 S7,
    142/143.1 J5
Kokosschwelle 138/139 TU6
Kokschetau 86/87 G4
Kola 58/59 G2
Kola, Halbinsel 40/41 H2,
    58/59 GH2
Kolari 58/59 E2
Kolbatz 24/25 J2
Kolbeinsey 58/59 B1
Kolberg (Kołobrzeg) 24/25 K1
Kolchisebene 70/71 N4/5
Kolding 58/59 B4
Kolgujewinsel 86/87 EF3
Kolhapur 90/91 C5
Koli 58/59 F3
Kolín 34/35 K2
Kolkata (Kalkutta) 90/91 D4
Köln 24/25 B5
Köln, Regierungsbezirk 14 B3
Kołobrzeg (Kolberg) 24/25 K1
Kolomna 54/55 S4
Kolonia 142/143.1 L3
Kolpaschewo 86/87 I4
Kolumbien 130/131 CD2,
    128.1 A1
Kolwezi 110/111 C3
Kolyma 86/87 P3
Kolymagebirge 86/87 PQ3
Komi 81.2
Kommandeurinseln 86/87 Q4,
    80.1 G2
Komoren 110/111 E3, 104.3 B2
Komotau (Chomutov) 34/35 I2
Kompassberg 110/111 C5
Kompong Som 96/97 C2
Komsomolsk 86/87 N4
Komsomolsk 86/87 IJ1
Konakowo 54/55 R3
Konda 84 E1
Kondinskoje 84 E2
Kondopoga 84 B1
Konduz 90/91 B3
Koněprusy, Höhle von 34/35 IJ3
Kongo; Fluss 110/111 B2
Kongo (Lualaba); Fluss
    110/111 C2
Kongobecken 102 EF6/7
Kongo, Demokratische Republik
    (Zaire) 110/111 BC2,
    104.3 AB2
Kongo, Republik 110/111 B1/2,
    104.3 AB2
Kongsberg 58/59 B4
Kongsvinger 58/59 C3
Kongur 90/91 C3
König-Christian-IX.-Land
    118/119 P3
König-Christian-X.-Land
    118/119 PQ2
König-Frederik-VI.-Land
    118/119 O3
Königin-Charlotte-Inseln
    118/119 F4
Königin-Charlotte-Straße
    118/119 G4
Königin-Elisabeth-Inseln
    118/119 G2/K1

Königin-Mary-Küste 133.2 C16
Königin-Maud-Land 133.2 B6-10
Königsberg; Stadt in Polen
    24/25 J3
Königsberg (Kaliningrad); Stadt
    in Russland 54/55 J4
Königshofen, Bad 34/35 F2
Königssee 34/35 HI5
Königswinter 34/35 C2
Königs Wusterhausen 24/25 I3
Könkämäälv 58/59 E2
Konotop 54/55 P6
Konschakowski Kamen 84 D2
Konstanz 34/35 E5
Konya 70/71 J7
Konz 34/35 B3
Kopeisk 84 E2
Kopenhagen (København)
    58/59 C4, 42/43.1 F3
Koper 56 E3
Kopet-Dag 89.1 D1
Korahe 106/107 H5
Korallensee 100/101 E-G2
Koratplateau 76/77 L8
Korbach 34/35 D1
Korčula 66/67 N4
Kordilleren (Anden) 127 E4-E9,
    130/131 C2/D4, 132 A4/B1
Kordofan 106/107 FG4
Korea, Halbinsel 136/137 U4
Korea, Nord 78/79 O5/6
Koreastraße 92 B4
Korea, Süd 78/79 NO6
Korf 86/87 Q3
Korfu (Kerkira) 70/71 C6
Korhogo 106/107 C5
Korinth 70/71 E7
Koriyama 92 E3
Korjakengebirge 86/87 QR3
Korla 90/91 D2
Körlin 24/25 K1
Körmend 56 G2
Köroglugebirge 70/71 I-K5
Koromandelküste 78/79 J8
Koror 96/97 F3, 142/143.1 K3
Körös 70/71 D2
Koroscha 84 C1
Korosten 54/55 N6
Korsakow 92 E1
Korsika 62/63 KL10
Korsør 58/59 C4
Kos 70/71 G7
Košice 54/55 J7
Köslin (Koszalin) 54/55 H4
Kosovo 72.3
Kossoustausee 106/107 C5
Kostamukscha 58/59 G3
Kostanai 84 E2
Kosti 106/107 G4
Kostiantiniwka 70/71 L1
Kostroma 84 C2
Koszalin (Köslin) 54/55 H4
Kota 90/91 C4
Kota Baharu 96/97 C3
Kota Kinabalu 96/97 D3
Kotelnikowo 70/71 O2
Kotelny-Insel 86/87 NO2
Köthen 24/25 G4
Kotka 58/59 F3
Kotlas 84 C1
Kotor 70/71 C4
Kotui 86/87 K3
Kotzebue 118/119 C3
Kötzting 34/35 H3
Koudougou 106/107 C4
Koulikoro 106/107 C4
Kourou 130/131 E2
Kouvola 58/59 F3
Kowda 58/59 G2
Kowdor 58/59 G2
Kowel 54/55 L6
Kowrow 84 C2
Kozan 70/71 K7
Kragujevac 70/71 D3
Kraichgau 34/35 DE3
Krakatau 96/97 C4
Krakau (Kraków) 54/55 IJ6
Krak des Chevaliers 70/71 KL8
Krakow 24/25 H2
Kraków (Krakau) 54/55 IJ6
Krakower See 24/25 H2
Kra, Landenge von 90/91 E5/6

Kralupy 34/35 J2
Kramatorsk 70/71 L1
Kramfors 58/59 D3
Krasino 86/87 F2
Krasni Lutsch 70/71 M1
Krasnodar 70/71 M3
Krasnohrad 54/55 Q7
Krasnojarsk 86/87 J4
Krasnojarsker Stausee 86/87 J4
Krasnokamsk 84 D2
Krasnoturinsk 84 E1
Krasnouralsk 84 E2
Krefeld 24/25 B4
Kreiensen 24/25 E4
Krementschuk 54/55 P7
Krementschuker Stausee
    54/55 P7
Krems 56 F1
Kremsmünster 34/35 J4
Krenkel-Observatorium
    133.1 A28
Kreta 70/71 F8
Kreuzberg 34/35 EF2
Kreuznach, Bad 34/35 C3
Kreuztal 24/25 C5
Kribi 106/107 DE5
Kriebstein 34/35 I1
Krimgebirge 70/71 JK3
Krim, Halbinsel 70/71 J3
Krim-Republik 81.2
Krimsk 70/71 L3
Krischna 90/91 C5
Kristiansand 58/59 B4
Kristianstad 58/59 C4
Kristiansund 58/59 B3
Kritschow 54/55 O5
Kriwi Rih 54/55 P8
Kroatien 66/67 MN3, 42/43.1 F4
Kronach 34/35 G2
Kronstadt; Stadt in Russland
    58/59 F3
Kronstadt (Brașov); Stadt in
    Rumänien 70/71 F3
Kropotkin 70/71 N3
Krüger-Nationalpark 110/111 D4
Krugersdorp 110/111 C4
Krumau 34/35 J4
Krumbach 34/35 F4
Krung Thep (Bangkok) 96/97 C2
Krusau 24/25 E1
Ksar el Kebir 66/67 C8
Kuala Lumpur 96/97 C3, 80.1 E3
Kuala Terengganu 96/97 C3
Kuango 110/111 B2
Kuantan 96/97 C3
Kuba 120/121 EF4, 116.2 B2
Kuban 70/71 LM3
Kubansteppe 70/71 M2/3
Kubany 34/35 I3
Kuching 96/97 D3
Kues, Bernkastel- 34/35 C3
Kufstein 56 E2
Kühlungsborn 24/25 G1
Kuhrudgebirge 89.1 D1/2
Kuito 110/111 B3
Kuitoseen 58/59 G3
Kullen 58/59 C4
Kulmbach 34/35 G2
Kulsary 84 D3
Kulundasteppe 86/87 HI4
Kuma 70/71 P3
Kumagaya 92 D3
Kumamoto 92 C4
Kumasi 106/107 C5
Kumini 92 C4
Kummerower See 24/25 HI2
Kunaschir 86/87 O5
Kundil-Bazar 90/91 E4
Kunghirot 84 D3
Kunlun Shan 90/91 C-E3
Kunming 90/91 F4
Kunsan 92 B3
Künzelsau 34/35 E3
Kuopio 58/59 F3
Kupang 96/91 E5
Kura 70/71 P5
Kurdistan 40/41 I5, 70/71 N6/P7
Kure 92 C4
Kuressaare 58/59 E4
Kurgan 84 E2
Kurganinsk 70/71 N3
Kuria-Muria-Inseln 89.1 D3

Kurilen 86/87 OP5, 80.1 G2
Kurilen-Kamtschatka-Graben
    76/77 R4-P5
Kurisches Haff 58/59 E4
Kurland 58/59 E4
Kurnool 90/91 C5
Kuro-Schio 140/141 U-W4/5
Kursk 54/55 R6
Kurume 92 C3
Kusbass 86/87 I4
Kuschka 89.1 E1
Kuschmurun 84 E2
Kuschwa 84 D2
Kusel 34/35 C3
Kushiro 92 E2
Kuskokwim 118/119 CD3
Kuskokwimberge 118/119 D3
Kusnezk 84 C2
Kuş-See 70/71 G5
Küstengebirge 118/119 F3/G4
Küstenkanal 24/25 C2/3
Küstenleitе 120/121 A2/3
Küstrin 24/25 J3
Kütahya 70/71 H6
Kutaissi 70/71 O4
Kutná Hora 34/35 K3
Kuujjuaq 118/119 M4
Kuujjuarapik 118/119 L4
Kuusamo 58/59 F2
Kuwait; Staat 89.1 C2, 80.1 C2
Kuwait; Stadt 89.1 C2, 80.1 C2/3
Kvænangen 58/59 E1
Kvaløy; Stadt bei Hammerfest,
    Norwegen 58/59 E1
Kvaløy; Stadt bei Tromsø,
    Norwegen 58/59 D2
Kvitinsel 86/87 D1
Kwa 110/111 B2
Kwangju 92 B3
Kwanza 110/111 B2/3
Kwazulu-Natal 110/111 D4
Kweijang (Guiyang) 90/91 F4
Kwilu 110/111 B2
Kyffhäuser 24/25 G4
Kykladen 70/71 F7
Kyll 34/35 B2
Kyogasee 110/111 D1
Kyoto 92 D3
Kyritz 24/25 H3
Kyschtym 84 E2
Kysyl 86/87 J4
Kysylkum 86/87 G5
Kysylorda 86/87 G5
Kytlym 84 D2
Kyushu 92 B4
Kyushu-Palau-Rücken
    138/139 KL5/6

L

Laage 24/25 H2
Laatzen 24/25 E3
Laba 70/71 N3
Labé 106/107 B4
Labes 24/25 K2
Laboe 24/25 F1
Labradorbecken 136/137 IJ3
Labrador City 118/119 M4
Labrador, Halbinsel 118/119 LM4
Labradorsee 118/119 N3/4
Labradorstrom 140/141 I3
Lábrea 130/131 D3
Lac Allard 118/119 M4
La Ceiba 120/121 E5
La-Chaux-de-Fonds 56 B2
Lachlan 100/101 E4
La Ciotat 56 A4
Läckö 58/59 C4
La Coruña 66/67 A4
Ladogasee 58/59 G3
Lae 78/79 P10
Læsø 58/59 C4
Lagan 58/59 C4
Lage 24/25 D4
Lågen 58/59 BC3
Laghouat 106/107 D2
Lago Maggiore 56 C2/3
Lagos 106/107 D5, 104.3 A1
Lagow 24/25 K3
La Guaira 130/131 D1
La Habana (Havanna) 120/121 E4
Lahn 34/35 C2

_ahore 90/91 C3
_ahr 34/35 C4
_ainsitz 34/35 J4
_aisvall 58/59 D2
_akagígar 58/59 B2
_ake Charles 120/121 D3
_ake District 62/63 F4
_ake Harbour 118/119 M3
_ake of the Woods 118/119 J5
_akkadiven (Lakshadweepinseln) 90/91 C5
_akkadivensee 78/79 I9
_aksefjord 58/59 F1
_akselv 58/59 F1
_akshadweepinseln (Lakkadiven) 90/91 C5, 80.1 D3
_a Libertad 130/131 B3
_a Mancha 40/41 D5
_a-Mancha, Kastilien- 66/67 CD6
_ambaréné 110/111 B2
_ambertgletscher 133.2 B13/14
_amia 70/71 E6
_amotrek-Atoll 96/97 G3
_ampang 96/97 B2
_ampedusa 66/67 L8
_ampertheim 34/35 D3
_ancang Jiang (Mekong) 90/91 E4
_ancaster 62/63 F4
_andau; Stadt in Rheinland-Pfalz 34/35 D3
_andau; Stadt in Bayern 34/35 H4
_andeck 56 D2
_andenge von Kra 96/97 B2/3
_andenge von Tehuantepec 115 M8
_andes 62/63 G9
_and Hadeln 24/25 D2
_and Kehdingen 24/25 E2
_andsberg (Gorzów Wielkopolski); Stadt in Polen 24/25 K3
_andsberg; Stadt in Bayern 34/35 H4
_andsberger Heide 24/25 JK3
_and's End 62/63 DE6
_andshut 34/35 H4
_andskrona 58/59 C4
_andstuhl 34/35 C3
_angeland 13 D1, 24/25 F1
_angelandsbelt 24/25 F1
_angen 34/35 D3
_angenberg 24/25 D4
_angenburg 34/35 EF3
_angensalza, Bad 34/35 F1
_angeoog 24/25 C2
_angjökull 58/59 AB2
_angøy 58/59 CD2
_angres 56 A2
_angres, Plateau de 62/63 J8
_anguedoc 62/63 I10-J9
_anín 132 A3
_ansing 120/121 F2
_anzarote 106/107 B3
_nzhou 90/91 F3
_aoag 96/97 E2
_ao Cai 96/97 C1
_a Oroya 130/131 C4
_a Palma 106/107 B3
_a Paz; Stadt in Mexiko 120/121 B4
_a Paz; Stadt in Bolivien 130/131 D4, 128.1 A2
_a Pérouse-Straße 92 E1
_a Plata 132 C3
_a-Plata-Tiefland 126 FG7/8
_appasee 58/59 E3
_appeenranta 58/59 F3
_appland 58/59 D-F2
_aptewsee 86/87 L-N2
_aptewstraße 86/87 NO2
_'Aquila 66/67 L4
_aredo 120/121 D4
_a Rioja 132 B2
_arisa 70/71 E6
_arnaca 70/71 J8
_arne 62/63 E4
_a Rochelle 62/63 G8
_a Romana 120/121 G5

La Ronge 118/119 I4
Larsen-Schelfeis 133.2 C36
Larvik 58/59 C4
La Sagra 66/67 D7
Lascaux, Grotte von 62/63 H9
La Serena 132 A2
Las Heras 132 B4
Lashio 90/91 E4
Las Marismas 66/67 B7
Las Palmas 106/107 B3
Las Plumas 132 B4
Lastovo 66/67 N4
Las Vegas 120/121 B3
Latium 66/67 K4/L5
Látrabjarg 58/59 A1
Lauban (Lubań) 24/25 K4
Lauchhammer 24/25 I4
Lauenburg 24/25 F2
Lauenstein 34/35 G2
Lauf 34/35 G3
Laufen 34/35 H5
Lauffen 34/35 E3
Laun 34/35 I2
Launceston 100/101 E5
Laupheim 34/35 E4
Lausanne 56 B2
Lausche 34/35 J2
Lausitzer Gebirge 34/35 J2
Laut 96/97 D4
Lauta 24/25 J4
Lauterbach 34/35 E2
Lauterberg, Bad 24/25 F4
Lautoka 100/101 H2
Lauwersmeer 24/25 B2
Lawrence 120/121 F2
Lebach 34/35 H1
Lecce 66/67 O5
Lecco 56 C3
Lech 13 D4
Lechfeld 34/35 F4
Lechtaler Alpen 56 D2, 34/35 F5
Le Creusot 56 A2
Leda 24/25 C2
Leeds 62/63 G5
Leer 24/25 C2
Leeuwarden 24/25 A2
Lefkas 70/71 D6
Lefkosia (Nikosia) 42/43.1 H5, 70/71 J8
Legaspi 96/97 E2
Legnica (Liegnitz) 54/55 H6
Le Havre 62/63 H7
Lehde 24/25 J4
Lehnin 24/25 H3
Lehrte 24/25 E3
Leicester 62/63 G5
Leigh Creek 100/101 D4
Leikanger 58/59 B3
Leine 24/25 EF3
Leipzig 34/35 H1
Leipzig, Regierungsbezirk 14 E3
Leirvik 58/59 B4
Leisnig 34/35 H1
Leitha 56 G2
Leitmeritz (Litoměřice) 34/35 J2
Le Mans 62/63 H7/8
Lemberg; Berg 34/35 D4
Lemberg (Lwiw); Stadt in der Ukraine 54/55 KL7
Lemgo 24/25 D3
Lena 86/87 M2
Lenabecken 76/77 M-O3
Lendery 58/59 G3
Lengerich 24/25 C3
Lenggries 34/35 G5
Leninogorsk 86/87 I4
Leninsk-Kusnezki 86/87 I4
Lenne 24/25 D4
Lennestadt 24/25 D4
Lens 62/63 I6
Lensk 86/87 L3
Lenzburg 34/35 D5
Leoben 34/35 K5
León; Stadt in Spanien 66/67 C4
León; Stadt in Mexiko 120/121 C4
León; Stadt in Nicaragua 120/121 E5
León, Kastilien- 66/67 CD5
Leonora 100/101 C3
Lepel 54/55 N4
Leptis Magna 106/107 E2

Le Puy 62/63 I9
Lérida 66/67 F5
Lerwick 62/63 G1
Les Baux 56 A4
Lesbos 70/71 F6
Leshan 90/91 F4
Lesosawodsk 92 C1
Lesotho 110/111 C4, 104.3 B2
Lethbridge 118/119 H5
Lethi 96/97 E4
Leticia 130/131 CD3
Leti-Inseln 100/101 C1
Letschin 24/25 J3
Lettland 58/59 EF4, 42/43.1 G3
Leuchtenberg 34/35 H3
Leuchtenburg 34/35 G2
Leutkirch 34/35 F5
Levanger 58/59 C3
Leverkusen 24/25 BC4
Lewis 62/63 D2
Lexington 120/121 E3
Leyte 96/97 E2
Lgow 54/55 Q6
Lhasa 90/91 E4
Lianyungang 90/91 G3
Liaodong, Golf von 90/91 H2/3
Liaoyuan 90/91 H2
Libanon 40/41 H5, 80.1 C2
Libau (Liepāja) 58/59 E4
Liberec (Reichenberg) 34/35 K2
Liberia 106/107 BC5, 104.3 A1
Libreville 110/111 A1, 104.3 A1
Libyen 106/107 EF3, 104.3 AB1
Libysches Becken 102 F4
Libysche Wüste 106/107 F3
Lichinga 110/111 D3
Lichtenfels 34/35 G2
Lichtenstein 34/35 E4
Lida 54/55 L5
Liebenwerda, Bad 24/25 I4
Liechtenstein 12 CD5, 42/43.1 F4
Liège (Lüttich) 62/63 J6
Liegnitz (Legnica) 54/55 H6
Lieksa 58/59 G3
Lienz 56 E2
Liepāja (Libau) 58/59 E4
Liestal 34/35 C5
Liezen 34/35 J5
Lifou 100/101 G3
Lifue 96/97 E4
Likasi 110/111 C3
Lili Marleen 133.2 B23
Lille 62/63 I6
Lillehammer 58/59 C3
Lilongwe 110/111 D3, 104.3 B2
Lima 130/131 C4, 128.1 A2
Limassol 70/71 J8
Limburg; Landschaft 24/25 A5/B4
Limburg; Stadt in Hessen 34/35 D2
Limerick 62/63 C5
Limfjord 58/59 B4
Limmat 34/35 D5
Limnos 70/71 F6
Limoges 62/63 H9
Limón 120/121 E5
Limpopo 110/111 D4
Linares 66/67 D7
Lincoln 120/121 D2
Lindau 34/35 E5
Linden 130/131 E2
Lindenberg 34/35 E5
Linderhof 34/35 F5
Lindesnes 58/59 B4
Lindi 110/111 D2
Line-Inseln 138/139 O6-P7
Lingen 24/25 C3
Lingga-Inseln 96/97 C4
Linguère 106/107 B4
Linjiang 92 B2
Linköping 58/59 D4
Linyi 90/91 G3
Linz 34/35 J4
Liparische Inseln 66/67 M6
Lipezk 84 B2
Lippe 24/25 B4
Lippehne 24/25 J3
Lippen 34/35 J4
Lippener Stausee 24/25 J4
Lippspringe, Bad 24/25 D4

Lippstadt 24/25 D4
Lisboa (Lissabon) 66/67 A6, 42/43.1 D5
Lissabon (Lisboa) 66/67 A6, 42/43.1 D5
List 24/25 D1
Litauen 58/59 EF4, 42/43.1 G3
Lithgow 100/101 E4
Litoměřice Leitmeritz 34/35 J2
Little Andaman 90/91 E5
Little Rock 120/121 D3
Litvínov 34/35 I2
Liuzhou 90/91 F4
Liverpool 62/63 F5
Livingstonefälle 110/111 B2
Livland 58/59 EF4
Livorno 66/67 K4
Livramento 132 C3
Ljachowinseln 86/87 O2
Ljuberzy 54/55 RS4
Ljubljana 66/67 M2, 42/43.1 F4
Ljudinowo 54/55 Q5
Ljungan 58/59 D3
Ljusnan 58/59 D3
Llano Estacado 120/121 C3
Llanos 140/141 H6
Llanos de Mamoré 130/131 D4
Llanos de Orinoco 127 EF4
Löbau 34/35 J1
Lobenstein 34/35 G2
Lobito 110/111 B3
Lobositz 34/35 J2
Locarno 56 C2
Loccum 24/25 E3
Loch Lomond 62/63 E3
Loch Ness 62/63 E3
Löcknitz 24/25 J2
Łódź 54/55 I6
Lofoten 58/59 C2
Logone 106/107 E5
Logroño 66/67 D4
Lohme 24/25 I1
Löhne 24/25 D3
Lohr 34/35 E2/3
Loire 62/63 G8
Loja 130/131 C3
Lokkastausee 58/59 F2
Lolland 13 D1
Lomami 110/111 C2
Lombardei 56 CD3
Lomblen 96/97 E4
Lombok 96/97 D4
Lomé 106/107 D5, 104.3 A1
Lomonosow 58/59 F4
Lomont 34/35 B5
London; Stadt in Großbritannien 62/63 G6, 42/43.1 DE3
London; Stadt in Kanada 118/119 K5
Londonderry 62/63 D4
Londrina 130/131 E5
Longinsel 120/121 F4
Longreach 100/101 E3
Longview 120/121 A2
Longwy 34/35 A3
Long Xuyen 96/97 C2
Longyearbyen 86/87 B2
Löningen 24/25 C3
Lons-le-Saunier 56 A2
Lop Nur 90/91 E2
Lorca 66/67 E7
Lord-Howe-Insel 100/101 F4, 142/143.1 L5
Lord-Howe-Schwelle 138/139 MN8/9
Loreley 34/35 C2
Lorient 62/63 F8
Lörrach 34/35 C5
Los Alamos 120/121 C3
Los Angeles; Stadt in den USA 120/121 B3
Los Ángeles; Stadt in Chile 132 A3
Los Mochis 120/121 C4
Lošinj 66/67 M3
Lot 62/63 H9
Lothringen 62/63 JK7, 34/35 AB4
Lothringische Hochfläche 12 B4
Lotta 58/59 F2
Loubomo 110/111 B2
Louchi 58/59 G2
Lough Corrib 62/63 C5

Lough Derg 62/63 C5
Lough Erne 62/63 D4
Lough Foyle 62/63 D4
Lough Mask 62/63 C5
Lough Neagh 62/63 D4
Lough Ree 62/63 C5
Louisiade-Archipel 100/101 F2
Louisville 120/121 E3
Lourdes 62/63 H10
Lowat 58/59 G4
Löwenberg 24/25 K4
Lowosero 58/59 G2
Lowsee 58/59 H2
Loyauté-Inseln 100/101 G3
Lualaba (Kongo) 110/111 C2
Luanda 110/111 B2, 104.3 A2
Luang Prabang 96/97 C2
Luangwa 110/111 D3
Luanshya 110/111 C3
Luapula 110/111 C3
Lubań (Lauban) 24/25 K4
Lubango 110/111 B3
Lübbecke 24/25 D3
Lübben 24/25 I4
Lübbenau 24/25 I4
Lübeck 24/25 F2
Lübecker Bucht 24/25 G1
Lübeck-Travemünde 24/25 F2
Lublin 54/55 K6
Lubmin 24/25 I1
Lubni 54/55 P6/7
Lubumbashi 110/111 C3
Lübz 24/25 H2
Lüchow 24/25 G3
Luckau 24/25 I4
Luckenwalde 24/25 I3
Lucknow 90/91 D4
Lüda (Dalian) 78/79 N6
Lüdenscheid 24/25 C4
Lüderitz 110/111 B4
Ludhiana 90/91 C3
Lüdinghausen 24/25 C4
Ludogorie 70/71 G4
Ludvika 58/59 D3
Ludwigsburg 34/35 E4
Ludwigsfelde 24/25 I3
Ludwigshafen 34/35 D3
Ludwigslust 24/25 G2
Luena 110/111 B3
Luga; Fluss 58/59 F4
Luga; Stadt in Russland 54/55 N2
Lugano 56 C2/3
Lugo 66/67 E4
Luhansk 70/71 M1
Luhe 24/25 F2
Luirojoki 58/59 F2
Lukuga 110/111 C2
Lukumbashi 110/111 C2
Luleå 58/59 E2
Luleälv 58/59 E2
Lund 58/59 C4
Lunda 110/111 BC2
Lundaschwelle 110/111 C3
Lüneburg 24/25 F2
Lüneburger Heide 24/25 EF1/2
Lüneburg, Regierungsbezirk 14 CD2
Lünen 24/25 C4
Lunéville 34/35 B4
Luoyang 90/91 G3
Lure 34/35 B5
Lusaka 110/111 C3, 104.3 B2
Lusambo 110/111 C2
Luschnitz 34/35 J3
Lusen 34/35 I4
Lütetsburg 24/25 C2
Luton 62/63 G6
Lüttich (Liège) 62/63 J6
Lut, Wüste 80.1 D1/2
Lützow-Holm-Bucht 133.2 C10/11
Luvua 110/111 C2
Luxembourg (Luxemburg) 34/35 B3, 42/43.1 E4
Luxemburg; Staat 34/35 AB3, 42/43.1 E4
Luxemburg (Luxembourg); Stadt 34/35 B3, 42/43.1 E4
Luxeuil-les-Bains 34/35 B5
Luxor 106/107 G3
Luzern 56 C2
Luzern 34/35 I4
Luzhou 90/91 F4

Luzk 54/55 L6
Luzon 96/97 DE2
Luzonstraße 96/97 E2
Lwiw (Lemberg) 54/55 KL7
Lycksele 58/59 D3
Lyngen 58/59 E2
Lynn Lake 118/119 I4
Lyon 56 A3
Lysekil 58/59 C4

M

Mäander (Büyük Menderes) 70/71 GH7
Maanselkä 58/59 F2/3
Maanshan 90/91 G3
Maarianhamina (Mariehamn) 58/59 E3
Maas 62/63 K6
Maaseik 34/35 A1
Maastricht 34/35 A2
Macao (Aomen) 76/77 M7
Macapá 130/131 E2
Macdonnellkette 100/101 D3
Maceió 130/131 G3
Machala 130/131 C3
Machatschkala 84 C3
Machilipatnam 90/91 D5
Machu Picchu 130/131 C4
Mackay 100/101 E3
Mackaysee 100/101 C3
Mackenzie 118/119 G3
Mackenziegebirge 118/119 FG3
Macon; Stadt in den USA 120/121 E3
Mâcon; Stadt in Frankreich 56 A2
Mâconnais 56 A2
Macquarie-Inseln 140/141 W10, 142/143.1 L5
Macquarieschwelle 136/137 W10
Macumba 100/101 D3
Madagaskar 110/111 EF4, 104.3 B2
Madagaskarbecken 136/137 PQ8
Madagaskarrücken 136/137 OP8/9
Madang 78/79 P10
Madeira; Insel 106/107 B2, 104.3 A1
Madeira; Fluss 130/131 D3
Mädelegabel 34/35 F5
Madison 120/121 E2
Madras (Chennai) 90/91 D5
Madre de Dios 130/131 D4
Madrid 66/67 D5, 42/43.1 D4
Madura 96/97 D4
Madurai 90/91 C6
Madüsee 24/25 JK2
Maebashi 92 D3
Mafia 110/111 DE2
Magadan 86/87 P4
Magat 96/97 E2
Magdalena 130/131 C1/2
Magdaleninseln 118/119 M5
Magdeburg 24/25 G3
Magdeburger Börde 24/25 G3
Magdeburg, Regierungsbezirk 14 DE2
Magellanstraße 132 A5
Magerøy 58/59 F1
Maghreb 40/41 DE5
Magnetischer Pol (Antarktis) 133.2 C20
Magnetischer Pol (Arktis) 118/119 IJ2
Magnitogorsk 84 D2
Magwe 90/91 E4
Mahajanga 110/111 E3
Mahalapye 110/111 C4
Mahanadi 90/91 D4
Mahón 66/67 H6
Mähren 54/55 H7
Maiduguri 106/107 E4
Maifeld 34/35 C2
Maikop 70/71 N3
Mailand (Milano) 56 C3
Main 34/35 E3
Mainau 34/35 E5
Mainburg 34/35 G4
Mai-Ndombe-See 110/111 BC2

Main-Donau-Kanal 34/35 G3
Mainland, Orkney-Inseln 62/63 EF2
Mainland, Shetland-Inseln 62/63 G1
Main, Roter 34/35 G2/3
Main, Weißer 34/35 G2
Mainz 34/35 D2/3
Maitland 100/101 F4
Maitri 133.2 BC8
Maja 86/87 N4
Makarikarisalzpfanne 110/111 C4
Makassar (Ujung Pandang) 96/97 D4
Makassarstraße 96/97 D4
Makedonien 70/71 DE5
Makijiwka 70/71 M1
Makkah (Mekka) 89.1 B2
Maku 70/71 P6
Makurdi 106/107 D5
Malabarküste 78/79 I8/9
Malabo 110/111 A1, 104.3 A1
Málaga 66/67 C7
Malaita 100/101 G1
Malakal 106/107 G5
Malakka, Halbinsel 96/97 BC3
Malakkastraße 96/97 BC3
Malang 96/97 D4
Malanje 110/111 B2
Malargüe 132 B3
Mälarsee 58/59 D4
Malatya 70/71 M6
Malawi 110/111 D3, 104.3 B2
Malawisee (Njassa) 110/111 D3
Malaysia 96/97 CD3
Malchin 24/25 H2
Malchiner See 24/25 H2
Malchow 24/25 H2
Malden 138/139 P7
Male 90/91 C6, 80.1 D3
Malediven; Inseln 140/141 Q6
Malediven; Staat 90/91 C6, 80.1 D3
Maledivenrücken 136/137 Q6
Malegaon 90/91 CE
Malekula 100/101 G2
Mali 106/107 CD4, 104.3 A1
Malindi 110/111 DE2
Malin Head 62/63 D4
Mallorca 66/67 GH6
Malmédy 34/35 B2
Malmö 58/59 C4
Måløy 58/59 AB3
Malpelo-Insel 130/131 B2, 142/143.1 D3
Malta; Insel 136/137 MN4
Malta; Staat 66/67 LM8, 42/43.1 F5
Malung 58/59 C3
Malwinen (Falklandinseln) 127 G10
Malysia 80.1 E3
Mamberamo 96/97 F4
Mamelodi 110/111 C4
Mamoré 130/131 D4
Mamoré, Llanos de 130/131 D4
Man; Stadt in Côte d'Ivoire 106/107 C5
Man; Verwaltungseinheit 42/43.1 D3
Manado 96/97 E3
Managua 120/121 E5, 116.2 B2
Manakara 110/111 E4
Manama 89.1 D2, 80.1 C2
Manantiales 132 B5
Manaus 130/131 DE3
Manchester; Stadt in Großbritannien 62/63 F5
Manchester; Stadt in den USA 120/121 F2
Mandal 58/59 B4
Mandalay 90/91 E4
Mandaragebirge 106/107 E4/5
Mandschurei 90/91 HI2
Mandschurisches Becken 76/77 MN5
Mangalore 90/91 C5
Manicoré 130/131 D3

Maniitsoq (Sukkertoppen) 118/119 N3
Manila 96/97 E2, 80.1 F3
Man, Insel 62/63 E4
Manisa 70/71 G6
Manitoba 118/119 IJ4
Manitobasee 118/119 J4
Manitschniederung 38/39 I4
Manizales 130/131 C2
Mannheim 34/35 D3
Manning 118/119 H4
Manono 110/111 C2
Manselinsel 118/119 K3
Mansfeld 24/25 G4
Mantazas 120/121 E4
Mantes 62/63 H7
Mantova (Mantua) 56 D3
Mantua (Mantova) 56 D3
Manus 96/97 G4
Manytsch 84 C3
Manytsch-Gudilo-See 70/71 O2
Manytschniederung 70/71 N2/P3
Manzanillo; Stadt in Mexiko 120/121 C5
Manzanillo; Stadt auf Kuba 120/121 F4
Manzhouli 90/91 G2
Maokegebirge 96/97 FG4
Maoming 90/91 G4
Mapane 96/97 E4
Maputo 110/111 D4, 104.3 B2
Maqteïr 106/107 B3
Marabá 130/131 F3
Maracaibo 130/131 C1
Maracaibosee 130/131 C2
Maracay 130/131 D1
Maradi 106/107 D4
Marais Poitevin 62/63 G8
Marajó 130/131 F3
Maramba 110/111 C3
Marambio 133.2 C1
Marañón 130/131 C3
Marble Bar 100/101 B3
Marburg 34/35 D2
March 54/55 H7
Marcusinsel 78/79 Q7, 142/143.1 L3
Marcus-Necker-Rücken 138/139 M-O5
Mardan 90/91 C3
Mar del Plata 132 C3
Mardin 70/71 N7
Mardinbergland 73.1 C2
Maré 100/101 G8
Margarita 120/121 G5
Maria Laach 34/35 C2
Marianen 96/97 G2
Marianengraben 76/77 P8
Marianeninsel 78/79 P8
Maria Taferl 34/35 JK4
Maribo 24/25 G1
Maribor 56 F2
Marie-Byrd-Land 133.2 B31
Mariehamn (Maarianhamina) 58/59 D3
Marienbad 34/35 H3
Marienberg 34/35 I2
Marienborn 24/25 G3
Marienburg 54/55 I5
Mariestad 58/59 C4
Marij El 81.2
Marília 130/131 EF5
Maringá 130/131 E5
Mariscal Estigarribia 132 B2
Mariupol 70/71 L2
Mariza 70/71 FG5
Marka 106/107 H5
Markirch 34/35 C4
Markneukirchen 34/35 H2
Marksburg 34/35 C2
Marktredwitz 34/35 H2/3
Markusinsel 138/139 M5
Marl 24/25 C4
Marmagao 90/91 C5
Marmarameer 70/71 GH5
Marmaris 70/71 H7
Marmolada 56 D2
Marne; Fluss 62/63 I7
Marne; Stadt in Schleswig-Holstein 24/25 E2

Marokkanische Meseta 38/39 D5
Marokko 40/41 CD5, 104.3 A1
Maros 70/71 D2
Maroua 106/107 E4
Marquesasinseln 138/139 QR7
Marquesasstufe 138/139 RS7
Marquette 120/121 E2
Marra, Djebel 106/107 F4
Marrakech 40/41 D5
Marree 100/101 D3
Marsabit 110/111 D1
Marsala 66/67 L7
Marsberg 24/25 D4
Marseille 56 A4
Marsfjäll 58/59 D2
Marshallinseln 138/139 MN6, 142/143.1 L3
Marstal 24/25 F1
Martigny 56 B2
Martinique 120/121 GH5, 116.2 B2
Martin Vaz 130/131 GH5, 128.1 B2
Mary 89.1 E1
Maryborough 100/101 F3
Mary Kathleen 100/101 D3
Masan 92 B3
Masbate 96/97 E2
Mascara 66/67 F8
Maseru 110/111 C4, 104.3 B2
Mashhad (Meschhed) 78/79 G6
Mashonahochland 102 FG8/9
Mashonaland 110/111 CD3
Masindi 110/111 D1
Masira-Insel 89.1 D2/3
Masjed Soleyman 40/41 I5
Maskarenen 110/111 F3
Maskarenenbecken 136/137 P7/8
Maskarenenrücken 136/137 PQ7/8
Maskat 89.1 D2, 80.1 C3
Masowien 54/55 I5/J6
Massaisteppe 110/111 D2
Massina 106/107 C4
Massina 106/107 C4
Matabeleland 110/111 C3
Matadi 110/111 B2
Matagalpa 120/121 E5
Matamoros 120/121 D4
Mataram 96/97 D4
Matarani 130/131 C4
Mato Grosso 130/131 E4
Mato Grosso, Hochland von 130/131 E4
Matrah 89.1 D2
Matsu 90/91 H4
Matsue 92 C3
Matsumoto 92 D3
Matsusaka 92 D4
Matsuyama 92 C4
Matterhorn 56 B3
Maturín 130/131 D2
Maués 130/131 E3
Maui 138/139 P5
Maulbronn 34/35 D3/4
Maun 110/111 C3/4
Mauretanien 106/107 BC4, 104.3 A1
Mauritius; Insel 140/141 P8
Mauritius; Staat 110/111 F3, 142/143.1 HI4
Mawlamyine 90/91 E5
Mawson 133.2 C13
Mayen 34/35 C2
Mayo 118/119 F3
Mayotte 110/111 E3
Mazapil 120/121 C4
Mazar-e Sherif 90/91 B3
Mazatlán 120/121 C4
Mazedonien 70/71 DE5, 42/43.1 G4
Mbabane 110/111 D4, 104.3 B2
M'Bakaou-Stausee 106/107 E5
Mbala 110/111 D2
Mbandaka 110/111 B2
Mbeya 110/111 D2
Mbinda 110/111 B2
Mbomou 106/107 F5
Mbuji-Mayi 110/111 C2
M'Clintockkanal 118/119 I2

M'Clure-Straße 118/119 GH2
McMurdo 133.2 B24/25
McRobertsonland 133.2 BC12/13
Mead-Stausee 120/121 B3
Mechernich 34/35 B2
Mecklenburg 24/25 G-I2
Mecklenburgische Schweiz 13 E2
Mecklenburgische Seenplatte 13 DE2
Mecklenburg-Vorpommern 24/25 HI1/2, 14 DE2
Medan 96/97 B3
Médéa 66/67 G7
Medellín 130/131 C2
Medford 120/121 A2
Medicine Hat 118/119 H4
Medina (Al Madinah) 89.1 B2
Medjerda 66/67 J7
Mednogorsk 84 D2
Medweschjegorsk 58/59 G3
Meekatharra 100/101 B3
Meeraalpen 56 B3
Meerane 34/35 H2
Meersburg 34/35 E5
Meerut 90/91 C4
Mehlis, Zella- 34/35 F2
Meiktia 90/91 E5
Meiningen 34/35 F2
Meißen 34/35 I1
Meißner 34/35 E1
Meitingen 34/35 F4
Mekele 106/107 G4
Meknès 40/41 D5
Mekka (Makkah) 89.1 B2
Mekong (Lancang Jiang) 90/91 E4
Mekongebene 76/77 L8
Melaka 96/97 C3
Melanesien 138/139 L6-N7
Melbourne 100/101 E4
Meldorf 24/25 E1
Melibocus 34/35 D3
Melilla 66/67 D8, 42/43.1 D5
Melitopol 54/55 Q8
Melk 56 F1
Melle 24/25 D3
Mellrichstadt 34/35 F2
Mellum 24/25 D2
Mělník 34/35 J2
Melsungen 34/35 E1
Melun 62/63 I7
Melville, Halbinsel 118/119 K3
Melville-Insel 100/101 D2
Melvillesund 115 KL2
Memel; Fluss 58/59 E4
Memel (Klaipeda); Stadt in Litauen 58/59 E4
Memmingen 34/35 F5
Memphis 120/121 E3
Menden 24/25 C4
Mendocinostufe 138/139 PQ4
Mendoza 132 B3
Mengzi 90/91 F4
Menongue 110/111 B3
Menorca 66/67 GH6
Mentawai-Inseln 96/97 B4
Menzel-Bourguiba 66/67 J7
Meppel 24/25 B3
Meppen 24/25 C3
Meran (Merano) 56 D2
Merano (Meran) 56 D2
Merauke 96/97 G4
Mergentheim, Bad 34/35 E3
Mergui 90/91 E5
Mergui-Archipel 96/97 B2
Mérida; Stadt in Mexiko 120/121 E4
Mérida; Stadt in Venezuela 130/131 C2
Merritt 118/119 G4
Merseburg 24/25 GH4
Mersin 70/71 K7
Meru 110/111 D2
Merzig 34/35 B3
Meschede 24/25 D4
Meschhed (Mashhad) 89.1 D1
Mesen; Fluss 84 C1
Mesen; Stadt in Russland 84 C1
Meseritz 24/25 K3
Mesopotamien 40/41 I5, 70/71 M7/O8
Mespelbrunn 34/35 E3

Messina; Stadt in Italien 66/67 M6
Messina; Stadt in Südafrika 110/111 C4
Mestlin 24/25 G2
Meta 130/131 D2
Meteoraklöster 70/71 DE6
Meteoritenkrater, Kanada 118/119 L3
Meteoritenkrater, Russland 86/87 K3/4
Metz 34/35 B3
Meurthe 34/35 B4
Mexicali 120/121 B3
Mexiko; Staat 120/121 C4/D5, 116.2 AB2
Mexiko; Stadt 120/121 D5, 116.2 B2
Mexiko, Hochland von 136/137 E4-F5
Meymaneh 90/91 B3
Miami 120/121 E4
Michigansee 120/121 E2
Michikamausee 118/119 M4
Michipicoten 118/119 K5
Middlesbrough 62/63 G4
Midway-Inseln 138/139 O5, 142/143.1 M3
Midžor 70/71 E4
Mies; Fluss 34/35 HI3
Mies; Stadt in der Tschech. Rep. 34/35 H3
Miesbach 34/35 G5
Mikkeli 58/59 F3
Mikolajiw 54/55 P8
Mikonos 70/71 F7
Mikronesien; Inseln 138/139 L-N6
Mikronesien; Staat 96/97 G3, 142/143.1 KL4
Mikunigebirge 92 D3
Milano (Mailand) 56 C3
Milde 24/25 G3
Mildura 100/101 E4
Milet 70/71 G7
Milevsko 34/35 J3
Milford Haven 62/63 E6
Milos 70/71 F7
Miltenberg 34/35 E3
Milwaukee 120/121 E2
Mina al Ahmadi 89.1 C2
Minas de Riotinto 66/67 B7
Minatitlán 120/121 D5
Mincio 56 D3
Mindanao 96/97 E3
Mindelheim 34/35 F4
Minden 24/25 D3
Mingetschauer Stausee 84 C3
Minho (Miño) 66/67 A4/5
Minneapolis 120/121 D2
Miño (Minho) 66/67 A4/5
Minsk 54/55 M5, 42/43.1 G3
Minsker Höhe 54/55 MN4/5
Mintosee 118/119 L4
Minussinsk 86/87 J4
Miquelon 118/119 N5
Mirecourt 34/35 B4
Mirhorod 54/55 P7
Mirimlagune 132 C3
Mirny; Stadt in Russland 86/87 L3
Mirny; Forschungsstation 133.2 C16
Mirnystausee 86/87 KL3
Misdroy 24/25 J2
Mishan 92 C1
Miskolc 70/71 D1
Misool 96/97 F4
Misratah 106/107 E2
Mississippi 120/121 DE3
Missoula 120/121 B2
Missouri 120/121 D2/3
Mistassinisee 118/119 L4
Mitischtschi 54/55 R4
Mitsiwa 106/107 G4
Mittelamerikanischer Graben 136/137 F5-G6
Mittelberg 34/35 F5
Mittelfranken, Regierungsbezirk 14 D4

Mittellandkanal 24/25 D3
Mittelmeer 40/41 D-G5, 66/67 E-L7, 70/71 C-I8
Mittelrussische Platte 84 B2
Mittelsibirisches Bergland 86/87 J-L3
Mittenwald 34/35 G5
Mittersill 34/35 H5
Mitterteich 34/35 H3
Mittlerer Atlas 38/39 D5
Mittlerer Taurus 70/71 J7/L6
Mittlerer Ural 84 D1/2
Mittlerer Westen 115 MN5
Mittweida 34/35 H2
Mitú 130/131 C2
Miyakejima 92 DE4
Miyako 92 E3
Miyakonojo 92 C4
Miyazaki 92 C4
Mizen Head 62/63 BC6
Mjøsensee 58/59 C3
Mladá Boleslav (Jungbunzlau) 34/35 J2
Mlanje 110/111 D3
Mława 54/55 J5
Mljet 66/67 N4
Mmabatho 110/111 C4
Moa 96/97 E4
Moanda 110/111 B2
Mobile 120/121 E3
Moco 110/111 B3
Modena 56 D3
Moder 34/35 C4
Moers 24/25 B4
Mogadischu 106/107 H5, 104.3 B1
Mogilew 54/55 O5
Mohéli (Mwali) 110/111 E3
Mohen 78/79 Q9
Mohiliw-Podilski 54/55 M7
Möhne 24/25 D4
Mohrin 24/25 J3
Mo i Rana 58/59 C2
Mojavewüste 120/121 B3
Mokpo 92 B4
Moldau; Fluss 34/35 J2
Moldau; Landschaft 70/71 G2
Moldau; Staat 70/71 GH2, 42/43.1 G4
Moldauische Platte 38/39 G4
Molde 58/59 B3
Moldoveanul 70/71 F3
Mollendo 130/131 C4
Mölln 24/25 F2
Molodeschnaja 133.2 C11
Molodetschno 54/55 M4
Mologa 54/55 QR2
Molsheim 34/35 C4
Molukken 96/97 E4
Molukkensee 96/97 E3/4
Momagebirge 86/87 O3
Mombasa 110/111 D2
Mombetsu 92 E2
Møn 24/25 H1
Monaco 56 B4, 42/43.1 E4
Mona Passage 130/131 D1
Moncayo 66/67 DE5
Mönchengladbach 24/25 B4
Mönchgut 24/25 I1
Monclova 120/121 C4
Moncton 118/119 M5
Mondovi 56 B3
Mondsee 34/35 I5
Monfalcone 56 E3
Mongalla 106/107 G5
Mongo 106/107 E4
Mongolei 90/91 E-G2, 80.1 E2
Mongolischer Altai 90/91 DE2
Mongolisches Becken 76/77 K-M5
Mongu 110/111 C3
Monrovia 106/107 B5
Monschau 34/35 B2
Montabaur 34/35 C2
Montaña 130/131 C3/4
Montauban 62/63 H9
Montbard 56 A2
Montbéliard 34/35 B5
Montblanc 56 B3
Mont Dore 62/63 I9
Monte Amiata 66/67 K4
Monte Calvo 66/67 MN5

onte Cassino 66/67 LM5
onte Cimone 66/67 K3
onte Cinto 62/63 L10
ontecristo 66/67 JK4
onte Grappa 56 D3
ontego Bay 120/121 F5
onte Rosa 56 BC3
ontenegro 70/71 C4
onte Pollino 66/67 MN5
ontería 130/131 C2
onterrey 120/121 C4
ontes Claros 130/131 F4
ontevideo 132 C3, 128.1 B2
onte Viso 56 B3
ontgomery 120/121 E3
ont-Gréboun 106/107 D3
onti del Gennargentu 66/67 J5
ontigny 34/35 B3
ontluçon 62/63 I8
ont Pelée 120/121 G5
ontpellier; Stadt in Frankreich
   62/63 I10
ontpellier; Stadt in den USA
   120/121 F2
ontreal 118/119 L5
ontreux 56 B2
ont-Saint-Michel 62/63 G7
ontschegorsk 58/59 G2
onts du Beaujolais 56 A2
ontserrat; Kirche, Kloster
   66/67 F5
ontserrat; Insel 130/131 D1
ontserrat; Verwaltungseinheit
   120/121 G5, 116.2 B2
ont Ventoux 56 A3
onywa 90/91 E4
onza 56 C3
oody Point 133.2 C1
oonie 100/101 E3
oosburg 34/35 G4
oose Jaw 118/119 I4
oosonee 118/119 K4
opti 106/107 C4
ora 58/59 C3
oradabad 90/91 C4
orava 70/71 D3
oray Firth 62/63 F3
ordwinien 81.2
orelia 120/121 C5
orez 56 AB2
orioka 92 E3
oritzburg 34/35 I1
örön 90/91 EF2
orondava 110/111 E4
oroni 110/111 E3,
   104.3 B2
orosowsk 70/71 N1
orotai 96/97 E3
ors 58/59 B4
orvan 62/63 IJ8
orwell 100/101 E4
osambik; Staat 110/111 D4,
   104.3 B2
osambik; Stadt 110/111 E3
osbach 34/35 E3
oschaisk 54/55 Q/R4
osel 34/35 B3
oshi 110/111 D2
osjøen 58/59 C2
oskau (Moskwa) 54/55 R4,
   80.1 C2
oskenstraumen 58/59 C2
oskwa; Fluss 54/55 R4
oskwa (Moskau); Stadt in
   Russland 40/41 H3
oss 58/59 C4
osselbaai 110/111 C5
ossoró 130/131 G3
ost (Brüx) 34/35 I2
ostaganem 66/67 F8
ostar 70/71 A4
osul (Al Mawsil) 89.1 C1
osyr 54/55 N5
otala 58/59 CD4
ould Bay 133.1 B9/10
oulmein 78/79 K8
oulouya 66/67 D8
oundou 106/107 E5
ount Bruce 100/101 B3
ount Cook (Aoraki)
   100/101 GH5

Mount Egmont 100/101 H4
Mount Elbert 120/121 C3
Mount Erebus 133.2 B23/24
Mount Everest 90/91 D4
Mount Fairweather 118/119 F3/4
Mount Forel 118/119 P3
Mount Hagen 96/97 G4
Mount Isa 100/101 D3
Mount Jackson 133.2 B36
Mount Katmai 118/119 D4
Mount Kenia 110/111 D1
Mount Kirkpatrick 133.2 A
Mount Kosciusko 100/101 E4
Mount Logan 118/119 EF3
Mount McKinley 118/119 DE3
Mount Menzies 133.2 B12/13
Mount Mitchell 120/121 E3
Mount Morgan 100/101 F3
Mount Olympus 120/121 A2
Mount Rainier 120/121 A2
Mount Roosevelt 118/119 G4
Mount Sabine 133.2 B23
Mount Saint Elias 118/119 E3
Mount Saint Helens 120/121 A2
Mount Shasta 120/121 A2
Mount Sidley 133.2 B30
Mount Victoria 96/97 G4
Mount Whitney 120/121 B3
Mount Woodroffe 100/101 D3
Mount Ziel 100/101 D3
Moura 70/71 C4
Mourdisenke 106/107 F4
Moyeuvre-Grande 34/35 B3
Moyobamba 130/131 C3
Mpanda 110/111 D2
Mpumalanga 110/111 CD4
Msta 54/55 OP2
Mtwara 110/111 E3
Mücheln 24/25 G4
Muchingagebirge 110/111 D3
Mudan Jiang; Fluss 92 B2
Mudanjiang; Stadt in China
   90/91 H2
Müden 24/25 F3
Mugodschariberge 38/39 J4
Mühlacker 34/35 D4
Mühldorf 34/35 H4
Mühlhausen 34/35 F1
Mühlviertel 34/35 J4
Muhu 58/59 E4
Muinak 86/87 F5
Mujunkum 86/87 GH5
Mulde 24/25 H4
Mulhacén 66/67 D7
Mülhausen (Mulhouse) 34/35 C5
Mülheim 24/25 B4
Mulhouse (Mülhausen) 12 B5
Muling He 92 C1
Mull 62/63 D3
Müllheim 34/35 C5
Multan 90/91 C3
Muluja 40/41 D5
Mumbai (Bombay) 90/91 C5
Münchberg 34/35 G2
München 34/35 G4
Münden 24/25 E4
Mungbere 110/111 C1
Mungboro 106/107 F5
Muniak 84 D3
Munioschwelle 102 DE5
Münsingen 34/35 E4
Munster 24/25 F3
Münster; Stadt in Frankreich
   34/35 C4
Münster; Stadt in Nordrhein-
   Westfalen 24/25 C4
Münster, Regierungsbezirk
   14 B3
Münsterland 24/25 B-D4
Münzenberg 34/35 D2
Muonio 58/59 E2
Muonioälv 58/59 E2
Mur 56 G2
Murat (Östlicher Euphrat)
   70/71 NO6
Murat Daği 70/71 H6
Murchison 100/101 B3
Murchisonfälle 110/111 D1
Murcia; Landschaft 66/67 E6/7
Murcia; Stadt in Spanien
   66/67 E6/7
Murdochville 118/119 M5
Mureş 70/71 E3

Murg 34/35 D4
Müritz 24/25 H2
Müritz, Graal- 24/25 H1
Murmanküste 58/59 H2
Murmansk 58/59 G2
Murnau 34/35 G5
Murom 84 C2
Muroran 92 E2
Muroto 92 C4
Murray 100/101 E4
Murray-Darling-Becken 98.1 E4
Murraystufe 138/139 PQ4/5
Murrhardt 34/35 E4
Mururoa 138/139 Q8
Murzuq 106/107 E3
Murzuq, Edeyin 106/107 E3
Mürzzuschlag 56 F2
Mus 70/71 N6
Musan 92 B2
Musgravekette 100/101 D3
Muskegon 120/121 E2
Mussala 70/71 E4
Mussau 96/97 GH4
Mut 106/107 F3
Mutare 110/111 D3
Mwali (Mohéli) 110/111 E3
Mwanza 110/111 D2
Mwerusee 110/111 CD2
Myanmar (Birma) 78/79 K7,
   80.1 E3
Myitkyina 90/91 E4
Mykene 70/71 E7
Mýrdalsjökull 58/59 B2
Mysore 90/91 C5
Mývatn 58/59 B1
Mzensk 54/55 R5
Mzuzu 110/111 D3

N

Naab 34/35 G3
Naantali 58/59 E3
Nabereschnyje Tschelny 84 D2
Nacala 110/111 E3
Nachitschewan 81.2
Nachodka 86/87 N5
Nadelkap (Kap Agulhas)
   110/111 C5
Nadijran-Oasen 106/107 H4
Nadschin 86/87 MN5
Nadwoizy 58/59 G3
Nagano 92 D3
Nagaoka 92 D3
Nagappattinam 90/91 C5
Nagasaki 92 B4
Nagold 34/35 D4
Nagoya 92 D3
Nagpur 90/91 C4
Naha 92 B5
Nahe 34/35 C3
Naila 34/35 G2
Nain 118/119 M4
Nairobi 110/111 D2, 104.3 B2
Najin 92 C2
Najran Oasen 89.1 C3
Naka-Tane 92 C4
Nakhon Ratchasima 96/97 C2
Nakhon Sawan 96/97 BC2
Nakhon Si Thammarat 96/97 B3
Nakskov 24/25 G1
Naktong 92 B3
Nakuru 110/111 D2
Naltschik 70/71 O4
Namaland 110/111 B4
Namangan 90/91 C2
Namcha Barwa 78/79 K6
Nam Co 90/91 E3
Nam Dinh 96/97 C1
Nen Jiang; Fluss 90/91 H2
Namibe 110/111 B3
Namibia 110/111 B4, 104.3 A2
Nampo 92 B3
Nampula 110/111 D3
Namsos 58/59 C3
Nan 96/97 BC2
Nanda Devi 90/91 CD3/4
Nanded 90/91 C5
Nanga Parbat 90/91 C3
Nanjing (Nanking) 90/91 G3

Nanking (Nanjing) 90/91 G3
Nanning 90/91 F4
Nanping 90/91 G4
Nan Shan 90/91 EF3
Nantes 62/63 G8
Nantong 90/91 H3
Nanyang 90/91 G3
Napier 100/101 H4
Napo 130/131 C3
Napoli (Neapel) 66/67 M5
Nara 92 D4
Narayanganj 90/91 E4
Narew 54/55 J5
Narjan-Mar 84 D1
Närke 58/59 CD4
Narmada 90/91 C4
Narodnaja 84 E1
Naro-Forminsk 54/55 R4
Narssaq 118/119 O3
Narva; Fluss 58/59 F4
Narva; Stadt in Estland 58/59 F4
Narvastausee 58/59 F4
Narvik 58/59 D2
Narym 86/87 I4
Nashville 120/121 E3
Nasik 90/91 C4
Näsisee 58/59 E3
Nassau 120/121 F4, 116.2 B2
Nassersee 106/107 G3
Natal 130/131 G3
Natalbecken 136/137 O8/9
Natal, Kwazulu- 110/111 CD4
Natalschwelle 136/137 O9
Natchez 120/121 D3
Nationalpark am W 106/107 D4
Natuna-Besar-Inseln (Bunguran-
   inseln) 96/97 B3
Nauen 24/25 H3
Naugard 24/25 K2
Nauheim, Bad 34/35 D2
Naumburg 24/25 G4
Nauru 138/139 N7, 142/143.1 L4
Navarra 66/67 DE4
Nawoi 90/91 B2
Naxos 70/71 F7
Nazcarücken 138/139 U8
Naze 92 B5
Nazran 70/71 P4
Nazscarücken 136/137 G8
Nazwa 89.1 D2
Ndalatando 110/111 B2
Ndélé 106/107 F5
N'Djamena 106/107 E4,
   104.3 A1
Ndjolé 110/111 B2
Ndola 110/111 C3
Nea 58/59 C3
Neapel (Napoli) 66/67 M5
Nebit-Dag 84 D4
Neblina 130/131 D2
Neckar 34/35 D3
Necochea 132 C3
Nedjd 89.1 C2
Nefud 89.1 C2
Nefusa, Djebel 106/107 E2
Nefusaschwelle 102 D3-E4
Negombo 90/91 C6
Negros 96/97 E3
Neijiang 90/91 F4
Neiße 24/25 J4
Neiva 130/131 C2
Nellore 90/91 CD5
Nelson; Fluss 118/119 J4
Nelson; Stadt in Neuseeland
   100/101 H5
Nelspruit 110/111 D4
Néma 106/107 C4
Nemuro 92 F2
Nen Jiang; Fluss 90/91 H2
Nenjiang; Stadt in China
   90/91 H2
Nepal 90/91 D4, 80.1 D3
Neratovice 34/35 J2
Neresheim 34/35 F4
Neretva 70/71 B4
Neris 58/59 E4/5
Nerjungri 86/87 M4
Nertschinsk 86/87 L4
Neskaupstaður 58/59 C1
Nettillingsee 118/119 LM3
Netze 54/55 H5
Netzebruch 24/25 K3

Netzeheide 24/25 K3
Neubrandenburg 24/25 I2
Neubraunschweig 118/119 M5
Neubritannien 78/79 PQ10
Neuburg 34/35 G4
Neuchâtel 56 B2
Neudamm 24/25 J3
Neue Hebriden 100/101 GH2
Neuenburger See 56 B2
Neuengland 115 OP5
Neuerburg 34/35 B2
Neufundland; Insel 118/119 N5/6
Neufundland; Verwaltungseinheit
   118/119 N4/5
Neufundlandbank 136/137 I3
Neufundlandbecken 136/137 IJ4
Neuguinea 96/97 FG4
Neuhaus; Stadt in Thüringen
   34/35 G2
Neuhaus (Jindřichuv Hradec);
   Stadt in der Tschech. Rep.
   34/35 J3
Neuirland 78/79 Q10
Neukaledonien; Insel 100/101 G3
Neukaledonien; Verwaltungs-
   einheit 100/101 G2/3,
   142/143.1 L4
Neumark 24/25 K2/3
Neumarkt; Stadt in Bayern
   34/35 G3
Neumarkt (Tîrgu Mureş); Stadt in
   Rumänien 70/71 F2
Neumünster 24/25 EF1
Neunkirchen 34/35 C3
Neuquén 132 B3
Neuruppin 24/25 H3
Neusalz (Nowa Sól) 24/25 K4
Neuschottland 118/119 M5
Neuschottlandbecken
   136/137 I4
Neuschwabenland 133.2 B6-8
Neuschwanstein 34/35 F5
Neuseeland; Inseln 140/141 X9
Neuseeland; Staat
   100/101 GH4, 142/143.1 L5
Neuseeländische Alpen
   100/101 GH5
Neusibirien 86/87 O2
Neusibirische Inseln 86/87 NO2
Neusiedler See 56 G2
Neuss 24/25 B4
Neustadt am Rübenberge
   24/25 E3
Neustadt an der Aisch 34/35 F3
Neustadt an der Donau 34/35 G4
Neustadt an der Dosse 24/25 H3
Neustadt an der Saale, Bad
   34/35 F2
Neustadt an der Waldnaab
   34/35 H3
Neustadt an der Weinstraße
   34/35 D3
Neustadt bei Coburg 34/35 G2
Neustadt-Glewe 24/25 G2
Neustadt im Schwarzwald,
   Titisee- 34/35 D4
Neustadt in Holstein 24/25 F1
Neustadt in Thüringen 34/35 G2
Neustrelitz 24/25 I2
Neusüdwales 100/101 EF4
Neu-Ulm 34/35 F4
Neuves-Maisons 34/35 B4
Neuwerk 24/25 D2
Neuwied 34/35 C2
Nevado del Ruiz 130/131 C2
Nevinnomysk 70/71 N3
Newà 58/59 G4
Newark 120/121 F2
New Bedford 120/121 F2
Newcastle; Stadt in Australien
   100/101 F4
Newcastle; Stadt in Südafrika
   110/111 CD4
Newcastle upon Tyne 62/63 G4
New Delhi 90/91 C4, 80.1 D3
New Georgia 100/101 F1
New Halfa 106/107 G4
Newhaven 62/63 H6
New Haven 120/121 F2
Newman 100/101 B3
New Orleans 120/121 D3
Newport 62/63 F6
Newport News 120/121 F3

New York 120/121 F2
Ngamisee 110/111 C4
Ngaoundéré 106/107 E5
Ngiva 110/111 B3
Ngorongoro-Nationalpark
   110/111 D2
Nguigmi 106/107 E4
Ngunza 110/111 B3
Nguru 106/107 E4
Niagara Falls 120/121 F2
Niamey 106/107 D4, 104.3 A2
Nias 96/97 B3
Nicaragua 120/121 E5, 116.2 B2
Nicaraguasee 120/121 E5
Nice (Nizza) 56 B4
Nidda 34/35 E2
Nideck 34/35 C4
Nieblum 24/25 D1
Niebüll 24/25 D1
Nied 34/35 B3
Niederbayern 13 DE4
Niederbayern, Regierungsbezirk
   14 E4
Niederbronn, Bad 34/35 C4
Niedere Tauern 12 EF5, 34/35 IJ5
Niederguinea 103 E7/8
Niederguineaschwelle 102 E6/7
Niederkalifornien, Halbinsel
   120/121 B4
Niederlande 62/63 JK5/6,
   42/43.1 E3
Niederländische Antillen 127 F3,
   116.2 B2
Niederlausitz 24/25 IJ4
Niedersachsen 14 B-D2
Niedersachsen 24/25 C-F3
Nienburg 24/25 E3
Niers 24/25 B4
Niesky 34/35 J1
Niğde 70/71 K7
Niger; Fluss 106/107 D5
Niger; Staat 106/107 DE4,
   104.3 A1
Nigerbecken 102 D5
Nigeria 106/107 DE5, 104.3 A1
Niigata 92 D3
Nijmegen (Nimwegen) 24/25 A4
Nikel 58/59 G2
Nikko 92 D3
Nikobaren 90/91 E6, 80.1 E3
Nikolajewsk 86/87 O4
Nikopol 54/55 Q8
Nikosia (Lefkosia) 70/71 J8,
   42/43.1 H5
Nil 106/107 G3
Nil, Blauer 106/107 G4
Nil, Weißer 106/107 G4
Nimba 106/107 C5
Nîmes 62/63 J10
Nimrud 70/71 O7
Nimwegen (Nijmegen) 24/25 A4
Ningbo 90/91 H4
Ninive 70/71 O7
Nipigonsee 118/119 JK5
Niš 70/71 D4
Nischin 54/55 O6
Nischneangarsk 86/87 K4
Nischnekolymsk 86/87 Q3
Nischneudinsk 86/87 J4
Nischnewartowsk 86/87 H3
Nischni Nowgorod 84 C2
Nischni Nowgoroder Stausee
   84 C2
Nischni Tagil 84 D2
Nistru 54/55 N8
Niterói 130/131 F5
Niue 138/139 O8, 142/143.1 M4
Niwa 58/59 G2
Nizza (Nice) 56 B4
Njandoma 84 C1
Njassa (Malawisee) 110/111 D3
Njazidja (Grande Comore)
   110/111 E3
Njemen 54/55 L5
Njuksee 58/59 G3
Nkongsamba 106/107 E5
Noatak 118/119 C3
Nobeoka 92 C4
Nogaisteppe 70/71 PQ3
Nogaltal 106/107 H5
Noginsk 54/55 S4
Noirmoutier 62/63 F8
Nokia 58/59 E3

Nome 118/119 C3
Nong Khai 96/97 C2
Noranda, Rouyn- 118/119 L5
Nordamerika 140/141 E-H3
Nordamerikanisches Becken
  136/137 HI4/5
Nordäquatorialstrom
  140/141 HI5
Nordatlantischer Rücken
  136/137 I4-K2
Norddeich 12 B2
Norddeich, Norden- 24/25 C2
Norddeutsches Tiefland
  12 B-E2
Norden 24/25 C2
Nordenham 24/25 D2
Norden-Norddeich 24/25 C2
Norderney 24/25 C2
Norderstedt 24/25 EF2
Nordfjord 58/59 A3
Nordfriesische Inseln 24/25 D1
Nordfriesland 24/25 DE1
Nordhausen 24/25 F4
Nordhorn 24/25 C3
Nordinsel, Neuseeland
  100/101 H4
Nordirland 62/63 DE4
Nordkanal 62/63 DE4
Nordkap, Neuseeland 100/101 H4
Nordkap, Norwegen 58/59 F1
Nordkinn 58/59 F1
Nordkirchen 24/25 C4
Nordkorea 92 BC2/3, 80.1 F2
Nordkvark 58/59 E3
Nördliche Dwina 84 C1
Nördliche Marianen 78/79 PQ8,
  142/143.1 KL3
Nördlicher Ural 84 D1
Nördliche Sporaden 70/71 EF6
Nördliches Somalibecken
  136/137 PQ6
Nördlingen 34/35 F4
Nordmeer, Europäisches
  86/87 A2/3
Nordmeseta 38/39 D4
Nordminch 62/63 D3-E2
Nordossetien 81.2
Nordostland 86/87 C1
Nordostpazifisches Becken
  138/139 O4-R7
Nordostpolder 13 A2
Nord-Ostsee-Kanal 24/25 E1
Nordpol 133.1 A
Nordpolarmeer 133.1 A/B16
Nordrhein-Westfalen
  24/25 B-D4, 14 BC3
Nordrussischer Landrücken
  84 CD1/2
Nordsee 62/63 H-K3
Nordsibirisches Tiefland
  76/77 J-L2
Nordstrand 24/25 D1
Nordterritorium 100/101 CD2
Nordwestaustralisches Becken
  136/137 ST8
Nordwestkap 100/101 B3
Nordwestpassage 133.1 C8/9
Nordwestpazifisches Becken
  138/139 LM4/5
Nordwest-Territorien
  118/119 F-H3
Nordwik 86/87 L2
Norfolk 120/121 F3
Norfolkinsel 100/101 G3,
  142/143.1 L4
Norilsk 86/87 I3
Normandie 62/63 GH7
Normanton 100/101 E2
Norman Wells 118/119 G3
Norra Storfjäll 58/59 D2
Norrbotten 58/59 E2
Norrköping 58/59 D4
Nörrköping 40/41 F3
Norrland 58/59 CD3
Norrtälje 58/59 D4
Norseman 100/101 C4
Norsk 86/87 M4
Northampton 62/63 G5
North Battleford 118/119 I4
Northeim 24/25 EF4
Northern Cape 110/111 BC4/5
Northern Province
  110/111 CD4

North Platte; Fluss 120/121 C2
North Platte; Stadt in den USA
  120/121 C2
North Saskatchewan
  118/119 HI4
North Uist 62/63 CD3
Northwest 110/111 C4
Nortonsund 118/119 C3
Nortorf 24/25 E1
Norwegen 58/59 B3-D2,
  42/43.1 EF2
Norwich 62/63 H5
Nosy Be 110/111 E3
Nosy Boraha 110/111 F3
Nota 58/59 F2
Notodden 58/59 B4
Noto, Halbinsel 92 D3
Notsee 58/59 G2
Nottaway 118/119 L4
Nottingham 62/63 G5
Nouâdhibou 103 B4
Nouakchott 106/107 B4,
  104.3 A1
Nouméa 100/101 G3
Nova Iguaçu 130/131 F5
Novara 56 C3
Novi Ligure 56 C3
Novi Sad 70/71 C3
Novo Hamburgo 132 C2
Nowaja Semlja 86/87 FG2
Nowa Sól (Neusalz) 24/25 K4
Nowgorod 54/55 O2
Nowohrad Wolinski 54/55 M6
Nowokusnezk 86/87 I4
Nowolasarewskaja 133.2 BC8/9
Nowomoskowsk 54/55 S4/5
Noworossisk 70/71 L3
Nowoschachtinsk 70/71 M2
Nowosibirsk 86/87 I4
Nowotroizk 84 D2
Nowotscherkassk 70/71 N2
Nowy Port 86/87 H3
Nowy Urengoi 86/87 H3
Nubaberge 106/107 FG4
Nubien 106/107 FG4
Nubische Wüste 106/107 G3/4
Nueltinsee 118/119 IJ3
Nueva Rosita 120/121 C4
Nuevitas 120/121 F4
Nuevo Laredo 120/121 D4
Nu Jiang (Saluën) 90/91 E3
Nuku'alofa 142/143.1 M4
Nukus 84 D3
Nullarborebene 100/101 CD4
Numazu 92 D3
Numedal 58/59 B3/4
Nunavut-Territorium
  118/119 H-L3
Nunivak 118/119 C4
Nürburg 34/35 C2
Nürburgring 34/35 B2
Nurhak Dağ 73.1 A1/2
Nurmes 58/59 F3
Nürnberg 34/35 G3
Nürtingen 34/35 E4
Nuuk (Godthåb) 115 Q3,
  116.2 B1
Nyala 106/107 F4
Ny Ålesund 133.1 B32
Nyiregyháza 70/71 D2
Nyiru 110/111 D3
Nykøbing; Stadt in Dänemark
  24/25 G1
Nyköping; Stadt in Schweden
  58/59 D4
Nymburk 34/35 K2
Nynäshamn 58/59 D4
Nzwani (Anjouan) 110/111 E3

O

Oahestausee 120/121 C2
Oahu 138/139 P5
Oakland 120/121 A3
Oasen von Guérara 106/107 D3
Oasen von Tidikelt 106/107 D3
Oasen von Tohat 106/107 C3
Oaxaca 120/121 D5
Ob 40/41 K2
Obbusen 86/87 H3
Oberammergau 34/35 G5
Oberbayern 13 DE5

Oberbayern, Regierungsbezirk
  14 DE4
Oberer See 120/121 E2
Oberfranken, Regierungsbezirk
  14 D3
Oberguinea 103 B-D6
Oberguineaschwelle 102 B2-D3
Oberhausen 24/25 B4
Oberhof 34/35 F2
Oberkochen 34/35 F4
Oberlausitz 24/25 I-K4
Obernburg 34/35 E3
Oberndorf 34/35 D4
Obernilbecken 102 FG5/6
Oberösterreich 34/35 IJ4
Oberpfälzer Wald 34/35 H3
Oberpfalz, Regierungsbezirk
  14 DE4
Oberrheinisches Tiefland
  12 BC4
Obersauer See 34/35 A3
Oberschwaben 13 C5/D4
Oberstdorf 34/35 F5
Oberstein, Idar- 34/35 C3
Oberviechtach 34/35 H3
Ob, Großer 84 E1
Obi 96/97 E4
Óbidos 130/131 E3
Obihiro 92 E2
Obiou 56 A3
Ob, Kleiner 84 E1
Obra 24/25 K3
Obregón 120/121 C4
Obschtschy Syrt 84 CD2
Ocean Falls 118/119 G4
Oceaninsel 138/139 N7
Oceanside 120/121 B3
Ocha 86/87 O4
Ochotsk 86/87 O4
Ochotskisches Meer 86/87 OP4
Ochsenfurt 34/35 F3
Oda 106/107 G3
Odda 58/59 B3
Odense 58/59 C4
Odenwald 34/35 DE3
Oder 24/25 F4
Oder-Havel-Kanal 24/25 I3
Oder-Spree-Kanal 24/25 J3
Odesa; Stadt in der Ukraine
  54/55 O8
Odessa; Stadt in den USA
  120/121 C3
Odilienberg 34/35 C4
Oebisfelde 24/25 FG3
Oekusi (Dili) 100/101 E1
Oelde 24/25 D4
Oelsnitz 34/35 H2
Oeno 138/139 R8
Oettingen 34/35 F4
Oeynhausen, Bad 24/25 D3
Offenbach 34/35 D2
Offenburg 34/35 C4
Ofotfjord 58/59 D2
Oglio 56 D3
Ognon 34/35 B5
Ogowe 110/111 B2
Ohio 120/121 E3
Ohre 24/25 G3
Ohridsee 70/71 D5
Öhringen 34/35 E3
Oimjakon 86/87 O3
Oise 62/63 I7
Ojos del Salado 132 B2
Oka, Fluss zur Angara 86/87 K4
Oka, Fluss zur Wolga 54/55 R4,
  86/87 E4
Okara 90/91 C3
Okavango 110/111 C3
Okavangodelta 110/111 C3
Okayama 92 C4
Okeechobeesee 120/121 E4
Oker 24/25 F3
Oki-Inseln 92 C3
Okinawa 92 B5
Okinawa-Inseln 90/91 H4
Okino Torishima 96/97 F1
Oklahoma City 120/121 D3
Oktjabrskij 84 D2

Oktoberrevolution 86/87 KL2
Oku 106/107 E5
Okushiri 92 D2
Ólafsfjörður 58/59 B1
Öland 40/41 F3
Olbernhau 34/35 I2
Olbia 66/67 J5
Oldenburg; Stadt in Schleswig-
  Holstein 24/25 F1
Oldenburg; Stadt in
  Niedersachsen 24/25 D2
Oldenzaal 24/25 B3
Oldesloe, Bad 24/25 F2
Oleksandria 54/55 P7
Olenjok; Fluss 86/87 M2
Olenjok; Stadt in Russland
  86/87 M3
Olenogorsk 58/59 G2
Oléron 62/63 G9
Oliba 40/41 E4
Olinda 130/131 G3
Oljokma 86/87 M4
Oljokminsk 86/87 M3
Olmütz (Olomouc) 54/55 H7
Olomouc (Olmütz) 54/55 H7
Olonez 58/59 G3
Olpe 24/25 C4
Olsztyn (Allenstein) 54/55 J5
Olt 70/71 F3
Olten 34/35 C5
Olymp 70/71 E5
Olympia; Ruinenstätte 70/71 D7
Olympia; Stadt in den USA
  120/121 A2
Omaha 120/121 D2
Oman 89.1 D2, 80.1 C3
Omatako 110/111 B4
Omdurman 106/107 G4
Omo 106/107 G5
Omolon 86/87 P3
Omsk 86/87 H4
Omuta 106/107 G4
Öndörhaan 90/91 G2
Ondsee 58/59 G3
Onega; Stadt in Russland 84 B1
Onega; Fluss 84 B1
Onegabucht 84 B1
Onegasee 84 B1
Onitsha 106/107 D5
Onon 86/87 L4
Ontario 118/119 JK4
Ontariosee 120/121 F2
Oodnadatta 100/101 D3
Oostende (Ostende) 62/63 I6
Opole (Oppeln) 54/55 HI6
Opotschka 54/55 N3
Oppeln (Opole) 54/55 HI6
Oppenheim 34/35 D3
Oradea 70/71 D2
Öræfajökull 58/59 B2
Oran 66/67 E8
Orange; Stadt in Frankreich
  56 A3
Orange; Stadt in Australien
  100/101 E4
Oranienburg 24/25 I3
Oranje 110/111 B4
Orb, Bad 34/35 E2
Orcadas 133.2 C2
Ord 100/101 C2
Ordos 78/79 LM6
Ordosplateau 90/91 F2/3
Ordu 70/71 L5
Örebro 58/59 D4
Orechowo-Sujewo 84 B2
Orel 54/55 Q/R5
Orenburg 84 D2
Orense 66/67 B4
Oreschowo Zujewo 54/55 S4
Öresund 58/59 C4
Orhon 90/91 F2
Orinoco 130/131 D2
Orinocosenke 126 F4
Orinocotiefland 126 EF4
Orisee 58/59 FG3
Orkanger 58/59 B3
Orkla 58/59 B3
Orkney-Inseln 62/63 FG2
Orlando 120/121 E4
Orléanais 62/63 HI8
Orléans 62/63 H8
Orlicker Talsperre 34/35 J3
Orne 34/35 A3

Ornes 58/59 C2
Örnskölasvik 58/59 D3
Orol 54/55 Q7
Orscha 54/55 O4
Orsk 84 D2
Ørsta 58/59 B3
Ortler 56 D2
Ortlergruppe 56 D2
Örtze 24/25 EF3
Oruro 130/131 D4
Orust 58/59 C4
Osaka 92 D4
Osch 90/91 C2
Oschatz 34/35 I1
Oschersleben 24/25 G3
Ösel (Saaremaa) 58/59 E4
Oshawa 118/119 L5
Oshima 92 DE4
Oshkosh 120/121 E2
Oshogbo 106/107 D5
Osijek 66/67 O3
Osipowitschi 54/55 N5
Oskarshamn 58/59 D4
Öskemen 86/87 I4
Ösling 34/35 A2/B3
Oslo 58/59 C4, 42/43.1 F3
Oslofjord 58/59 C4
Osmaniye 70/71 L7
Osnabrück 24/25 D3
Osorno 132 A4
Ostafrikanische Schwelle
  102 G6/7
Ostalpen 56 D-F2
Ostanatolien 70/71 M-O6
Ostaustralstrom 140/141 W8/9
Ostchinesisches Meer
  90/91 H3/4
Oste 24/25 E2
Ostende (Oostende) 62/63 I6
Osterburg 24/25 G3
Østerdal 58/59 C3
Österdalälv 58/59 C3
Osterholz-Scharmbeck 24/25 D2
Osterode 24/25 F4
Österreich 34 I4 E5, 42/43.1 F4
Österreichische Alpen 56 F2
Östersund 58/59 C3
Osterwieck 24/25 F4
Osteuropäisches Flachland
  38/39 H-J3/4
Ostfriesische Inseln 24/25 BC2
Ostfriesland 24/25 C2
Ostghats 90/91 CD4/5
Ostkap, Neuseeland 100/101 H4
Ostkarpaten 70/71 F2/G3
Östlicher Euphrat (Murat)
  70/71 NO6
Östlicher Großer Erg
  106/107 D2/3
Östlicher Indischer Rücken
  136/137 R7-9
Östlicher Taurus 70/71 L7/O6
Östliches Andenvorland
  126 E5-F6
Östliche Sierra Madre
  120/121 CD4
Ostoder 24/25 J2
Ostpatagonien 127 F8-10
Ostpazifischer Rücken
  138/139 S9-T6
Ostpreußen 54/55 I5/K4
Ostrau (Ostrava) 54/55 I7
Ostrava (Ostrau) 54/55 I7
Ostrow (Schlackenwerth); Stadt
  in der Tschech. Rep. 34/35 H2
Ostrow; Stadt in Russland
  54/55 N3
Ostsajan 86/87 JK4
Ostsee 14 EF1
Ostsibirische See 86/87 QR2
Ostsibirisches Gebirgsland
  86/87 N-P3
Osttimor 96/97 E4, 80.1 F4
Osumi-Inseln 92 C4
Osumistraße 92 C4
Otaru 92 E2
Oteren 58/59 D2
Otra 58/59 B4
Otranto 66/67 O5
Otschamtschire 70/71 N4
Otta 58/59 B3

Ottawa; Fluss 118/119 L5
Ottawa; Stadt in Kanada
  118/119 L5, 116.2 B1
Otterndorf 24/25 D2
Ottobeuren 34/35 F5
Ötztaler Alpen 56 D2
Ouaddaï 106/107 EF4
Ouagadougou 106/107 C4,
  104.3 A1
Ouaran 106/107 BC3
Ouargla 106/107 D2
Oubangui 110/111 B1
Oudalan 106/107 C4
Ouessant 62/63 E7
Ouesso 110/111 B1
Ougebirge 92 E3
Ouham 106/107 E5
Oujda 66/67 E8
Oulu 58/59 F2
Oulujoki 58/59 F3
Oulusee 58/59 F3
Ounasjoki 58/59 F2
Ounastunturi 58/59 E2
Outokumpu 58/59 F3
Ovamboland 110/111 B3
Overijssel 24/25 B3
Oviedo 66/67 C4
Owando 110/111 B2
Oxelösund 58/59 D4
Oxford 62/63 G6
Oya-Shio 140/141 VW3/4
Oyo 106/107 D5
Oyonnax 56 A2
Ozarkbergland 120/121 D3

P

Paamiut (Frederikshåb)
  118/119 O3
Paar 34/35 G4
Pachuca 120/121 D4
Padang 96/97 C4
Paderborn 24/25 D4
Padova (Padua) 56 D3
Padua (Padova) 56 D3
Paducah 120/121 E3
Paestum 66/67 M5
Pag 66/67 M3
Pagalu (Annobón) 110/111 A2
Pagan 96/97 G2
Pagnirtung 133.1 C4
Pagny 34/35 B4
Päijänne 58/59 F3
Paine 132 A5
Paita 130/131 B3
Paitoshan 92 B2
Pajala 58/59 E2
Pajer 84 E1
Pakistan 90/91 B4, 80.1 D2/3
Pakokku 90/91 E4
Pakse 96/97 C2
Palana 86/87 PQ4
Palanga 58/59 E4
Palangkaraya 96/97 D4
Palau 78/79 O9, 142/143.1 K3
Palau-Inseln 96/97 F3
Palawan 96/97 D2/3
Paldiski 58/59 E4
Palembang 96/97 C4
Palencia 66/67 C4
Palermo 66/67 L6
Pallastunturi 58/59 E2
Palma de Mallorca 66/67 G6
Palmer; Forschungsstation
  133.2 C36
Palmer; Stadt in den USA
  118/119 E3
Palmerarchipel 133.2 C36
Palmerland 133.2 BC36
Palmerston North 100/101 H5
Palmyra 70/71 M8
Palmyra-Insel 138/139 P6,
  142/143.1 A3
Palopo 96/97 E4
Palu, Stadt in Indonesien
  96/97 D4
Palu, Stadt in der Türkei 73.1 B1
Pamir 90/91 C3
Pampa 132 B3
Pamplona 66/67 E4
Pamukkale 70/71 H7
Panaji 90/91 C5

anama; Staat 120/121 EF6,
116.2 B2
anama; Stadt 120/121 F6,
116.2 B2
anamakanal 120/121 EF6
anamericana, Carretera
120/121 E3, 130/131 C4,
132 A3
anay 96/97 E2
anevėzys 58/59 E4
angnirtung 118/119 M3
anmunjom 92 B3
anshan 90/91 H2
antanal 130/131 E4
antelleria 66/67 L7
apeete 138/139 Q8
apenburg 24/25 C2
apey 58/59 C2
aphos 70/71 J8
apuagolf 96/97 G4
apua-Neuguinea 78/79 P10,
142/143.1 KL4
aradies 24/25 K3
araguay; Fluss 127 G7
araguay; Staat 132 BC2,
128.1 AB1
arakou 106/107 D5
aramaribo 130/131 E2,
128.1 B1
aramonga 130/131 C4
aramuschir 86/87 P4/5
araná; Fluss 132 C3
araná; Stadt in Argentinien
132 B3
archim 24/25 G2
ardubice 54/55 G6
arepare 96/97 D4
aringul 70/71 E3
aris 62/63 I7, 42/43.1 E4
ariser Becken 38/39 E4
arma 56 D3
arnaíba; Fluss 130/131 F3
arnaíba; Stadt in Brasilien
130/131 F3
arnass 70/71 E6
ärnu (Pernau) 58/59 E4
arry-Inseln 118/119 HI2
artenkirchen, Garmisch-
34/35 G5
artisansk 86/87 N5
asewalk 24/25 IJ2
asso Fundo 132 C2
ass von Reinosa 66/67 D4
asto 130/131 C2
asvikelv 58/59 F2
atagonien 140/141 H9/10
atagonisches Tafelland
126 EF9/10
athein 90/91 E5
atiala 90/91 C3
atkaigebirge 90/91 E4
atna 90/91 D4
atoslagune 132 CD3
atrai (Patras) 70/71 D6
atras (Patrai) 70/71 D6
attani 96/97 D2
attaya 96/97 C2
au 62/63 G10
aulistana 130/131 F3
aulo-Afonso-Fälle 130/131 FG3
avia 56 C3
awlodar 86/87 H4
awlohrad 54/55 Q7
awlowkaer Stausee 84 D2
awlowo 84 C2
aysandú 132 C3
az de Río 130/131 C2
azifisch-Antarktisches Becken
138/139 P-S11
azifischer Ozean
138/139 M5-R9
eace River; Fluss 118/119 H4
eace River; Stadt in Kanada
118/119 H4
earyland 115 R-T1
ečky 34/35 K2
ecos 120/121 C3
edrodworez 54/55 NO2
eene 24/25 I2
eenemünde 24/25 I1
egnitz; Fluss 34/35 G3

Pegnitz; Stadt in Bayern
34/35 G3
Peine 24/25 F3
Peipussee 58/59 F4
Peitz 24/25 J4
Pekanbaru 96/97 C3
Peking (Beijing) 90/91 G3
Pelagische Inseln 66/67 L8
Peleng 96/97 E4
Pelhřimov 34/35 K3
Pelješac 66/67 N4
Pellworm 24/25 D1
Peloponnes 70/71 DE7
Pelotas 132 C3
Pelvouxgruppe 56 B3
Pematangsiantar 96/97 B3
Pemba; Insel 110/111 DE2
Pemba; Stadt in Mosambik
110/111 E3
Peñalara 66/67 CD5
Peñarroya 66/67 E5
Penner 90/91 C5
Pennines 62/63 F4-G5
Pensa 84 C2
Pensacola 120/121 E3
Pentland Firth 62/63 F2
Penzance 62/63 E6
Peoria 120/121 E2
Pereira 130/131 C2
Pereslawl Salesski 54/55 S3
Perg 34/35 J4
Pergamon 70/71 G6
Peribonca 118/119 L5
Perleberg 24/25 G2
Perm 84 D2
Pernau (Pärnu) 58/59 E4
Perpignan 62/63 I10
Persante 24/25 K1
Persepolis 89.1 D2
Persischer Golf (Arabischer Golf)
89.1 CD2
Perth; Stadt in Großbritannien
62/63 F3
Perth; Stadt in Australien
100/101 B4
Peru 130/131 BC3/4, 128.1 A1
Perubecken 138/139 TU8
Perugia 66/67 L4
Perugraben 138/139 U7
Perwomaisk 54/55 O7
Perwouralsk 84 DE2
Pescara 66/67 M4
Peshawar 78/79 I6
Peter-I.-Insel 133.2 C33
Petersberg 24/25 GH4
Petra 89.1 B1
Petrodworez 58/59 F4
Petrokrepost 58/59 G4
Petropawlowsk; Stadt in
Kasachstan 40/41 K3
Petropawlowsk; Stadt in
Russland 86/87 G4
Petropawlowsk-Kamtschatski
86/87 P4
Petrópolis 130/131 F5
Petroşani 70/71 E3
Petrosawodsk 84 B1
Petrowsk-Sabaikalski 90/91 F1
Petsamo (Petschenga) 58/59 G2
Petschenga (Petsamo) 58/59 G2
Petschora; Fluss 84 D1
Petschora; Stadt in Russland
84 D1
Petschorabucht 84 D1
Pewek 86/87 R3
Pfaffenhofen 34/35 G4
Pfahl 34/35 H3
Pfalz 34/35 C2
Pfälzerwald 34/35 CD3
Pfänder 13 C5
Pfarrkirchen 34/35 H4
Pforzheim 34/35 D4
Pfraumberg 34/35 H3
Pfronten 34/35 F5
Pfullendorf 34/35 E5
Phaistos 70/71 F8
Phan Rang 96/97 C2
Philadelphia 120/121 F2/3
Philippinen; Inseln 140/141 U5/6
Philippinen; Staat 96/97 E2/3,
80.1 F3
Philippinenbecken 138/139 K5/6
Philippinengraben 76/77 N8/9

Philippsburg 34/35 D3
Phitsanulok 90/91 F5
Phnom Penh 96/97 C2, 80.1 E3
Phoenix 120/121 B3
Phönixinseln 138/139 O7
Phuket 96/97 B3
Piacenza 56 C3
Piatra Neamţ 70/71 G2
Pica 132 B2
Pic du Midi d'Ossau 66/67 EF4
Pico 106/107 A2
Pico Bolívar 130/131 C2
Pico da Bandeira 130/131 F5
Pico de Aneto 66/67 F4
Pico de Itambé 130/131 F4
Pico de Orizaba 115 M7/8
Pico de Teide 106/107 B3
Picton 100/101 H5
Piedras Negras 120/121 C4
Piekberg 12 E1
Pieksämäki 58/59 F3
Pielinen 58/59 F3
Piemont 56 BC3
Pierre 120/121 C2
Pietarsaari (Jakobstad) 58/59 E3
Pietermaritzburg 110/111 D4
Pietersburg 110/111 C4
Pietrosul 70/71 F2
Pihtipudas 58/59 F3
Pik Pobeda 90/91 D2
Pilbara 100/101 B3
Pilcomayo 132 B2
Pilica 54/55 J6
Pilsen (Plzeň) 34/35 I3
Pilsting 34/35 H4
Pina 54/55 L5
Pinang 78/79 KL9
Pinar del Río 120/121 E4
Pinatubo 96/97 DE2
Pindos 70/71 D5/6
Pinega 84 C1
Pine Point 118/119 H3
Ping 96/97 BC2
Pingxian 90/91 F4
Pingxiang 90/91 G4
Pinneberg 24/25 F2
Pinsk 54/55 M5
Piracicaba 130/131 F5
Pirapora 130/131 F4
Pirmasens 34/35 C3
Pirna 34/35 I2
Pisa; Berg 58/59 F3
Pisa; Stadt in Italien 66/67 K4
Pisco 130/131 C4
Písek 34/35 J3
Pitcairn 142/143.1 B4
Pitcairninsel 138/139 R8
Piteå 58/59 E2
Piteälv 58/59 E2
Piteşti 70/71 F3
Pitsanulok 96/97 C2
Pittsburgh 120/121 EF2
Pityusen 66/67 FG6
Piura 130/131 B3
Piz Bernina 56 C2
Pjasee 58/59 G2
Pjasina 86/87 IJ2
Pjatigorsk 70/71 O3
Pjöngjang 92 B3, 80.1 F2
Plane 24/25 H3
Plateau de Langres 56 A2
Plateau von Djado 106/107 E3
Plateau von Erdi 106/107 F4
Plateau von Tademaït
106/107 D3
Platte 120/121 D2
Platte, North 120/121 C2
Plattensee (Balaton) 70/71 BC2
Platte, South 120/121 C2
Plattling 34/35 H4
Plau 24/25 H2
Plauen 34/35 H2
Plauer See 24/25 H2
Pleskau (Pskow) 40/41 G3
Pleskauer See 58/59 F4
Plettenberg 24/25 C4
Pleven 70/71 F4
Płock 54/55 I5
Plöckenpass 54/55 F8
Plöckenstein 34/35 I4
Plojeşti 70/71 FG3
Plön 24/25 F1

Plöne 24/25 J2
Plönesee 24/25 JK2
Plovdiv 70/71 F4
Plymouth 62/63 E6
Plzeň (Pilsen) 34/35 I3
Po 56 D3
Pobeda 86/87 O3
Pobeda-Insel 133.2 C16
Poděbrady 34/35 K2
Podgorica 70/71 C4
Podolien 54/55 MN7
Podolsk 54/55 R4
Podoroschje 84 B1
Poebene 38/39 EF4
Poel 24/25 G1
Pohang 92 B3
Pohjanmaa 58/59 E3-F2
Point Barrow 133.1 B13/C14
Pointe du Raz 62/63 E7
Pointe-Noire 110/111 B2
Poitiers 62/63 H8
Polarural 84 E1
Polatli 70/71 J6
Polen 14 F2, 42/43.1 FG3
Polozk 54/55 N4
Poltawa 54/55 Q7
Polynesien 138/139 O5-P8
Pommern 54/55 F5/H4,
24/25 I-K2
Pommersche Bucht 24/25 J1
Pommersfelden 34/35 F3
Pompeji 66/67 M5
Pompey 34/35 B4
Poñalara 62/63 EF11
Ponape 140/141 W6
Ponca City 120/121 D3
Ponce 120/121 G5
Pondicherry 90/91 C5
Pond Inlet 118/119 L2
Ponoj 58/59 H2
Ponta Delgada 106/107 A2
Ponta Grossa 130/131 E5
Pont-à-Mousson 34/35 B4
Ponta Porã 130/131 E5
Pontevedra 66/67 A4
Pontianak 96/97 C3/4
Pontinische Inseln 66/67 L5
Pontisches Gebirge 70/71 J-N5
Poopósee 130/131 D4
Popayán 130/131 C2
Popocatépetl 120/121 D5
Popondetta 96/97 G4
Poppberg 34/35 G3
Porbandar 90/91 B4
Porcupine 118/119 E3
Pori 58/59 E3
Porrentruy 34/35 C5
Porsangerfjord 58/59 F1
Porsuk 70/71 I6
Port Alberni 118/119 G5
Port Augusta 100/101 D4
Port-au-Prince 120/121 F5,
116.2 B2
Port Blair 90/91 E5
Port Cartier 118/119 M4
Port Elizabeth 110/111 C5
Port-Gentil 110/111 A2
Port Harcourt 106/107 D5
Port Hedland 100/101 B3
Port Kembla 100/101 F4
Portland; Stadt in Maine, USA
120/121 F2
Portland; Stadt in Oregon, USA
120/121 A2
Port Lincoln 100/101 D4
Port Louis 110/111 F3/4,
142/143.1 H4
Port Nolloth 110/111 B4
Porto 66/67 A5
Porto Alegre 132 C3
Port-of-Spain 120/121 G5,
116.2 B2
Porto Novo 106/107 D5,
104.3 A1
Porto-Primavera-Stausee
130/131 E5
Pôrto Santana 130/131 E3

Pôrto Velho 130/131 D3
Portovesme 66/67 I6
Portoviejo 130/131 B3
Port Pirie 100/101 D4
Port Said 106/107 G2
Portsmouth 62/63 G6
Port Sudan 106/107 G4
Porttipahtastausee 58/59 F2
Portugal 66/67 A7/B5,
42/43.1 D4.5
Port Vila 100/101 G2,
142/143.1 L4
Port Wladimir 58/59 G2
Porvoo (Borgå) 58/59 F3
Posadas 132 C2
Posen (Poznań) 54/55 H5
Pößneck 34/35 G2
Postawy 54/55 M4
Potenza 66/67 M5
Poti 70/71 N4
Potosí 130/131 D4
Potrerillos 132 B2
Potsdam 24/25 I3
Powell River 118/119 G5
Powell-Stausee 120/121 BC3
Poyang Hu 90/91 G4
Poza Rica de Hidalgo 120/121 D4
Poznań (Posen) 54/55 H5
Prachatitz 34/35 IJ3
Prag (Praha) 34/35 J2,
42/43.1 F3
Praha; Berg 34/35 I3
Praha (Prag) Stadt in der
Tschech. Rep. 34/35 J2,
42/43.1 F3
Praia 104.3 A1
Prärien 115 K4-L6
Prato 66/67 K4
Predeal 70/71 F3
Preetz 24/25 F1
Pregel 54/55 JK4
Premnitz 24/25 H3
Prenzlau 24/25 I2
Prerow 24/25 H1
Prespasee 70/71 D5
Preßburg (Bratislava) 54/55 H7,
42/43.1 F4
Přeštice 34/35 I3
Pretoria 110/111 C4, 104.3 B2
Prewesa 70/71 D6
Pribilofinseln 118/119 BC4
Příbram 34/35 IJ3
Prignitz 24/25 GH2
Prikumsk 70/71 P3
Prince-Albert, Halbinsel
118/119 H2
Prince Albert; Stadt in Kanada
118/119 I4
Prince-Charles-Insel 118/119 L3
Prince George 118/119 G4
Prince-of-Wales-Insel
118/119 I.2
Prince-Patrick-Insel
118/119 GH2
Prince Rupert 118/119 F4
Prince-William-Sund
118/119 E3/4
Príncipe 110/111 A1
Príncipe da Beira 130/131 D4
Prinz-Eduard-Insel; Kanada
120/121 G2, 118/119 M5
Prinz-Eduard-Inseln; Indischer
Ozean 140/141 O10,
142/143.1 H5
Prinzessin-Astrid-Küste
133.2 B7/3
Prinzessin-Martha-Küste
133.2 B5-7
Prinzessin-Ragnhild-Küste
133.2 B9/10
Priobje 86/67 G3
Priosersk 58/59 G3
Pripjet 54/55 MN5
Pripjetniederung 54/55 L-N5
Priština 70/71 D4
Pritzwalk 24/25 H2
Privas 56 A3
Probstzella 34/35 G2
Prokopjewsk 86/87 I4
Prome 90/91 E5
Provençalische Alpen 56 B3/4
Provence 56 AB4
Providence; Insel 110/111 F2

Providence; Stadt in den USA
120/121 F2
Providencia 120/121 EF5
Prowidenija 86/87 S3
Prüm 34/35 B2
Prunn 34/35 G4
Pruth 70/71 H2
Pskow (Pleskau) 54/55 N3
Psol 54/55 Q6
Ptitsch 54/55 N5
Ptuj 56 F2
Pucallpa 130/131 C3
Pudasjärvi 58/59 F2
Puebla 120/121 D5
Pueblo 120/121 C3
Puerto Aisén 132 A4
Puerto Armuelles 130/131 B2
Puerto Baquerizo 130/131 B3
Puerto Barrios 120/121 E5
Puerto Cabello 130/131 D1
Puerto Cabezas 120/121 E5
Puerto Cortés 120/121 E5
Puerto Deseado 132 B4
Puertollano 66/67 C6
Puerto Madryn 132 B4
Puerto Maldonado 130/131 D4
Puerto Montt 132 A4
Puerto Natales 132 A5
Puerto Princesa 96/97 D3
Puerto Rico 120/121 G5,
116.2 B2
Puerto-Rico-Graben
136/137 H5
Puksubaek 92 B2
Pula 56 E3
Pulapatoll 76/77 P9
Puncak Jaya 96/97 F4
Pune 90/91 C5
Punjab 90/91 C3
Puno 130/131 C4
Punta Alta 132 B3
Punta Arenas 132 A5
Puntarenas 120/121 E5
Punto Fijo 130/131 C1
Pur 86/87 H3
Pürglitz 34/35 I2
Purus 130/131 D3
Pusan 92 B3
Puschkin 58/59 G4
Puszta 70/71 D2
Putbus 24/25 I1
Putoranagebirge 86/87 J3
Puttgarden 24/25 G1
Putumayo 130/131 C3
Puulasee 58/59 F3
Pyhasee 58/59 F3
Pyhätunturi 58/59 F2
Pyrenäen 66/67 E-G4
Pyritz 24/25 J2
Pyrmont, Bad 24/25 E4
Pyschma 84 E2

Q

Qaanaaq (Thule) 118/119 M2
Qaidambecken 90/91 E3
Qaqortoq (Julianehåb)
118/119 O3
Qardho 106/107 H5
Qasigiánguit (Christianshåb)
118/119 N3
Qazwin 40/41 IJ5
Qena 106/107 G3
Qeqertarsuaq (Godhavn)
118/119 N3
Qingdao (Tsingtau) 90/91 H3
Qinghai Hu 90/91 E3
Qinhuangdao 90/91 G2/3
Qin Ling 90/91 FG3
Qiqihar (Tsitsihar) 90/91 H2
Qom 40/41 J5
Quakenbrück 24/25 C3
Quanzhou 90/91 G4
Quebec; Provinz 118/119 LM4
Quebec; Stadt in Kanada
118/119 L5
Quedlinburg 24/25 G4
Queensland 100/101 DE3
Queenstown; Stadt in Australien
100/101 E5
Queenstown; Stadt in
Neuseeland 100/101 G5

Queenstown; Stadt in Südafrika 110/111 C5
Queis 24/25 K4
Quelimane 110/111 D3
Quemoy 90/91 G4
Queque 110/111 C3
Querétaro 120/121 C4
Querfurt 24/25 G4
Quetta 90/91 B3
Quezaltenango 120/121 D5
Quezon City 96/97 E2
Quilpie 100/101 E3
Quimper 62/63 E8
Qui Nhon 96/97 C2
Quito 130/131 C3, 128.1 A2

R

Raahe 58/59 E3
Raalte 24/25 B3
Raba 96/97 D4
Rabat 38/39 D5, 42/43.1 D5
Rabaul 78/79 Q10
Rabenstein 24/25 H3
Raby 34/35 I3
Racine 120/121 E2
Radbusa 34/35 H3
Radeberg 34/35 I1
Radebeul 34/35 I1
Radium Hill 100/101 E4
Radolfzell 34/35 D5
Radom 54/55 J6
Radstadt 34/35 I5
Rafaela 132 B3
Ragusa 66/67 M7
Rain 34/35 F4
Raipur 90/91 D4
Rajahmundry 90/91 D5
Rajkot 90/91 C4
Rajshahi 90/91 D4
Rakovník 34/35 I2
Raleigh 120/121 F3
Rambervillers 34/35 B4
Ramsgate 62/63 H6
Ramu 96/97 G4
Rana 58/59 C2
Rancagua 132 A3
Ranchi 90/91 D4
Randers 58/59 C4
Randow 24/25 J2
Randsfjord 58/59 C3
Rangiora 138/139 PQ7/8
Rangpur 90/91 D4
Rangun (Yangon) 96/97 B2, 80.1 E3
Rapa-Insel 138/139 Q8
Rapallo 56 C3
Rapid City 120/121 C2
Rappbode-Talsperre 24/25 F4
Ras al Hadd 89.1 E1
Ras Dashan 106/107 G4
Ras Fartak 89.1 D3
Rashid 89.1 B1
Rasht 89.1 C1
Ras Madraka 89.1 D3
Ras Mohammed 106/107 G3
Rastatt 34/35 D4
Ras Xaafuun 106/107 I4
Rathenow 24/25 H3
Rätische Alpen 56 CD2
Ratzeburg 24/25 F2
Ratzeburger See 24/25 FG2
Raudnitz 34/35 J2
Rauher Kulm 34/35 G3
Rauma 58/59 E3
Ravenna 56 E3
Ravensburg 34/35 E5
Ravi 90/91 C3
Rawalpindi 90/91 C3
Rawson 132 B4
Ré 62/63 G8
Rebiana, Erg 106/107 F3
Rebun 92 E1
Recherche-Archipel 100/101 C4
Recife 130/131 G3
Recklinghausen 24/25 C4
Recknitz 24/25 H1
Red Deer 118/119 H4
Red Lake 118/119 J4
Rednitz 34/35 G3
Red River 120/121 D3

Rega 24/25 K2
Regen; Fluss 34/35 H3
Regen; Stadt in Bayern 34/35 I4
Regensburg 34/35 H3/4
Reggane 106/107 C3
Reggio di Calabria 66/67 M6
Reggio nell'Emilia 56 D3
Regina 118/119 I4
Registan 89.1 E1
Regnitz 34/35 F3
Rehau 34/35 H2
Rehobot 110/111 B4
Reichenau; Insel 34/35 DE5
Reichenau; Stadt in Polen 24/25 J5
Reichenau; Stadt in Sachsen 34/35 J2
Reichenbach 34/35 H2
Reichenberg (Liberec) 34/35 K2
Reichenhall, Bad 34/35 H5
Reichenstein 34/35 I3
Reichenweier 34/35 C4
Reichstett 34/35 C4
Reims 62/63 J7
Reinosa, Pass von 66/67 D4
Reit im Winkl 34/35 H5
Remagen 34/35 C2
Remiremont 34/35 B4
Rems 34/35 E4
Remscheid 24/25 C4
Rendsburg 24/25 E1
Rennel 100/101 G2
Rennes 62/63 G7
Reno 120/121 B3
Rentiersee 118/119 I4
Reppen 24/25 J3
Republik China (Taiwan) 90/91 H4, 80.1 F3
Republik Kongo 110/111 B1/2
Repulse Bay 118/119 K3
Rerik 24/25 G1
Resistencia 132 C2
Reșița 70/71 D3
Resolute; Stadt in Kanada 118/119 J2
Resolute; Forschungsstation 133.1 B6/7
Resolutioninsel 118/119 M3
Retschiza 54/55 O5
Retz 56 F1
Reutlingen 34/35 E4
Réunion 110/111 F4, 104.3 B2
Reuss 34/35 D5
Revilla-Gigedo-Inseln 120/121 BC5, 116.2 A2
Rewda 84 D2
Reykjanes 58/59 A2
Reykjavík 58/59 A2, 42/43.1 B2
Reynosa 120/121 D4
Rezayeh (Urumieh) 89.1 C1
Rezayehsee (Urumiehsee) 89.1 C1
Rēzekne 54/55 M3
Rheda-Wiedenbrück 24/25 D4
Rheden 24/25 B3
Rhein 14 B3
Rheinbach 34/35 B2
Rheine 24/25 C3
Rheinfall 34/35 D5
Rheinhessen 13 C4
Rheinhessen-Pfalz, Regierungs-bezirk 14 BC4
Rheinland-Pfalz 34/35 B2/C3, 14 B3/4
Rhein-Marne-Kanal 34/35 B4
Rhein-Rhône-Kanal 34/35 BC5
Rheinsberg 24/25 H2
Rhein-Seitenkanal 34/35 C5
Rheinstein 34/35 C3
Rhin 24/25 H2
Rhin-Kanal 24/25 H3
Rhinluch 24/25 H3
Rhodopen 70/71 EF5
Rhodos; Insel 70/71 H7
Rhodos; Stadt in Griechenland 70/71 H7
Rhön 34/35 EF2
Rhondda 62/63 F6
Rhône 56 A3
Rhum 62/63 D3
Rhume 24/25 F4
Riad (Ar Riyad) 89.1 C2, 80.1 C3
Rías Altas 66/67 A4

Rías Bajas 66/67 A4
Riau-Inseln 96/97 C3
Ribeirão Prêto 130/131 F5
Riberalta 130/131 D4
Rîbnița 70/71 H2
Ribnitz-Damgarten 24/25 H1
Richards Bay 110/111 D4
Richmond 120/121 F3
Ried 34/35 I4
Riedlingen 34/35 E4
Ries 34/35 F4
Riesa 34/35 I1
Rifstangi 58/59 B1
Riga 58/59 E4, 42/43.1 G3
Rigaischer Meerbusen 58/59 E4
Riiser-Larsen, Halbinsel 133.2 C10
Rijeka 66/67 M3
Rila 70/71 E4/5
Rilakloster 70/71 E4
Rimini 66/67 L3
Ringvassøy 58/59 D2
Rinteln 24/25 E3
Riobamba 130/131 C3
Rio Branco; Fluss 130/131 D2
Rio Branco; Stadt in Brasilien 130/131 D3
Rio-Branco-Senke 126 F5-G4
Rio Bravo del Norte 120/121 C4
Río Cuarto 132 B3
Rio de Janeiro 130/131 F5
Río de la Plata 132 C3
Río Gallegos 132 B5
Rio Grande; Fluss zum Amazonas 130/131 D4
Rio Grande; Fluss zum Golf von Mexiko 120/121 D4
Rio Grande; Fluss zum Paraná; Fluss 132 CD2
Rio Grande; Stadt in Brasilien 127 G8
Rio Grande; Stadt in Argentinien 132 B5
Rio-Grande-Schwelle 136/137 JK8/9
Rio Negro; Fluss zum Amazonas 130/131 D3
Río Negro; Fluss zum San-Matías-Golf 132 B3/4
Río Negro-Stausee 132 C3
Rioni 70/71 O4
Río Turbio 132 A5
Rishiri 92 E1
Risør 58/59 B4
Riß 34/35 E4
Riva del Garda 56 D3
Riverina 100/101 E4
Riviera di Ponente 56 C3/4
Riwne 54/55 M6
Rize 70/71 N5
Rjasan 84 B2
Rjukan 58/59 B4
Roanne 62/63 J8
Roanoke; Fluss 120/121 F3
Roanoke; Stadt in den USA 120/121 F3
Röbel 24/25 H2
Rocas 130/131 G3, 128.1 B2
Rochester 120/121 F2
Rochlitz 34/35 H1
Rockall 62/63 A3
Rockhampton 100/101 F3
Rock of Cashel 62/63 D5
Rock Springs 120/121 C2
Rocky Mountains 115 J3-L6, 118/119 G4/I5, 120/121 B2/C3
Rødby Havn 24/25 G1
Rodolfo Marsh 133.2 C1
Rodrigues 110/111 G3
Roer 34/35 AB1
Roermond 24/25 AB4
Rohr 34/35 G4
Rohrbach 34/35 I4
Rokycany 34/35 I3
Rom (Roma) 66/67 L5, 42/43.1 F4
Roma; Insel 96/97 E4
Roma (Rom); Stadt in Italien 66/67 L5, 42/43.1 F4
Roma; Stadt in Australien 100/101 E3
Romanshorn 34/35 E5

Rona 62/63 E2
Ronas Hill 62/63 G1
Ronchamp 34/35 B5
Rondane 58/59 BC3
Rondeslottet 58/59 BC3
Rønne 58/59 C4
Rönnskär 58/59 E3
Rooseveltinsel 133.2 B26/25
Roper 100/101 D2
Roraima 130/131 D2
Rosario; Stadt in Argentinien 132 B3
Rosário; Stadt in Brasilien 130/131 F3
Roseau 120/121 G5
Rosenberg 34/35 G2
Rosenberger Teich 34/35 JK3
Rosenberg, Sulzbach- 34/35 G3
Rosenburg 56 F1
Rosenheim 34/35 H5
Roslawl 54/55 P5
Rosslare 62/63 D5
Roßlau 24/25 H4
Rossmeer 133.2 B26-24
Rosso 106/107 B4
Ross-Schelfeis 133.2 A
Røssvatn 58/59 C2
Røst 58/59 C2
Rostock 24/25 H1
Rostock-Warnemünde 24/25 H1
Rostow 70/71 M2
Roswell 120/121 C3
Rota 96/97 G2
Rotenburg; Stadt in Niedersachsen 24/25 E2
Rotenburg; Stadt in Hessen 34/35 E1/2
Roter Main 34/35 G2/3
Rotes Becken 90/91 F3/4
Rotes Kliff 24/25 D1
Rotes Meer 89.1 B2-C3
Rothaargebirge 13 C3
Rothenburg ob der Tauber 34/35 F3
Rothera 133.2 C35
Roti 96/97 E5
Rott 34/35 H5
Rottenburg; Stadt in Baden-Württemberg 34/35 D4
Rottenburg; Stadt in Bayern 34/35 H4
Rotterdam 62/63 J6
Rottweil 34/35 D4
Roubaix 62/63 I6
Rouen 62/63 H7
Rourkela 90/91 D4
Rouyn-Noranda 118/119 L5
Rovaniemi 58/59 F2
Rovereto 56 D3
Rovigo 56 D3
Rovinj 56 E3
Rovuma 110/111 D3
Rschew 54/55 Q3
Ruaha-Nationalpark 110/111 D2
Ruancanafälle 110/111 B3
Ruanda 110/111 CD2, 104.3 B2
Rubzowsk 86/87 I4
Rudelsburg 34/35 G1
Ruden 24/25 I1
Rüdersdorf 24/25 I3
Rüdesheim 34/35 C3
Rudkøbing 24/25 F1
Rudnaja-Pristan 92 D2
Rudny 84 E2
Rudolfsee (Turkanasee) 110/111 D1
Rudolstadt 34/35 G2
Rufiji 110/111 D2
Rügen 24/25 I1
Ruhla 34/35 F2
Ruhner Berge 24/25 G2
Ruhr 24/25 C4
Ruki 110/111 B2
Rukwasee 110/111 D2
Rumänien 70/71 E3-G2, 42/43.1 G4
Rum Jungle 100/101 D2
Rumoi 92 E2
Rungwe 110/111 D2
Ruppiner Kanal 24/25 HI3
Rur 34/35 B2
Ruse 70/71 F/G4

Rüsselsheim 34/35 D3
Russland 54/55 O-R3, 80.1 C2-E1
Rustawi 70/71 P5
Ruwenzori 110/111 CD1
Rybinsk 54/55 S2
Rybinsker Stausee 84 B2, 54/55 RS2
Ryukyugraben 136/137 U5
Ryukyu-Inseln 90/91 H4, 80.1 F3
Rzeszów 54/55 J6

S

Saalach 34/35 H5
Saalburg 34/35 D2
Saale 13 D3
Saalfeld 34/35 G2
Saalfelden 34/35 H5
Saar 34/35 B3
Saarbrücken 34/35 BC3
Saarburg 34/35 B3
Saaremaa (Ösel) 58/59 E4
Saargemünd (Sarreguemines) 34/35 C3
Saar-Kohlen-Kanal 34/35 BC4
Saarland 34/35 BC3, 14 B4
Saarlouis 34/35 B3
Saar-Nahe-Bergland 12 B4
Saas Fee 56 B2
Saaz 34/35 I2
Saba 106/107 H4
Sabadell 66/67 G5
Sabha 106/107 E3
Sabinaküste 133.2 C18/19
Sacha (Jakutien) 81.2
Sachalin 86/87 O5
Sachsen 34/35 HI2, 14 E3
Sachsen-Anhalt 24/25 G3, 14 DE2/3
Sächsische Schweiz 13 EF3
Säckingen, Bad 34/35 C5
Sacramento; Fluss 120/121 A2/3
Sacramento; Stadt in den USA 120/121 A3
Sadah 89.1 C3
Sado 92 D3
Safi 40/41 D5
Safonowo 54/55 P4
Sagan (Żagań) 24/25 K4
Sagar 90/91 C4
Sahara; Wüste 106/107 B-F3
Sahara; Staat 106/107 B3, 104.3 A1
Sahara-Atlas 102 CD3
Saharanpur 90/91 C3/4
Sahel 66/67 K8
Saïda 66/67 F8
Saidpur 90/91 D4
Saigon (Ho Chi Minh) 96/97 C2
Saikan-Tunnel 92 DE2
Saiki 92 C4
Saimaakanal 58/59 F3
Saimaasee 58/59 F3
Sain Lucia 127 FG3
Sain-Martin 116.2 B2
Saint-Avold 34/35 B3
Saint-Brieuc 62/63 F7
Saint David's Head 62/63 E6
Saint Denis 110/111 F4
Saint-Dié 34/35 B4
Saint-Eliasberge 118/119 EF3
Saint-Étienne 62/63 J9
Saint George's 120/121 G5
Saint Hélier 62/63 F7
Saint-Hippolyte 34/35 B5
Saint-Jean-de-Maurienne 56 B3
Saint John 118/119 M5
Saint John's; Stadt in Kanada 118/119 N5
Saint John's; Stadt in Antigua u. Barbuda 120/121 G5
Saint Joseph 120/121 D3
Saint Kilda 62/63 C3
Saint Kitts und Nevis 127 F3, 116.2 B2
Saint-Louis; Stadt im Senegal 106/107 B4

Saint Louis; Stadt in den USA 120/121 D3
Saint Lucia 120/121 GH5, 116.2 B2
Saint-Martin 120/121 G5
Saint-Michel 34/35 C4
Saint-Nazaire 62/63 F8
Saint-Paul; Insel 140/141 QR9, 142/143.1 I5
Saint Paul; Stadt in den USA 120/121 D2
Saint Petersburg 120/121 E4
Saint Pierre; Insel in den Seschellen 110/111 EF2
Saint-Pierre; Insel vor Neufundland 118/119 N5
Saint Pierre und Miquelon 116.2 B1
Saint-Quentin 62/63 I7
Saint Tropez 56 B4
Saint Vincent und die Grenadine 120/121 GH5, 116.2 B2
Saipan 96/97 G2
Saissansee 86/87 I5
Sajama 130/131 D4
Sajan; Gebirge 78/79 K4
Sajan; Fluss 76/77 KL3
Sakai 92 D4
Sakakaweastausee 120/121 C2
Sakamensk 86/87 K4
Sakarya 70/71 I5
Sakata 92 D3
Sakhalin 86/87 O5
Sakinthos 70/71 D7
Sakishima-Inseln 90/91 H4
Sala 58/59 D4
Salado 132 B2
Salalah 89.1 D3
Salamanca; Stadt in Spanien 66/67 C5
Salamanca; Stadt in Mexiko 120/121 C4
Salangen 58/59 D2
Salar de Atacama 132 B2
Salar de Uyuni 132 B2
Salawat 84 D2
Sala y Gómez 140/141 F8, 142/143.1 C4
Sala-y-Gómez-Rücken 138/139 T8
Saldanha 110/111 B5
Salechard 84 E1
Salem; Stadt in Indien 90/91 C5
Salem; Stadt in den USA 120/121 A2
Salerno 66/67 M5
Salihli 70/71 H6
Salina Cruz 120/121 D5
Salinas Grandes 132 B2/3
Salla 58/59 F2
Salluit 118/119 L3
Salmi 58/59 G3
Salmünster, Bad Soden- 34/35 E2
Salomonen 100/101 FG1, 142/143.1 L4
Salomoninseln 100/101 FG1/2
Salomonsee 96/97 G4
Saloniki 70/71 E5
Salpausselkä 58/59 F3
Salsk 70/71 N2
Salta; Landschaft 58/59 CD2
Salta; Stadt in Argentinien 132 B2
Saltfjord 58/59 C2
Saltillo 120/121 C4
Salt Lake City 120/121 B2
Salto 132 C3
Saltonsee 120/121 B3
Saluën (Nu Jiang) 90/91 E4/5
Salum 106/107 F2
Salvador 130/131 G4
Salza 34/35 J5
Salzach 13 E4/5
Salzburg; Stadt in Österreich 34/35 I5
Salzburg; Bundesland 34/35 HI5
Salzburger Alpen 34/35 HI5
Salzdetfurth, Bad 24/25 F3
Salzgitter 24/25 F3
Salzkammergut 34/35 I5
Salzschlirf, Bad 34/35 E2
Salzuflen, Bad 24/25 D3
Salzungen, Bad 34/35 F2

alzwedel 24/25 G3
amar 96/97 E2
amara 84 D2
amaraer Stausee 84 C2
amarai 96/97 H5
amarinda 96/97 D4
amarkand 78/79 H6
amarra 70/71 O8
ambesi 110/111 D3
ambia 110/111 CD3, 104.3 B2
amchok 92 B3
amoa 142/143.1 M4
amoa-Inseln 138/139 O7
amos 70/71 G7
amothraki 70/71 FG5
amsø 58/59 C4
amsun 70/71 L5
an; Fluss 54/55 K6
an; Stadt in Mali 106/107 C4
anaa 89.1 C3
anae 133.2 C6
anaga 106/107 E5
an Ambrosio 127 E7
an Andrés 120/121 E5
an Angelo 120/121 C3
an Antonio; Stadt in den USA
  120/121 D4
an Antonio; Stadt in Argentinien
  132 A3
an Antonio Oeste 132 B4
an Bernardino 120/121 B3
an Carlos 96/97 E2
an Carlos de Bariloche 132 A4
an Cristobal; Insel in den
  Salomonen 100/101 G2
an Cristóbal; Insel im Galápa-
  gos-Archipel 130/131 B3
an Cristóbal; Stadt in Venezuela
  130/131 C2
andakan 96/97 D3
anday 62/63 FG2
ande 24/25 CD2
an Diego 120/121 B3
andnes 58/59 B4
andnessjøen 58/59 C2
andviken 58/59 D3
an Felipe 120/121 B3
an Félix 140/141 G8, 128.1 A2
an Fernando 96/97 E2
an Fernando de Apure
  130/131 D2
an Francisco 120/121 A3
anga 110/111 B1
angar 86/87 M3
angerhausen 24/25 G4
angihe-Inseln 96/97 E3
angli 90/91 C5
an Ignacio 130/131 E4
an Jorge 106/107 A2
an-Jorge-Golf 132 B4
an José; Stadt in Guatemala
  120/121 D5
an José; Stadt in den USA
  120/121 A3
an José; Stadt in Costa Rica
  120/121 E5/6, 116.2 B2
an Juan; Stadt in Puerto Rico
  120/121 G5
an Juan; Fluss 120/121 C3
an Juan; Stadt in Argentinien
  132 B3
an Juan; Stadt in den USA
  116.2 B2
ankt Blasien 34/35 D5
ankt Christopher und Nevis
  120/121 G5
ankt Florian 34/35 J4
ankt Gallen 34/35 E5
ankt Georgs-Arm (Donau)
  70/71 H3
ankt-Georgs-Kanal
  62/63 D6-E5
ankt Goar 34/35 C2
ankt Gotthard 66/67 J2
ankt Helena; Insel 140/141 L8
ankt Helena; Verwaltungseinheit 103 C8, 104.3 A2
ankt Ingbert 34/35 C3
ankt Joachimsthal 34/35 H2
ankt Johann 34/35 I5
ankt-Lorenz-Golf 118/119 M5
ankt-Lorenz-Insel 118/119 B3,
  142/143.1 M1

Sankt-Lorenz-Strom 118/119 M5
Sankt-Matthäus-Insel
  118/119 B3
Sankt Moritz 56 C21
Sankt-Peter-Ording 24/25 D1
Sankt Petersburg 58/59 G4
Sankt Pölten 56 F1
Sankt Veit 56 F2
Sankt Vith 34/35 B2
Sankt Wendel 34/35 C3
Sankuru 110/111 C2
San Lorenzo; Stadt in Ecuador
  130/131 C2
San Lorenzo; Stadt in Argentinien
  132 B3
San Luis 132 B3
San Luis Potosí 120/121 C4
San Marino 66/67 L4,
  42/43.1 F4
San Martín 133.2 C36
San-Matías-Golf 132 B4
Sanmenxiastausee 90/91 G3
San Miguel 106/107 A2
San Nicolás; Stadt in Peru
  130/131 C4
San Nicolás; Stadt in Argentinien
  132 B3
San Pedro Sula 120/121 E5
San Pietro 66/67 IJ6
San Rafael 132 B3
San Remo 56 B4
San Salvador; Insel 120/121 F4
San Salvador; Stadt in El Salva-
  dor 120/121 E5, 116.2 B2
Sansanding 106/107 C4
San Sebastián 66/67 E4
Sansibar 110/111 D2
Sanssouci 24/25 HI3
Santa Ana 120/121 E5
Santa Barbara 120/121 B3
Santa Clara 120/121 F4
Santa Cruz; Insel 130/131 AB3
Santa Cruz; Stadt in Spanien
  106/107 B3
Santa Cruz; Stadt in Bolivien
  130/131 D4
Santa Cruz; Stadt in Argentinien
  132 B4
Santa-Cruz-Inseln 100/101 G2
Santa Fe; Stadt in den USA
  120/121 C3
Santa Fé; Stadt in Argentinien
  132 B3
Santa Isabel 100/101 FG1
Santa Maria; Insel 106/107 A2
Santa Maria; Stadt in Brasilien
  132 C2
Santa Marta 130/131 C1
Santander 66/67 D4
Santarém; Stadt in Portugal
  66/67 A6
Santarém; Stadt in Brasilien
  130/131 E3
Santa Rosa; Stadt in den USA
  120/121 A3
Santa Rosa; Stadt in Argentinien
  132 B3
Santa Rosa; Stadt in Brasilien
  132 C2
Santa Rosalía 120/121 B4
Santiago; Stadt in der Dom. Re-
  publik 120/121 F5
Santiago; Stadt in Chile
  128.1 A2, 138/139 V9
Santiago de Compostella
  66/67 A4
Santiago de Cuba 120/121 F4
Santiago del Estero 132 B2
Säntis 13 C5
Santo Domingo 120/121 FG5,
  116.2 B2
Santorin (Thira) 70/71 F7
Santos 130/131 F5
San Valentín 132 A4
São Francisco 130/131 F4
São-Francisco-Becken
  126 H6
São Luis 130/131 F3
São Manuel 130/131 E3
Saône 34/35 A4
Sao Paulo 126 H7
São Paulo; Insel 140/141 K6,
  128.1 B1

São Paulo; Stadt in Brasilien
  130/131 F5
São Paulo de Olivença
  130/131 D3
São Tomé; Insel 110/111 A1
São Tomé; Stadt in São Tomé
  110/111 A1, 104.3 A1
São Tomé und Príncipe
  110/111 A1, 104.3 A2
Sapelé 106/107 D5
Sapoljarny 58/59 G2
Saporischja 54/55 Q8
Sapporo 92 E4
Saraburi 96/97 C2
Sarajewo 70/71 C4, 42/43.1 F4
Saransk 84 C2
Sarapul 84 D2
Saratow 84 C2
Saratower Stausee 84 C2
Sardinien 66/67 JK5
Sard Kuh 89.1 CD1
Sarektjåkko 58/59 D2
Sargassosee 136/137 H5
Sarh 106/107 E5
Sari 40/41 J5
Sariwon 92 B3
Sariyarstausee 70/71 IJ5
Sarmiento 132 B4
Sarny 54/55 M6
Sarpasse 70/71 P2
Sarralbe 34/35 C4
Sarrebourg 34/35 C4
Sarreguemines (Saargemünd)
  34/35 C3
Sarre-Union 34/35 C4
Sarstedt 24/25 E3
Saryeksan Dağ 73.1 C1
Sarykamyschsee 84 D3
Sasebo 92 B4
Saskatchewan; Fluss 115 L4
Saskatchewan; Verwaltungsein-
  heit 118/119 I4
Saskatchewan, North
  118/119 HI4
Saskatchewan, South
  118/119 HI4
Saskatoon 118/119 I4
Sassandra 106/107 C5
Sassari 66/67 J5
Saßnitz 24/25 I1
Satakunta 58/59 E3
Satpuragebirge 90/91 C4
Satu Mare 70/71 E2
Sauda 58/59 B4
Sauðárkrókur 58/59 B1
Saudi Arabien 80.1 C2,
  89.1 B-D3
Sauer 34/35 B3
Sauerland 24/25 CD4
Saulgau, Bad 34/35 E4
Sault-Sainte-Marie 118/119 K5
Saumlaki 96/97 F4
Saurimo 110/111 C2
Savannah; Fluss 120/121 E3
Savannah; Stadt in den USA
  120/121 E3
Savannakhet 96/97 C2
Save 54/55 G8
Savo 58/59 F3
Savona 56 C3
Savonlinna 58/59 F3
Savoye 56 B2/3
Sawnsee 96/97 E4
Sawu-Inseln 96/97 E5
Sayhut 89.1 D3
Saylac 89.1 C3
Saynshand 90/91 FG2
Sayun 89.1 C3
Sazawa; Kirche, Kloster
  34/35 JK3
Sazawa; Fluss 34/35 J3
Scafell Pike 62/63 F4
Schaalsee 24/25 FG2
Schachty 70/71 N2
Schaffhausen 34/35 D5
Schandau, Bad 34/35 J2
Schangakasali 84 E2
Schantarinseln 86/87 N4
Schärding 34/35 I4
Schargebirge 70/71 D4
Scharhörn 24/25 D2
Scharmbeck, Osterholz-
  24/25 D2

Scharmützelsee 24/25 IJ3
Schaschubai 86/87 H5
Schaulen (Šiauliaj) 58/59 E4
Schefferville 118/119 M4
Scheibbs 34/35 K4
Schelde 62/63 I6
Schelesnogorsk-Ilimski
  86/87 K4
Schelichowgolf 86/87 P3/4
Scheskasgan 86/87 G5
Schiermonnikoog 24/25 AB2
Schihkiatschwang (Shijiazhuang)
  90/91 G3
Schilka 86/87 L4
Schio 56 D3
Schipkapass 70/71 F4
Schirmeck 34/35 C4
Schitomir 54/55 N6
Schiukwan 96/97 D1
Schivelbein 24/25 K2
Schlackenwerth (Ostrow)
  34/35 H2
Schladming 34/35 I5
Schlangeninsel 70/71 I3
Schlei 24/25 E1
Schleiden 34/35 B2
Schleiz 34/35 G2
Schlesien 54/55 G-I6, 24/25 K4
Schleswig 24/25 E1
Schleswig-Holstein 24/25 E1/F2,
  14 CD1
Schlettstadt 34/35 C4
Schlitz 34/35 E2
Schlobin 54/55 NO5
Schluchsee 34/35 D5
Schlüchtern 34/35 E2
Schmalkalden 34/35 F2
Schmidta-Observatorium
  133.1 C15
Schnackenburg 24/25 G2
Schneeberg; Berg 34/35 G2
Schneeberg; Stadt in Sachsen
  34/35 H2
Schneekoppe 24/25 K5
Schneifel 34/35 B2
Schneverdingen 24/25 E2
Schöneberg 24/25 F2
Schönebeck 24/25 G3
Schönen 58/59 C4
Schongau 34/35 F5
Schöningen 24/25 F3
Schöninger 34/35 J4
Schöntal 34/35 E3
Schoonebeek 24/25 B3
Schopfheim 34/35 C5
Schorfheide 24/25 I3
Schorndorf 34/35 E4
Schott Djerid 106/107 D2
Schottische Hochlande 38/39 D3
Schottland 62/63 EF3
Schott Melghir 106/107 D2
Schowa 133.2 C11
Schramberg 34/35 D4
Schrobenhausen 34/35 G4
Schtschara 54/55 L5
Schtschutschinsk 86/87 H4
Schussen 34/35 E5
Schüttenhofen 34/35 I3
Schüttorf 24/25 C3
Schwaan 24/25 H2
Schwabach 34/35 G4
Schwaben, Regierungsbezirk
  14 D4
Schwäbische Alb 34/35 D5/F4
Schwäbischer Wald 13 C4
Schwäbisch Gmünd 34/35 E4
Schwäbisch Hall 34/35 E3
Schwabmünchen 34/35 F4
Schwalbach, Bad 34/35 D2
Schwalm; Landschaft 34/35 E2
Schwalm; Fluss 34/35 D2
Schwalmstadt 34/35 E2
Schwandorf 34/35 H3
Schwansen 24/25 E1
Schwartau, Bad 24/25 F2
Schwarze Elster 24/25 I3
Schwarzenberg 34/35 H2
Schwarze Pumpe 24/25 J4
Schwarzer Volta 106/107 C4/5
Schwarzes Meer 70/71 I-L4
Schwarzkoppe 34/35 HI3
Schwarzmeersteppen 70/71 H-L2

Schwarzwald 34/35 C4/D5
Schwaz 34/35 G5
Schweden 58/59 C3/D2,
  42/43.1 F2
Schwedt 24/25 J2
Schweinfurt 34/35 F2
Schweiz 14 E C5, 42/43.1 E4
Schweizer Jura 13 BC5,
  34/35 CD5
Schwenningen, Villingen-
  34/35 D4
Schwerin; Stadt in Meckl.-Vor-
  pommern 24/25 G2
Schwerin; Stadt in Polen
  24/25 K3
Schweriner See 24/25 G2
Schwetzingen 34/35 D3
Schwiebus 24/25 K3
Schwielochsee 24/25 IJ3
Scilly-Inseln 62/63 D7
Scoresbysund (Ittoqqortoormiit)
  118/119 Q2
Scott 133.2 E25
Scottinsel 140/141 Y11
Scranton 120/121 F2
Seattle 120/121 A2
Sebnitz 34/35 J2
Sebou 66/67 B8
Sechura 130/131 B3
Seckau 34/35 J5
Seefeld 34/35 G5
Seeland 58/59 C4
Seelow 24/25 J3
Seeon 34/35 H5
Seesen 24/25 F4
Seevetal 24/25 EF2
Sefid-Rud 90/91 B3
Segeberg, Bad 24/25 F2
Segescha 84 B1
Ségou 106/107 C4
Segre 66/67 F4/5
Segsee 58/59 G3
Segura 66/67 D6
Seille 34/35 B4
Seinäjoki 58/59 E3
Seine 62/63 H7
Seistan, Becken von 76/77 H6/7
Seja; Fluss 86/87 M4
Seja; Stadt in Russland
  86/87 M4
Sejastausee 86/87 M4
Sejm 54/55 F6
Sekondi-Takoradi 106/107 C5
Selb 34/35 H2
Selebi Phikwe 110/111 C4
Selemdscha 86/87 N4
Selenga 90/91 F1
Selenograd 54/55 R4
Selenter See 24/25 F1
Selfoss 58/59 A2
Selima 106/107 F3
Sellin 24/25 I1
Selvagens-Inseln 106/107 B2
Selvas 130/131 C-E3
Semarang 96/97 D4
Semeru 78/79 M10
Semey (Sem palatinsk) 86/87 I4
Semil 34/35 K2
Semipalatinsk (Semey) 86/87 I4
Semmering 56 F2
Sendai 90/91 J3
Sendai; Stadt auf Honshu, Japan
  92 E3
Sendai; Stadt auf Kyushu, Japan
  92 C4
Senegal; Fluss 106/107 B4
Senegal; Staat 106/107 B4,
  104.3 A1
Senftenberg 24/25 IJ4
Sengsengebirge 34/35 J5
Senja 58/59 D2
Senkaku-Inseln 90/91 H4
Sennar 106/107 G4
Seoul 92 B3, 80.1 F2
Sepik 96/97 G4
Sept-Îles 118/119 M4
Seram 96/97 F4
Seramsee 96/97 EF4
Serbien 70/71 D4
Serbien und Montenegro; Staat
  70/71 CD3/4, 42/43.1 FG4
Serbische Republik (Bosn.-
  Herzegowina) 72.3

Serengeti-Nationalpark
  110/111 D2
Sergijew-Posad 84 B2
Serir Kalansho 106/107 F3
Serir Tibesti 106/107 E3
Serow 84 E2
Serowe 110/111 C4
Serpuchow 54/55 R4
Serra do Navio 130/131 E2
Seschellen; Inseln 140/141 PQ7
Seschellen; Staat 110/111 EF2,
  104.3 B2
Sestrière 56 B3
Sète 62/63 I10
Setesdal 58/59 B4
Sétif 66/67 H7
Setúbal 66/67 A6
Severn 62/63 F5
Sevilla 66/67 C7
Sewansee 84 C3
Seward 118/119 E3
Seward, Halbinsel 118/119 C3
Sewastopol 70/71 J3
Sewernaja Semlja 86/87 IJ2
Sewerna Soswa 84 E1
Sewerodwinsk 84 B1
Seweromorsk 58/59 G2
Sewe’ouralsk 84 D1
Seydişehir 70/71 I7
Seyðisfjörður 58/59 C1
Seyhan 70/71 K7
Seylac 106/107 H4
Sezimovo Úst 34/35 J3
Sfax 66/67 K8
’s-Gravenhage (Den Haag)
  62/63 J5, 42/43.1 D2
Shaba (Katanga) 110/111 C2
Shackleton-Schelfeis
  133.2 C16/17
Shahajahanpur 90/91 C4
Shammar, Djebel 89.1 C2
Shandong, Halbinsel 90/91 GH3
Shanghai 90/91 H3
Shannon 62/63 BC5
Shanplateau 90/91 E4
Shantou 90/91 G4
Shaoguan 90/91 G4
Shaoxing 90/91 H3/4
Shaoyang 90/91 G4
Sharkbucht 100/101 B3
Shashi 90/91 G3
Shebshigebirge 106/107 E5
Sheffield 62/63 G5
Shelikofstraße 118/119 D4
Shenyang 90/91 H2
Shenzhen 90/91 G4
Sherbrooke 118/119 L5
Sheridan 120/121 C2
Shetlandinseln 62/63 FG1
Shijiazhuang (Schihkiatschwang)
  90/91 G3
Shikezi 90/91 D2
Shikoku 92 C4
Shillong 90/91 E4
Shimoga 90/91 C5
Shimokita, Halbinsel 92 E2
Shimonoseki 92 C4
Shinano 92 D3
Shirane 92 D3
Shiraz 89.1 D2
Shire 110/111 D3
Shizuoka 92 D4
Shkodër 70/71 C4
Shoa 106/107 G5
Shreveport 120/121 D3
Shuangyashan 90/91 I2
Sialcot 90/91 C3
Šiauliai (Schaulen) 58/59 E4
Siberut 96/97 BC4
Sibirien 86/87 I-M3
Sibiu (Hermannstadt) 70/71 EF3
Sibu 96/97 D3
Sichote-Alin 86/87 N5
Sichuan 90/91 F3
Sidi-Bel-Abbès 66/67 E8
Sidi-Ifni 106/107 BC3
Siebenbürgen 70/71 EF2
Sieg 34/35 C2
Siegburg 24/25 C5
Siegen 24/25 D5
Siena 66/67 K4
Sierra da Estrêla 66/67 AB5

Sierra de Cuenca 66/67 D5/E6
Sierra de Guadalupe 66/67 C6
Sierra de Ronda 66/67 C7
Sierra Leone 106/107 B5,
104.3 A1
Sierra-Leone-Schwelle
136/137 K6
Sierra Madre, Östliche
120/121 CD4
Sierra Madre, Südliche
120/121 CD5
Sierra Madre, Westliche
120/121 C4
Sierra Morena 66/67 B-D6
Sierra Nevada 66/67 D7
Siglufjörður 58/59 B1
Sigmaringen 34/35 E4
Signalberg 34/35 H3
Signal de Vaudemont 34/35 AB4
Signy 133.2 C2
Sigtuna 58/59 D4
Siirt 70/71 N7
Sikasso 106/107 C4
Silifke 70/71 J7
Siliguri 90/91 D4
Siljansee 58/59 CD3
Silvrettagruppe 56 CD2
Sima 86/87 K4
Simanggang (Bandar Sri Aman)
96/97 D3
Simbabwe; Ruinenstätte
110/111 D4
Simbabwe; Staat 110/111 CD3,
104.3 B2
Simbach 34/35 I4
Simbirsk 40/41 I3
Simeulue 96/97 B3
Simferopol 70/71 K3
Simi 70/71 G7
Simla 90/91 C3
Simmern 34/35 C3
Simplon 54/55 CD8
Simpsonwüste 100/101 D3
Simrishamn 58/59 C4
Sinai, Halbinsel 106/107 G3
Sincelejo 130/131 C2
Sind 78/79 H7
Sindelfingen 34/35 DE4
Sines 66/67 A7
Singapur 96/97 C3, 80.1 E3/4
Singen 34/35 D5
Sinjucha 54/55 O7
Sinn 34/35 E2
Sinop 70/71 K4/5
Sinsheim 34/35 D3
Sinuiju 92 A2
Sion 56 B2
Sioux City 120/121 D2
Sioux Falls 120/121 D2
Siping 90/91 H2
Sira 58/59 B4
Siracusa (Syrakus) 66/67 M7
Siret 70/71 G2
Sırnak 73.1 D2
Sisimiut (Holsteinsborg)
118/119 N3
Sithonia, Halbinsel 70/71 E5
Sitia 70/71 G8
Sitka 118/119 F4
Sittwe 90/91 E4
Sıvas 70/71 L6
Siverek 73.1 B2
Siwa 106/107 F3
Sizilien 66/67 LM7
Skagafjord 58/59 B1
Skagen 58/59 C4
Skagerrak 58/59 BC4
Skagway 118/119 F4
Skandinavien 140/141 MN2
Skandinavische Halbinsel
40/41 EF2
Skandinavisches Gebirge
38/39 E3/F2
Skellefteå 58/59 E3
Skellefteälv 58/59 D2
Skien 58/59 B4
Skikda 66/67 I7
Skiros 70/71 F6
Sklavenfluss 118/119 H3/4
Skokloster 58/59 D4
Skopelos 70/71 E6
Skopje 70/71 D4/5, 42/43.1 G4
Skövde 58/59 C4

Skoworodino 86/87 M4
Skye 62/63 D3
Slaný 34/35 J2
Slanzy 54/55 NO2
Slaper Talsperre 34/35 J3
Slatoust 84 D2
Slawiansk 84 B3
Slea Head 62/63 B5
Sligo 62/63 C4
Sliven 70/71 G4
Sljudjanka 86/87 K4
Slochteren 24/25 B2
Slowakische Republik 54/55 I7,
42/43.1 FG4
Slowakisches Erzgebirge
54/55 IJ7
Slowenien 54/55 FG8,
42/43.1 F4
Słubice (Frankfurt) 24/25 J3
Słupsk (Stolp) 54/55 H4
Sluzk 54/55 M5
Småland 58/59 CD4
Smeinogorsk 86/87 I4
Smithsund 118/119 L2
Smøla 58/59 B3
Smolensk 54/55 P4
Smolikas 70/71 D5
Snæfell 58/59 B2
Snæfellsjökull 58/59 A2
Snake 120/121 B2
Snaresinseln 98.2 GH5
Sneek 24/25 A2
Snøhetta 58/59 B3
Snowdon 62/63 EF5
Sobat 106/107 G5
Soběslav 34/35 J3
Sobradinhostausee 130/131 F3
Sobral 130/131 F3
Sochaux 34/35 B5
Sochondo 86/87 L5
Sodankylä 58/59 F2
Söderhamn 58/59 D3
Södertälje 58/59 D4
Soest 24/25 D4
Soeste 24/25 C2/3
Sofia (Sofija) 70/71 E4,
42/43.1 G4
Sofija (Sofia) 70/71 E4,
42/43.1 G4
Sofino 84 B2
Sofugan 92 E5
Sognefjord 58/59 AB3
Sohag 106/107 G3
Sokodé 106/107 D5
Sokol 84 C2
Sokolov (Falkenau) 34/35 H2
Sokosti 58/59 F2
Sokoto 106/107 D4
Sokotra 89.1 D3
Solapur 90/91 C5
Soldin 24/25 J3
Soligorsk 54/55 M5
Solikamsk 84 D2
Sol-Ilezk 84 D2
Solingen 24/25 C4
Sollefteå 58/59 D3
Solling 24/25 E4
Solnhofen 34/35 F4
Sologne 62/63 HI8
Soltau 24/25 E3
Solway Firth 62/63 EF4
Somalia 106/107 H5, 104.3 B1
Somalibecken 138/139 FG6
Somalibecken, Nördliches
136/137 PQ6
Somalibecken, Südliches
136/137 PQ6/7
Somali-Halbinsel 103 HI5/6
Somersetinsel 118/119 J2
Someş 70/71 E2
Somme 62/63 I7
Sömmerda 34/35 G1
Sommerfeld 24/25 J4
Sommerküste 84 B1
Sonderburg 24/25 E1
Sondershausen 34/35 F1
Sondrio 56 C2
Songda 96/97 C1
Songhua Hu 90/91 H2
Songhua Jiang 90/91 H2
Songhuastausee 92 B2
Songkhla 96/97 C3
Songkoi 90/91 F4

Sonneberg 34/35 G2
Sonthofen 34/35 F5
Soonwald 12 B4
Sopron 56 G2
Sorau (Żary) 24/25 K4
Soria 66/67 D5
Sørkjosen 58/59 E2
Sorocaba 130/131 F5
Sorol- Atoll 96/97 G3
Sorong 96/97 F4
Sørøy 58/59 E1
Sørøysund 58/59 E1
Sør Rondane 133.2 B9
Sorsele 58/59 D2
Sortavala 84 B1
Sörup 24/25 E1
Sosna 54/55 R5
Sosnogorsk 84 D1
Sosnowice (Sosnowitz) 54/55 I6
Sosnowitz (Sosnowice) 54/55 I6
Sotschi 70/71 M4
Soufrière 130/131 D1
Souk Ahras 66/67 I7
Sousse 66/67 K8
Southampton 62/63 G6
Southamptoninsel 118/119 K3
Southend-on-Sea 62/63 H6
Southern Uplands 62/63 EF4
South Platte 120/121 C2
South Saskatchewan
118/119 HI4
South Uist 62/63 D3
Soweto 110/111 C4
Sowjetsk (Tilsit) 54/55 J4
Sowjetskaja Gawan 86/87 O5
Soz 54/55 O5
Spa 34/35 A2
Spaichingen 34/35 D4
Spanien 66/67 C-E5,
42/43.1 D4/5
Sparta 70/71 E7
Speinshart 34/35 GH3
Spencergolf 100/101 D4
Spessart 34/35 E2/3
Speyer 34/35 D3
Spiekeroog 24/25 C2
Spindlermühle 24/25 K5
Spirdingsee 54/55 JK5
Spittal 56 E2
Spitzbergen (Svalbard) 86/87 B1
Split 66/67 N4
Spokane 120/121 B2
Sporaden, Nördliche 70/71 EF6
Sporaden, Südliche 70/71 G7
Spratly-Insel 96/97 D3
Spratly-Inseln 96/97 D3
Spree 24/25 J3
Spreewald 24/25 I3/J4
Spremberg 24/25 J4
Springbok 110/111 B4
Springe 24/25 E3
Springfield 118/119 L5
Springfield; Stadt in Illinois, USA
120/121 E3
Springfield; Stadt in Massachu-
setts, USA 120/121 F2
Springfield; Stadt in Missouri,
USA 120/121 D3
Sprottau 24/25 K4
Sredni Urgal 86/87 N4
Sri Lanka 90/91 D6, 80.1 D3
Srinagar 90/91 C3
Stachanow 70/71 M1
Stade 24/25 E2
Stadskanaal 24/25 B2
Stadtallendorf 34/35 E2
Stadthagen 24/25 E3
Stadtlohn 24/25 B4
Staffelsee 34/35 G5
Staffelstein 34/35 G2
Stams 34/35 FG5
Stanley 132 C5
Stanleyfälle (Boyomafälle)
110/111 C1/2
Stanowoibergland 86/87 K-L4
Stanowoigebirge 86/87 MN4
Staraja Russa 54/55 O2/3
Stara Zagora 70/71 F4
Starbuckinsel 138/139 P7
Stargard (Stargard Szczeciński)
24/25 K2
Stargard Szczeciński (Stargard)
24/25 K2

Starnberg 34/35 G4/5
Starnberger See 34/35 G5
Stary-Oskol 40/41 H3
Staßfurt 24/25 G4
Stausee von Dubosari 70/71 H2
Stausee von Tscheboksary
84 C2
Stavanger 58/59 B4
Stawropol 70/71 N3
Stawropolplateau 70/71 NO3
Steben, Bad 34/35 G2
Steenwijk 24/25 B3
Steep Point 100/101 B3
Stefaniesee (Chew Bahir)
106/107 G5
Stege 24/25 H1
Steiermark 34/35 IJ5
Steigerwald 34/35 F3
Stein 34/35 D5
Steinamanger (Szombathely)
54/55 H8
Steinfurt 24/25 C3
Steinhausen 34/35 E4
Steinhuder Meer 24/25 E3
Steinige Tunguska 86/87 J3
Steinkjer 58/59 C3
Steinwald 34/35 H3
Steirisches Randgebirge 56 F2
Stendal 24/25 G3
Sterlitamak 84 D2
Sterlitarmak 40/41 J3
Sternberg 24/25 G2
Sternstein 34/35 J4
Stettin (Szczecin) 24/25 J2
Stettiner Haff 24/25 J2
Stewartinsel 100/101 G5
Steyr; Fluss 34/35 J4/5
Steyr; Stadt in Österreich
34/35 J4
Stockach 34/35 E5
Stockholm 58/59 D4, 42/43.1 F3
Stockport 62/63 F5
Stoke-on-Trent 62/63 F5
Stolberg; Stadt in Nordrhein-
Westfalen 24/25 B5
Stollberg; Stadt in Sachsen
34/35 H2
Stolp (Słupsk) 54/55 H4
Stonehenge 62/63 FG6
Stör 24/25 E2
Stora Lulevatten 58/59 D2
Stora Sjöfallet 58/59 D2
Storavan 58/59 D2
Stord 58/59 AB4
Støren 58/59 C3
Störkanal 24/25 G2
Stormarn 24/25 EF2
Stornoway 62/63 D2
Storsee 58/59 C3
Storuman 58/59 D2
Strakonice (Strakonitz) 34/35 I3
Strakonitz (Strakonice) 34/35 I3
Stralsund 24/25 I1
Stranraer 62/63 E4
Strasbourg (Straßburg) 34/35 C4
Strasburg 24/25 I2
Straßburg (Strasbourg) 34/35 C4
Straße von Bonifacio 66/67 J5
Straße von Dover 62/63 H6
Straße von Gibraltar 66/67 C7/8
Straße von Hormus 89.1 D2
Straße von Kertsch 70/71 L3
Straße von Messina 66/67 M6/7
Straße von Mosambik
110/111 E3
Straße von Otranto 70/71 C5
Straße von Sizilien 66/67 KL7
Straße von Yucatán 120/121 E4
Straubing 34/35 H4
Strausberg 24/25 I3
Stresow 24/25 I2
Strohgäu 13 C4
Stromberg 12 C4
Stromboli 66/67 M6
Strömstad 58/59 C4
Strömsund 58/59 D3
Struma 70/71 E4/5
Strymon 70/71 E5
Strynø 24/25 F1
Stubbekøbing 24/25 H1
Stubbenkammer 24/25 I1
Studenica 70/71 D4
Stuifen 34/35 E4

Stutsch 54/55 M5
Stuttgart 34/35 E4
Stuttgart, Regierungsbezirk
14 CD4
Stykkishólmur 58/59 A1
Suakin 106/107 G4
Subotica 70/71 C2
Suchona 84 C1
Suchumi 70/71 N4
Sucre 130/131 D4, 128.1 A2
Südafrika 110/111 CD4/5,
104.3 AB2
Sudan; Landschaft 106/107 C-F4
Sudan; Staat 106/107 FG4,
104.3 B1
Südantillenbecken 136/137 IJ10
Südantillenrücken 136/137 IJ10
Südäquatorialstrom
140/141 IJ6/7
Südatlantischer Rücken
136/137 KL7-10
Südaustralien 100/101 D3
Südaustralisches Becken
136/137 U9
Sudbury 118/119 K5
Südchinesisches Bergland
90/91 G4
Südchinesisches Meer 90/91 G5
Sudd 106/107 FG5
Sude 24/25 FG2
Süderoogsand 24/25 D1
Sudeten 54/55 GH6
Südgeorgien 132 E5,
142/143.1 EF5
Südinsel, Neuseeland
100/101 H5
Südkarpaten 70/71 EF3
Südkorea 92 BC3, 80.1 F2
Südkvark 58/59 D3
Südlicher Bug 54/55 N7
Südlicher Indianer-See
118/119 J4
Südlicher Ural 84 D2
Südliche Sierra Madre
120/121 CD5
Südliche Sporaden 70/71 G7
Südliches Somalibecken
136/137 PQ6/7
Südmeseta 38/39 D4/5
Südorkney-Inseln 133.2 C2,
142/143.1 E5/6
Südossetien 81.2
Südostindisches Becken
136/137 S9
Südostkap 100/101 E5
Südpazifischer Rücken
138/139 O11-S10
Südpazifisches Becken
138/139 P9-Q10
Südpol 133.2 A
Südsandwich-Graben
136/137 JK10/11
Südsandwichinseln
140/141 JK10, 142/143.1 F5
Südshetlandinseln 133.2 BC1,
142/143.1 DE5/6
Südwestafrikanisches Hochland
102 E8/9
Südwestindisches Becken
136/137 PQ9
Südwestkap 100/101 G5
Suez 106/107 G3
Suezkanal 89.1 B1
Suhl 34/35 F2
Suifenhe 92 C2
Suihua 90/91 H2
Sukkertoppen (Maniitsoq)
118/119 N3
Sukkosero 58/59 G3
Sukkur 90/91 B4
Sukumo 92 C4
Sula 58/59 A3
Sula-Inseln 96/97 E4
Sulaimaniyah 89.1 C1
Suleimangebirge 90/91 B4/3
Sulina-Arm (Donau) 70/71 H3
Sulingen 24/25 D3
Sulitjelma 58/59 D2
Sulu-Inseln 96/97 E3
Sulusee 96/97 DE3
Sulzbach 34/35 C3

Sulzbach-Rosenberg
34/35 G3
Sumatra 96/97 BC3/4
Sumba 96/97 D4/5
Sumbawa 96/97 D4
Sumburgh Head 62/63 G2
Šumen 70/71 G4
Sumgait 84 C3
Sumi 54/55 Q6
Sunchon 92 B3/4
Sundagraben 136/137 ST6/7
Sunda-Inseln, Große
140/141 TU7
Sunda-Inseln, Kleine
100/101 BC1
Sundarbans 90/91 D4
Sundastraße 96/97 C4
Sunderland 62/63 G4
Sundern 24/25 CD4
Sundgau 34/35 C5
Sundsvall 58/59 D3
Sunndalsøra 58/59 B3
Sunshine Coast 100/101 F3
Süntel 24/25 E3
Suojärvi 58/59 G3
Suomenselkä 58/59 F3
Süphan Dağ 73.1 D1
Superior 120/121 D2
Supungstausee 92 B2
Sur 89.1 D2
Sura 84 C2
Surabaya 96/97 D4
Surakarta 96/97 D4
Surat 90/91 C4
Surgut 86/87 H3
Suriname 130/131 E2,
128.1 AB1
Surtsey 58/59 A2
Surud Ad 106/107 H4
Susa 56 B3
Süsostkap (Tasmanien)
100/101 EF5
Sussuman 86/87 O3
Susupe 78/79 P8
Sutlej 90/91 C3/4
Sutschu 90/91 H3
Suur-Munamägi 58/59 F4
Suva 100/101 H2,
142/143.1 L4
Suwon 92 B3
Suzhou 90/91 H3
Suzuka 92 D3
Svalbard (Spitzbergen)
86/87 B1
Svartisen 58/59 C2
Svealand 58/59 CD4
Sveg 58/59 C3
Sverdrupinseln 118/119 I-K2
Svolvær 58/59 C2
Swakopmund 110/111 B4
Swaninseln 120/121 E5
Swansea 62/63 F6
Swasiland 110/111 D4,
104.3 B2
Swinemünde (Swinoujście)
24/25 J2
Swinoujście (Swinemünde)
24/25 J2
Swir 84 B1
Swobodny 86/87 M4
Sydney; Stadt in Australien
100/101 F4
Sydney; Stadt in Kanada
118/119 M5
Syke 24/25 D3
Syktywkar 84 D1
Sylarna 58/59 C3
Sylt 24/25 D1
Sylvensteinsee 34/35 G5
Syrakus (Siracusa) 66/67 M7
Syr-Darja 78/79 H5
Syrien 40/41 H5, 80.1 C2
Syrische Wüste 89.1 B1/2,
70/71 M8
Syrjanka 86/87 P3
Syrjanowsk 86/87 I5
Syrte, Große 106/107 E2
Syrte, Kleine 106/107 E2
Sysran 84 C2
Szczecin (Stettin) 24/25 J2
Szeged 70/71 CD2
Székesfehérvár 54/55 I8
Szombathely 56 G2

175

atinga 130/131 D3
erg 58/59 C4
or 34/35 J3
ora 110/111 D2
ris (Tabriz) 40/41 I5
riz (Täbris) 40/41 I5
ruq 106/107 F2
uk 89.1 B2
hau 34/35 H3
loban 96/97 N5
na 130/131 C4
oma 120/121 A2
emaït, Plateau von 106/107 D3
schikistan 78/79 HI6, 80.1 D2
gu 92 B3
jon 92 B3
elfichte 34/35 K2
anrog 70/71 M2
anrog, Bucht von 70/71 LM2
ant 106/107 B4
ula 100/101 F2
an 96/97 C3
at 106/107 D3
iti 138/139 Q8
oua 106/107 D4
talı Dağ 73.1 A1
an 90/91 G3
hang Shan 90/91 G3
myr, Halbinsel 86/87 JK2
myrsee 86/87 K2
nan 90/91 H4
peh 90/91 H4, 80.1 F3
schet 86/87 J4
setsu-zan 92 E2
tao, Halbinsel 132 A4
tschung 90/91 H4
tung 90/91 H4
valkoski 58/59 F2
wan (Republik China) 90/91 H4, 80.1 F3
yuan 90/91 G3
zz 89.1 C3
o 66/67 C6
umulco 115 M8
k 96/97 B2
amatsu 92 C4
limakun, Wüste 90/91 CD2/3
ara 130/131 B3
audinseln 96/97 E3
ca 132 A3
cahuano 132 A3
des Todes 120/121 B3
dy-Kurgan 86/87 H5
l Afar 70/71 O7
lahassee 120/121 E3
linn 58/59 E4, 42/43.1 G3
nale 106/107 C5
nanrasset 106/107 D3
nbow 84 C2
npa 120/121 E4
npere 58/59 E3
mpico 120/121 D4
nworth 100/101 F4
na 58/59 F1/2
nabe 92 D4
nafjord 58/59 F1
nahmea-Inseln 96/97 E4
nahmerah 96/97 G4
naland 110/111 DE2
namiwüste 100/101 D2/3
nana 118/119 E3
naro 56 E3
nasee 106/107 G4
ndil 132 C3
nezrouft 106/107 CD3
nga 110/111 D2
nganyikasee 110/111 CD2
nger 66/67 C8
ngerhütte 24/25 G3
ngermünde 24/25 G3
nghobecken 90/91 G3/4
ngshan 90/91 G3
nimbarinseln 96/97 F4
njung 96/97 D4
njungkarang 78/79 L10
nna 100/101 G2
nnfors 58/59 G3
nnugebirge 86/87 J4
nsam 110/111 D2

Tansania 110/111 D2, 104.3 B2
Tanzplan 34/35 J2
Taolanaro 110/111 E4
Taoudenni 106/107 C3
Tapajós 130/131 E3
Tarabulus (Tripolis) 106/107 E2
Tarakan 96/97 D3
Taras 86/87 H5
Tarbagatai 86/87 I5
Tarcoola 100/101 D4
Tarent 40/41 F4
Tarento 66/67 N5
Tarija 130/131 D5
Tarim 89.1 C3
Tarimbecken 90/91 C-E2/3
Tarim He 90/91 D2
Tarlac 96/97 E2
Tarn 62/63 I10
Tarnopol 54/55 L7
Tarnów 54/55 J6/7
Tarragona 66/67 F5
Tarsus 70/71 K7
Tartarischer Sund 86/87 O4/5
Tartu 58/59 F4
Tartus 70/71 K8
Tas 86/87 I3
Taschaus 84 D3
Taschkent 78/79 H5, 80.1 D2
Taschtagol 86/87 I4
Tåsinge 24/25 F1
Tasmanbecken 136/137 W9/10
Tasmanien 98.2 DE5, 100/101 EF5
Tasmanschwelle 136/137 V10
Tasmansee 100/101 FG4
Tassili der Adjer 106/107 D3
Tassili des Ahaggar 106/107 D3
Tatabánya 70/71 C2
Tatarstan 81.2
Tatra, Hohe 54/55 IJ7
Tatvan 70/71 O6
Tauber 34/35 E3
Tauberbischofsheim 34/35 E3
Tauberland 34/35 EF3
Tauern, Hohe 12 E5
Tauern, Niedere 12 EF5, 34/35 IJ5
Taufkirchen 34/35 H4
Taufstein 34/35 E2
Taung-gyi 90/91 E4
Taunus 34/35 CD2
Tauranga 100/101 H4
Taurus 40/41 GH5
Taurus, Mittlerer 70/71 J7/L6
Taurus, Östlicher 70/71 L7/O6
Taurus, Westlicher 70/71 H-J7
Taus 34/35 H3
Tavani 118/119 J3
Tavoy 90/91 E5
Tawau 96/97 D3
Tawda 84 E2
Tbilisi (Tiflis) 70/71 P5
Tébessa 66/67 J8
Teck 34/35 E4
Tedschen 89.1 E1
Tefé 130/131 D3
Tegelen 24/25 B4
Tegernsee; See 34/35 G5
Tegernsee; Stadt in Bayern 34/35 G5
Tegucigalpa 120/121 E5, 116.2 B2
Teheran 40/41 J5, 80.1 C2
Teheran, Ebene von 38/39 IJ5
Tejo 66/67 A6
Tekeli 86/87 H5
Tekirdağ 70/71 G5
Tel Aviv-Jaffa 89.1 B1
Telemark 58/59 B4
Telfs 34/35 G5
Tellatlas 38/39 DE5, 66/67 F8/H7
Telposis 84 D1
Telšiai 58/59 E4
Teltow 24/25 I3
Telukbetung (Bandar Lampang) 96/97 C4
Tema 106/107 D5
Temirtau; Stadt in Russland 86/87 I4
Temirtau; Stadt in Kasachstan 86/87 H4/5
Templin 24/25 I2

Temuco 132 A3
Tenasserim; Landschaft 90/91 E5
Tenasserim; Stadt in Myanmar 90/91 E5
Ténéré 106/107 E3/4
Teneriffa 106/107 B3
Tengissee 86/87 G4/5
Tennant Creek 100/101 D2
Tennengebirge 34/35 I5
Tennessee 120/121 E3
Teófilo Otoni 130/131 F4
Tepatitlán 120/121 C4
Tepic 120/121 C4
Tepl 34/35 H3
Tepler Hochland 34/35 HI3
Teplice (Teplitz) 34/35 I2
Teplitz (Teplice) 34/35 I2
Terceira 106/107 A2
Terek 70/71 P4
Teresina 130/131 F3
Termis 90/91 B3
Ternate 96/97 E3
Terni 66/67 L4
Ternopil 54/55 L7
Terre Haute 120/121 E3
Terschelling 13 A2
Teruel 66/67 E5
Tete 110/111 D3
Teterow 24/25 H2
Tetouan 66/67 C8
Tetschen 34/35 J2
Tettnang 34/35 E5
Teufelshöhle 34/35 G3
Teufelsinsel 130/131 E2
Teufelsmoor 24/25 DE2
Teutoburger Wald 24/25 C3/D4
Tezpur 90/91 E4
Thabana Ntlenyana 110/111 CD4
Thabazimbi 110/111 C4
Thailand 96/97 C2, 80.1 E3
Thale 24/25 G4
Thane 90/91 C5
Thanh Hoa 96/97 C2
Thann 34/35 C5
Tharr, Wüste 90/91 BC4
Tharthar Becken 70/71 O8/9
Thasos 70/71 F5
Thaya 54/55 H7
Theben; Ruinenstätte 106/107 G3
Theben; Stadt in Griechenland 70/71 E6
Theiß 70/71 D3
Thelon 118/119 I3
Themse 62/63 G6
Thermaischer Golf 70/71 E5
Thermopylen 70/71 E6
The Wash 62/63 H5
Thiès 106/107 B4
Thimphu 90/91 D4, 80.1 DE3
Thingvellir 58/59 A2
Thionville (Diedenhofen) 34/35 B3
Thira (Santorin) 70/71 F7
Thiruvananthapuram 90/91 C6
Thjorsá 58/59 B2
Thompson 118/119 J4
Thorn (Toruń) 54/55 I5
Thorshöfn 58/59 B1
Thrakien 70/71 FG5
Thrakisches Meer 70/71 F5
Thule (Qaanaaq) 118/119 M2
Thule (US-Stützpunkt) 118/119 M2
Thun 56 B2
Thunder Bay 118/119 K5
Thur 34/35 D5
Thüringen 34/35 FG1, 14 D3
Thüringer Becken 13 D3
Thüringer Wald 34/35 FG2
Thurstoninsel 133.2 BC33
Tiahuanaco 130/131 D4
Tianjin (Tientsin) 90/91 G3
Tian Shan 90/91 CD2/3
Tiaret 66/67 F8
Tiber 66/67 L4
Tibesti 106/107 E3
Tibesti, Serir 106/107 E3
Tibet 90/91 DE3
Tibet, Hochland von 76/77 J6
Tichorezk 70/71 N3
Tichwin 84 B2
Ticino 56 C3

Tidiquin 66/67 C8
Tidjikda 106/107 B4
Tiefland von Turan 76/77 GH5
Tieling 90/91 H2
Tiengen, Waldshut- 34/35 D5
Tientsin (Tianjin) 90/91 G3
Tierra de Campos 40/41 D4
Tiflis (Tbilisi) 70/71 P5, 80.1 C2
Tighina 54/55 N8
Tigre 106/107 GH4
Tigris (Tbilisi) 40/41 I5
Tihama 89.1 B2-C3
Tijuana 120/121 B3
Tikal 130/131 AB1
Tilemsischwelle 102 CD5
Tilemsi-Tal 106/107 CD4
Tilsit (Sowjetsk) 54/55 J4
Timanrücken 84 CD1
Timaru 100/101 H5
Timimoun 106/107 D3
Timiş 70/71 E3
Timișoara 70/71 D3
Timmendorfer Strand 24/25 F2
Timmins 118/119 K5
Timor 96/97 E4
Timorsee 100/101 C2
Tindouf 106/107 C3
Tinerhir 106/107 C2
Tinghert, Hamada von 106/107 D3
Tinian 96/97 G2
Tinos 70/71 F7
Tirana (Tiranë) 70/71 C5, 42/43.1 F4
Tiranë (Tirana) 70/71 CD5, 42/43.1 F4
Tiraspol 70/71 H2
Tiree 62/63 D3
Tirgu Mureş (Neumarkt) 70/71 F2
Tiritsch Mir 90/91 C3
Tirol 34/35 F-H5
Tirschenreuth 34/35 H3
Tiruchchirappalli 90/91 C5
Tirunelveli 90/91 C6
Tiruppur 90/91 C5
Tisisatfälle 106/107 G4
Titicacasee 130/131 D4
Titisee-Neustadt 34/35 D5
Tixi 86/87 M4
Tizi Ouzou 66/67 H7
Tjumen 84 E2
Tkwartscheli 70/71 N4
Tlemcen 66/67 E8
Toamasina 110/111 E3
Tobago 120/121 GH5
Tobasee 96/97 B3
Tobol 40/41 K3, 84 E2
Tobolsk 84 E2
Tocantins; Fluss 130/131 F3
Tocantins; Landschaft 140/141 I7
Tocopilla 132 A2
Todtnau 34/35 C5
Toggenburg 34/35 E5
Töging 34/35 H4
Togo 106/107 D4/5, 104.3 A1
Tohat, Oasen von 106/107 C3
Tohma 73.1 A1
Tokar 106/107 G4
Tokara-Inseln 92 B5
Tokarastraße 92 BC4
Tokat 70/71 L5
Tokdo 92 C3
Tokelau-Inseln 138/139 O7, 142/143.1 M4
Tokmak 54/55 Q8
Tokushima 92 C4
Tokyo 92 D3, 80.1 F2
Toledo; Stadt in Spanien 66/67 C6
Toledo; Stadt in den USA 120/121 E2
Toliara 110/111 E4
Toljatti 84 C2
Tollense 54/55 I2
Tollensesee 24/25 I2
Toluca 120/121 D5
Tölz, Bad 34/35 G5
Tomakomai 92 E2
Tombouctou 106/107 C4
Tommot 86/87 M4
Tomsk 86/87 I4

Tondern 24/25 D1
Tone 92 D3
Tonga 142/143.1 M4
Tongagraben 138/139 O8
Tonga-Inseln 138/139 O8
Tonghua 90/91 H2
Tongliao 90/91 H2
Tongshuan 90/91 F3
Tongtian He (Jangtsekiang) 90/91 E3
Tonking 96/97 C1
Tonking, Golf von 96/97 C2/2
Tonle-Sap 96/97 C2
Tönning 24/25 D1
Tønsberg 58/59 C4
Toowoomba 100/101 F3
Topeka 120/121 D3
Topsee 58/59 G2
Torbay 62/63 F6
Torgau 24/25 H4
Torgelow 24/25 J2
Torino (Turin) 56 B3
Torishima 92 E4
Tormes 66/67 C5
Torrenssee 100/101 D4
Torreón 120/121 C4
Torresstraße 100/101 E2
Toruń (Thorn) 54/55 I5
Toskana 66/67 K4
Totes Gebirge 34/35 IJ5
Totes Meer 89.1 B1
Tottori 92 C3
Toubkal 40/41 D5
Touggourt 106/107 D2
Toul 34/35 A4
Toulon 56 A4
Toulouse 62/63 H10
Tours 62/63 H4
Townsville 100/101 E2
Toyama 92 D3
Toyota 92 D3
Traben-Trarbach 34/35 C3
Trabzon 70/71 M5
Træna 58/59 C2
Trail 118/119 H5
Tralee 62/63 C5
Trans-Afrika-Straße 106/107 E5, 110/1111B
Transamazônica 130/131 E3
Transantarktisches Gebirge 133.2 A/B22
Trans Canada Highway 118/119 I5/6
Transhimalaya 90/91 D3/4
Trans-Ostafrika-Straße 106/107 G4/5, 110/111 C3/4
Trans-Sahara-Straße 106/107 D3
Trapani 66/67 L6/7
Trarbach, Traben- 34/35 C3
Trarza 106/107 B4
Trasimenischer See 66/67 KL4
Trás-os-Montes 66/67 B5
Tratzberg 34/35 G5
Traun; Fluss 34/35 I4
Traun; Stadt in Österreich 34/35 H4
Traunreut 34/35 H5
Traunsee 34/35 I5
Traunstein 34/35 H5
Trave 24/25 F2
Travemünde, Lübeck- 24/25 F2
Trebel 24/25 I2
Treene 24/25 E1
Tregrosse-Inseln 100/101 EF2
Trelew 132 B4
Trelleborg 58/59 C4
Trent 62/63 G5
Trenton 120/121 F2
Treptow 24/25 K1
Três Lagoas 130/131 E5
Trés-Marias-Inseln 120/121 C4
Três-Marias-Stausee 130/131 F4
Treuchtlingen 34/35 F4
Treuenbrietzen 24/25 H3
Treviso 56 E3
Triberg 34/35 D4

Trient (Trento) 56 D2
Trier 34/35 B3
Trier, Regierungsbezirk 14 B4
Triest (Trieste) 56 E3
Trieste (Triest) 56 E3
Trifels 34/35 CD3
Triglav 56 E2
Trikala 70/71 D6
Trimburg 34/35 EF2
Trincomalee 90/91 D6
Trinidad; Insel 120/121 G5/H6
Trinidad; Stadt in Bolivien 130/131 D4
Trinidade 130/131 GH5, 128.1 B2
Trinidad und Tobago 120/121 GH5, 116.2 B2
Trinity-Inseln 118/119 D4
Tripoli 70/71 K8
Tripolis (Tarabulus) 106/107 E2, 104.3 A2
Tripolitanien 106/107 E2
Trischen 24/25 D1
Tristan da Cunha 140/141 L9, 142/143.1 F5
Trobriandinseln 96/97 H4
Troisdorf 24/25 C5
Trois-Rivières 118/119 L5
Troja 70/71 G6
Trollhättan 58/59 C4
Trombetas 130/131 E2
Tromelininsel 110/111 F3
Tromsø 58/59 D2
Trøndelag 58/59 C3
Trondheim 58/59 C3
Trondheimsfjord 58/59 BC3
Troodos 70/71 J8
Trosky 34/35 K2
Trossingen 34/35 D4
Trostberg 34/35 H4
Troyes 56 A1
Trujillo 130/131 C3
Trukinseln 96/97 H3
Trysilev 58/59 C3
Tsaidambecken 78/79 K6
Tsaratanana 110/111 E3
Tsavo-Nationalpark 110/111 D2
Tschad; See 106/107 E4
Tschad; Staat 106/107 EF4, 104.3 AB1
Tschadbecken 102 E5
Tschagosinseln 140/141 Q7, 80.1 D4
Tschalkar 84 D3
Tschanysee 86/87 H4
Tschardschu 90/91 B3
Tscheboksary 84 C2
Tscheboksary, Stausee von 40/41 I3
Tschechische Republik 40/41 F4, 42/43.1 F4
Tschechow 54/55 R4
Tscheleken 84 D4
Tscheljabinsk 84 E2
Tscheljuskin-Observatorium 133.1 B23/22
Tschengtschou (Zhengzhou) 90/91 G3
Tschenstochau (Czestochowa) 54/55 I6
Tscheremchowo 86/87 K4
Tscherepowez 84 B2
Tscherkasi 54/55 P7
Tscherkessk 70/71 O3
Tschernihiw 54/55 O6
Tschernischewski 86/87 L3
Tscherniwzi (Czernowitz) 54/55 L7
Tschernogorsk 86/87 J4
Tscherskigebirge 86/87 NO3
Tschetschenien 81.2
Tschiatura 70/71 O4
Tschimkent 86/87 G5
Tschistopol 84 D2
Tschita 86/87 L4
Tschongdschin 90/91 H2
Tschornobyl 54/55 O6
Tschoschabucht 84 C1
Tschu 90/91 C2
Tschudowo 54/55 O2
Tschuktschen, Halbinsel 86/87 S3

Tschuktschensee 86/87 S2/3
Tschulym 86/87 I4
Tschumikan 86/87 N4
Tschuna 86/87 J4
Tschunking (Chongqing)
78/79 L6/7
Tschutowe 54/55 Q7
Tschuwaschien 81.2
Tsetserleg 90/91 F2
Tshikapa 110/111 C2
Tshuapa 110/111 C2
Tsinan (Jinan) 78/79 M6
Tsingtau (Qingdao) 90/91 H3
Tsitsihar (Qiqihar) 90/91 H2
Tsodilo Hill 110/111 C3
Tsuchiura 92 E3
Tsugarustraße 92 E2
Tsumeb 110/111 B3
Tsuruga 92 D3
Tsushimainseln 92 B4
Tsushimastraße 92 B4
Tuamotu-Archipel
138/139 Q7/8
Tuamoturücken 138/139 Q8
Tuapse 70/71 M3
Tubai-Inseln 138/139 PQ8
Tubarão 132 D2
Tübingen 34/35 E4
Tübingen, Regierungsbezirk
14 C4
Tucson 120/121 B3
Tucumán 132 B2
Tucuruí 130/131 F3
Tucuruí-Stausee 130/131 F3
Tuguegarao 96/97 E2
Tujmasy 84 D2
Tukangbesi-Inseln 96/97 E4
Tuktoyaktuk 118/119 F3
Tula 54/55 R4
Tuloma 58/59 G2
Tulsa 120/121 D3
Tulun 86/87 K4
Tumaco 130/131 C2
Tuman 90/91 H2
Tumbasee 110/111 B2
Tumbes 130/131 B3
Tumen 92 B2
Tumen Jiang 92 B1
Tunesien 40/41 EF5, 104.3 A1
Tungnaá 58/59 B2
Tunguska, Steinige 86/87 J3
Tunguska, Untere 86/87 J3
Tunis 40/41 EF5
Tunja 130/131 C2
Tupiza 130/131 D5
Tura; Fluss 84 E2
Tura; Stadt in Russland 86/87 K3
Turan, Tiefland von 76/77 GH5
Turcs- und Caicosinseln
116.2 B2
Turfansenke 76/77 JK5
Turgai; Fluss 86/87 G5
Turgai; Stadt in Kasachstan
84 E3
Turgaisenke 38/39 K3/4
Turgaitafelland 38/39 JK3
Turin (Torino) 56 B3
Turkanasee (Rudolfsee)
110/111 D1
Türkei 70/71 I-M6, 42/43.1 GH5
Turkestan 86/87 G5
Turkmenbaschi 84 D3
Turkmenistan 40/41 J4/5,
80.1 CD2
Turksinseln 120/121 G4
Turks- und Caicosinseln
120/121 FG4
Turku (Åbo) 58/59 E3
Turmberg 54/55 I4
Turnau 34/35 K2
Turpan 90/91 D2
Turuchansk 86/87 I3
Tuscaloosa 120/121 E3
Tuticorin 90/91 C6
Tuttlingen 34/35 D5
Tuvalu 142/143.1 LM4
Tuwa 81.2
Tuwaik, Djebel 89.1 C2
Tuxtla Gutiérrez 120/121 D5
Tuzsee 70/71 J6
Twente 34/35 B3
Twentekanal 24/25 B3
Twer 84 B2

Twin Falls 120/121 B2
Two Harbors 120/121 D2
Tynda 86/87 M4
Tyrnyaus 70/71 O4
Tyrrhenisches Meer 66/67 KL6

U

Uberaba 130/131 F4
Uberlândia 130/131 F4
Überlingen 34/35 E5
Ubon Ratchatani 96/97 C2
Ubundu 110/111 C2
Ucayali 130/131 C3
Uchta 84 D1
Uchte 24/25 G3
Uckermark 24/25 IJ2
Udaipur 90/91 C4
Uddevalla 58/59 C4
Udine 56 E2
Udmurtien 81.2
Uecker 24/25 I2
Ueckermünde 24/25 J2
Ueckermünder Heide 24/25 J2
Uele 106/107 F5
Uelzen 24/25 F3
Uetersen 24/25 E2
Ufa; Fluss 84 D2
Ufa; Stadt in Russland 84 D2
Uganda 110/111 D1, 104.3 B1
Ugra 54/55 Q4
Uige 110/111 B2
Uitenhage 110/111 C5
Ujjain 90/91 C4
Ujung Pandang (Makassar)
96/97 D4
Ukraine 40/41 GH4, 42/43.1 GH4
Ulaanbaatar (Ulan-Bator)
90/91 F2
Ulaangom 90/91 E2
Ulan-Bator (Ulaanbaatar)
90/91 F2
Ulan-Ude 86/87 K4
Ulcinj 70/71 C5
Uliastay 90/91 E2
Ulithi-Atoll 78/79 OP8/9
Ullunginsel 92 C3
Ulm 34/35 E4
Ulsan 92 B3
Ulubatsee 70/71 H5
Uludağ 70/71 H5/6
Uman 54/55 O7
Umanakfjord 118/119 N2
Umba 58/59 G2
Umbsee 58/59 GH2
Umeå 58/59 E3
Umeälv 58/59 D3
Umiat 118/119 D3
Umtata 110/111 C5
Una 70/71 B3
Unalaska 118/119 C4
Unayzah 89.1 C2
Undeloh 24/25 E2
Ungarische Tiefebene 38/39 FG4
Ungarn 70/71 B-D2, 42/43.1 FG4
Ungava Bay 118/119 M4
Ungava, Halbinsel 118/119 L3
Unimak 118/119 C4
Unst 62/63 G1
Unstrut 13 D3
Unteralterheim 34/35 E3
Unterer Kamastausee 84 D2
Untere Tunguska 86/87 J3
Unterfranken, Regierungsbezirk
14 CD3
Upernavik 118/119 N2
Upington 110/111 C4
Uppland 58/59 D3
Uppsala 58/59 D4
Ur; Fluss 34/35 B2
Ur; Ruinenstätte 89.1 C1
Urach, Bad 34/35 E4
Ural 84 D3
Uralgebirge 40/41 J2/3
Ural, Mittlerer 84 D2
Ural, Nördlicher 84 D1
Ural, Südlicher 84 D2
Uralsk 84 D2
Uranium City 118/119 I4
Urengoi 86/87 H3

Urengoi, Nowy 86/87 H3
Urfa 70/71 M7
Urgantsch 84 E3
Urk 24/25 A3
Uruapan 120/121 C5
Urubupungástausee
130/131 E4/5
Uruguaiana 132 C2
Uruguay; Fluss 132 C3
Uruguay; Staat 132 C3, 128.1 B2
Urumieh (Rezayeh) 89.1 C1
Urumiehsee 40/41 I5
Ürümqi (Urumtschi) 90/91 D2
Urumtschi (Ürümqi) 90/91 D2
Urup 86/87 P5
USA (Vereinigte Staaten)
120/121 C2/E3, 116.2 AB1/2
Uşak 70/71 H6
Usbekistan 40/41 J4, 80.1 CD2
Usboi 84 D4
Uschhorod 54/55 K7
Usedom 24/25 I1/J2
Uslar 24/25 E4
Uspenski 86/87 H5
Ussa 84 D1
Ussuri (Wussuli Jiang) 86/87 N5
Ussuriisk 86/87 N5
Uster 34/35 D5
Ustica 66/67 L6
Ust-Ilimsk 86/87 K4
Ústí nad Labem (Aussig)
34/35 J2
Ust-Ischim 40/41 L2
Ust-Kamtschatsk 86/87 Q4
Ust-Kut 86/87 K4
Ust-Labinsk 70/71 M3
Ust-Nera 86/87 O3
Ust-Urt-Plateau 84 D3
Ust-Zilma 84 D1
Utrecht 62/63 J5
Utsjoki 58/59 F2
Utsunomiya 92 D3
Uummannarsuaq (Kap Farvel)
118/119 O4
Uusikaupunki 58/59 E3
Uvs Nuur 90/91 E1
Uweinat, Djebel 106/107 F3
Uyuni, Salar de 132 B2

V

Vaal 110/111 C4
Vaasa (Vasa) 58/59 E3
Vadodara 90/91 C4
Vadsø 58/59 F1
Vaduz 13 C5, 42/43.1 E4
Vaiaku 142/143.1 L4
Valdés, Halbinsel 132 B4
Valdez 118/119 E3
Valdivia 132 A3
Valdres 58/59 B3
Valence 56 A3
Valencia; Landschaft
66/67 E6/F5
Valencia; Stadt in Spanien
66/67 E6
Valencia; Stadt in Venezuela
130/131 D1
Valenciennes 62/63 I6
Valera 130/131 C2
Valladolid 66/67 C5
Valledupar 130/131 C1
Valletta 66/67 M8, 42/43.1 F5
Vallgrund 58/59 E3
Valparaíso 132 A3
Van 70/71 O6
Van Harinxma-Kanal 24/25 A2
Vanna 58/59 D1
Vansee 70/71 O6
Vanua Levu 100/101 H3
Vanuatu 100/101 GH2,
142/143.1 L4
Var 56 B4
Varanasi 90/91 D4
Varangerfjord 58/59 F1-G2
Varangerhalbinsel 58/59 G1
Varberg 58/59 C4

Vardar 70/71 E5
Vardø 58/59 G1
Varel 24/25 D2
Varese 56 C3
Varkaus 58/59 F3
Värmland 58/59 C4
Varna 70/71 G4
Värnamo 58/59 C4
Vasa (Vaasa) 58/59 E3
Västerås 58/59 D4
Västerbotten 58/59 DE3
Västerdalälv 58/59 C3
Västervik 58/59 D4
Vatikanstadt 66/67 L5,
42/43.1 F4
Vatnajökull 58/59 B2
Vatneyri 58/59 A1
Vättersee 58/59 C4
Växjö 58/59 C4
Vechta 24/25 D3
Vechte 24/25 B3
Veendam 24/25 B2
Vega 58/59 C2
Veitshöchheim 34/35 EF3
Vejle 58/59 B2
Velebit 66/67 M3
Veliko Tărnovo 70/71 F4
Vellore 90/91 C5
Velmerstot 24/25 DE4
Veluwe 24/25 A3
Venedig (Venezia) 56 E3
Venetien 56 DE3
Venezia (Venedig) 56 E3
Venezuela 130/131 D2, 128.1 A1
Venlo 24/25 B4
Venray 24/25 A4
Venta 58/59 E4
Ventspils (Windau) 58/59 E4
Veracruz 120/121 D5
Vercelli 56 B3
Vercors 56 A3
Verden 24/25 E3
Verdon 56 B4
Vereeniging 110/111 C4
Vereinigtes Königreich (Großbri-
tannien) 42/43.1 DE3
Vereinigte Staaten (USA)
120/121 C2/E3, 116.2 AB1/1
Vernadsky 133.2 C36
Verona 56 D3
Versailles 62/63 HI7
Verviers 34/35 A2
Verwoerd-Damm 110/111 C5
Veseli 34/35 J3
Vesoul 34/35 B5
Vesterålen 58/59 CD2
Vestfirðir 58/59 A1
Vestfjord 58/59 C2
Vestmannaeyjar 58/59 A2
Vesuv 66/67 M5
Vetschau 24/25 J4
Vianden 34/35 B3
Viangchan (Vientiane) 96/97 C2
Viborg 58/59 B4
Vicenza 56 D3
Victoria; Stadt in Kanada
118/119 G5
Victoria; Stadt in Mexiko
120/121 D4
Victoria; Stadt auf den Seschel-
len 110/111 F2, 104.3 B2
Victoria; Verwaltungseinheit
100/101 E4
Victoriafälle 110/111 C3
Victoria-Insel 118/119 H3/I2
Victorialand 133.2 B22/23
Victoriasee 110/111 D2
Victoriastraße 118/119 IJ3
Victoriawüste, Große
100/101 CD3
Viechtach 34/35 H3
Viedma 132 B4
Viedmasee 132 AB4
Vienne; Fluss 62/63 H8
Vienne; Stadt in Frankreich
56 A3
Vientiane (Viangchan) 96/97 C2,
80.1 E3
Viersen 24/25 B4
Vierwaldstätter See 56 C2
Vierzehnheiligen 34/35 G2
Vietnam 96/97 C2, 80.1 E3

Viet Tri 96/97 C1
Vigevano 56 C3
Vigo 66/67 A4
Vihanti 58/59 F3
Vijayavada 90/91 D5
Vijosë 70/71 CD5
Vik 58/59 B2
Vikna 58/59 C3
Vilhelmina 58/59 D3
Viljandi 58/59 F4
Villach 56 E2
Villa Dolores 132 B3
Villahermosa 120/121 D5
Villa Montes 130/131 D5
Villarrica 132 C2
Villavicencio 130/131 C2
Ville 24/25 B4/5
Villingen-Schwenningen
34/35 D4
Vilnius (Wilna) 40/41 G3,
42/43.1 G3
Vils 34/35 H4
Vilsbiburg 34/35 H4
Vilshofen 34/35 I4
Viña del Mar 132 A3
Vindelälv 58/59 D3
Vindhayagebirge 90/91 CD4
Vinh 96/97 C2
Vinhayagebirge 90/91 D5
Vishakhapatnam 90/91 D5
Viti Levu 138/139 NO8
Vitoria; Stadt in Spanien
66/67 D4
Vitória; Stadt in Brasilien
130/131 F5
Vitória da Conquista 130/131 F4
Vittel 34/35 A4
Vlašim 34/35 J3
Vloré 70/71 C5
Vlotho 24/25 D3
Vöcklabruck 34/35 I4
Vodňany 34/35 J3
Vodochody 34/35 J2
Vogelfluglinie 24/25 G1
Vogelkopfhalbinsel 96/97 F4
Vogelsberg 34/35 E2
Vogelspitze 106/107 E5
Vogesen 34/35 B5/C4
Vogtland 34/35 GH2
Vohburg 34/35 G4
Vöhringen 34/35 F4
Volkach 34/35 F3
Völklingen 34/35 B3
Volta, Schwarzer 106/107 C4/5
Voltastausee 106/107 C5
Volta, Weißer 106/107 C4
Vøringsfoss 58/59 B3
Vormsi 58/59 E4
Voroneț 70/71 FG2
Vorpommern 13 E1/F2
Vorskla 54/55 QR6
Vörtssee 58/59 F4
Võru 58/59 F4
Voss 58/59 B3
Votice 34/35 J3
Vryburg 110/111 C4
Vulkangraben 138/139 L5
Vulkaninseln 78/79 P7,
142/143.1 K3
Vung Tau 96/97 C2
Vuoksa 58/59 F3

W

Waag 54/55 H7
Waal 13 A3
Wabash 120/121 E2
Waco 120/121 D3
Wadi ath Tharthar 70/71 O8
Wadi Azaouak 106/107 D4
Wadi Dawasir 89.1 C2
Wadi Draa 106/107 C3
Wadi el Milk 106/107 FG4
Wadi Hadramaut 89.1 C3
Wadi Halfa 106/107 G3
Wadi Howar 106/107 F4

Wadi Igharghar 106/107 D3
Wadi Masila 89.1 CD3
Wadi Saoura 106/107 C3
Wadi Sirhan 106/107 G2
Wadi Tafassasset 106/107 D3
Wad Medani 106/107 G4
Waga 84 C1
Wagga-Wagga 100/101 E4
Wagrien 24/25 F1
Waiblingen 34/35 E4
Waidhofen 34/35 J5
Waigatsch 86/87 G2
Waigeo 96/97 F3
Wakayama 92 D4
Wake-Inseln 142/143.1 L3
Wakkanai 92 E1
Walaaminsel 58/59 G3
Walachei 70/71 E-G3/4
Wałbrzych (Waldenburg)
54/55 H6
Walchensee 34/35 G5
Waldaihöhe 54/55 O3/P2
Waldbröl 24/25 C5
Waldburg 34/35 E5
Waldeck 34/35 E1
Waldenburg (Wałbrzych)
54/55 H6
Waldkarpaten 54/55 K7/L8
Waldkirch 34/35 C4
Waldkirchen 34/35 I4
Waldkraiburg 34/35 H4
Waldnaab 34/35 H3
Waldsee, Bad 34/35 E5
Waldshut-Tiengen 34/35 D5
Waldviertel 56 F1
Wales 62/63 EF5
Walfischrücken 136/137 M8/9
Walgreenküste 133.2 B32
Walhalla 34/35 H3
Walla Walla 120/121 B2
Walldürn 34/35 E3
Walliser Alpen 56 B2/3
Wallis und Futuna 142/143.1 LM4
Walsall 62/63 G5
Walsrode 24/25 E3
Waltershausen 34/35 F2
Walvis Bay 103 E9
Wanadsor 70/71 P5
Wanawara 86/87 K3
Wangen 34/35 E5
Wangerooge 24/25 CD2
Wankie 110/111 C3
Wanxian 90/91 F3
Wanzleben 24/25 G3
Warangal 90/91 C5
Warburg 24/25 E4
Warburger Börde 13 C3
Warburton 100/101 D3
Waren 24/25 H2
Warendorf 24/25 C4
Warnemünde, Rostock- 24/25 H1
Warnow 24/25 H2
Warnsdorf 34/35 J2
Warren Landing 118/119 J4
Warschau (Warszawa) 54/55 J1,
42/43.1 G3
Warstein 24/25 D4
Warszawa (Warschau) 54/55 J1,
42/43.1 G3
Wartburg 34/35 F2
Warthe 14 F2
Warthebruch 24/25 JK3
Wasatchkette 120/121 B3/C2
Washington 120/121 F3,
116.2 B2
Waskaganish 118/119 L4
Wasserburg 34/35 H4
Wasserkuppe 34/35 E2
Waterford 62/63 D5
Waterloo 120/121 D2
Watson Lake 118/119 G3
Wattenmeer 13 C1/2
Wattens 34/35 G5
Wattwil 34/35 E5
Watzmann 34/35 H5
Wau 106/107 F5
Waza-Nationalpark 106/107 E4
Webi Shabeelle 106/107 H5
Weddellmeer 133.2 C1/B3
Wedel 24/25 E2
Wedemark 24/25 E3
Weert 34/35 A1
Wegscheid 34/35 I4

Veichsel (Wisła) 54/55 I5
Veiden 34/35 H3
Veifang 90/91 G3
Veikersheim 34/35 E3
Veilburg 34/35 D2
Veiler 34/35 C4
Veilheim 34/35 G5
Veimar 34/35 G2
Veingarten 34/35 E5
Veinheim 34/35 D3
Veinsberger Wald 34/35 JK4
Veinviertel 56 FG1
Veipa 100/101 E2
Veiße Elster 34/35 H1
Veiße Insel 86/87 H2
Veißenburg; Stadt in Bayern 34/35 F3
Veißenburg; Stadt in Frankreich 34/35 C3
Veißenfels 24/25 G4
Veißer Main 34/35 G2
Veißer Nil 106/107 G4
Veißer Volta 106/107 C4
Veißes Meer 40/41 HI2, 58/59 GH2
Veißmeer-Ostsee-Kanal 58/59 G3
Veißrussland 54/55 L-O5, 42/43.1 GH3
Veißwasser 24/25 J4
Veiz 56 F2
Velikaja 54/55 N3
Velikije Luki 54/55 O3
Veliki Ustjug 84 C1
Velkom 110/111 C4
Vellesley-Inseln 100/101 DE2
Vellington 100/101 H5, 142/143.1 L5
Vellingtoninsel 132 A4
Vels 34/35 IJ4
Velsk 84 C1
Veltenburg 34/35 GH4
Vendelstein 34/35 GH5
Vendland 24/25 G3
Venshan 90/91 F4
Venzhou 90/91 H4
Verchojansk 86/87 N3
Verchojansker Gebirge 86/87 M-O2/3
Verdau 34/35 H2
Verder 24/25 H3
Verl 24/25 C4
Vernigerode 24/25 F4
Verra 13 H3
Vertach 34/35 F5
Vertheim 34/35 E3
Vesel 24/25 B4
Vesel-Datteln-Kanal 24/25 BC4
Veser 24/25 DE3
Veserbergland 12 C2/3
Veser-Ems, Regierungsbezirk 14 BC2
Vesergebirge 13 C2
Vesselinseln 100/101 D2
Vesselowsker Stausee 70/71 NO2
Vestalpen 56 BC2/3
Vestanatolien 70/71 HI6
Vestaustralien 100/101 BC3
Vestaustralischer Rücken 136/137 S8/9
Vestaustralisches Becken 136/137 ST8
Vestaustralisches Tafelland 98.1 B4-D3
Vestaustralstrom 140/141 ST8/9
Vesterland 24/25 D1
Western Cape 110/111 BC5
Vesterstede 24/25 C2
Vesterwald 34/35 CD2
Vesteuropäisches Becken 136/137 K3
Vestfriesische Inseln 62/63 JK5, 24/25 AB2
Vestghats 90/91 C5
Vestindien 140/141 GH5
Vestkap, Neuseeland 100/101 G5
Vestlicher Euphrat (Firat) 70/71 M6

Westlicher Großer Erg 106/107 C3/D2
Westlicher Indischer Rücken 136/137 O9-Q8
Westlicher Taurus 70/71 H-J7
Westliche Sierra Madre 120/121 C4
Westoder 24/25 J2
West Palm Beach 120/121 E4
Westpatagonien 132 A4/5
Westport 100/101 H5
Westray 62/63 F2
Westrich 13 B4
Westrussischer Landrücken 38/39 GH3
Westsaharisches Becken 102 CD4/5
Westsajan 86/87 IJ4
West-Schelfeis 133.2 C15
Westsibirisches Tiefland 86/87 G-I3/4
Westspitzbergen 86/87 AB2
Westwindtrift 140/141 NO9/10
Wetar 96/97 E4
Wetluga; Fluss 84 C2
Wetluga; Stadt in Russland 84 C2
Wetterau 13 C3
Wetzlar 34/35 D2
Wewak 96/97 G4
Wexford 62/63 D5
Weyburn 118/119 I5
Weyhe 24/25 D3
Weymouth 62/63 F6
Whangarei 100/101 H4
Wheeling 120/121 E2
Whitehorse 118/119 F3
Whyalla 100/101 D4
Wiborg 58/59 F3
Wichita 120/121 D3
Wichita Falls 120/121 D3
Wick 62/63 F2
Wicklow Mountains 62/63 D5
Wiedau 24/25 D1
Wiedenbrück, Rheda- 24/25 D4
Wiehengebirge 24/25 D3
Wien 56 G1, 42/43.1 F4
Wiener Neustadt 56 G2
Wienerwald 56 FG1
Wienhausen 24/25 F3
Wiepersdorf 24/25 I4
Wieren 24/25 F3
Wies 34/35 F5
Wiesbaden 34/35 D2
Wiese 34/35 C5
Wiesenufer (Wolga) 84 C3
Wiesloch 34/35 D3
Wiesmoor 24/25 C2
Wight 62/63 G6
Wil 34/35 E5
Wilczek-Land 86/87 GH1
Wildau 24/25 I3
Wildbad 34/35 D4
Wildenburg 34/35 E3
Wildeshausen 24/25 D3
Wildungen, Bad 34/35 E1
Wilhelmshaven 24/25 D2
Wilhelmshöhe 34/35 E1
Wiljui 86/87 M3
Wilkesland 133.2 C20-17
Wilkizkistraße 86/87 JK2
Willingen 34/35 D1
Willisinseln 100/101 F2
Wilmington 120/121 F3
Wilna (Vilnius) 58/59 F5, 42/43.1 G3
Wilseder Berg 24/25 EF2
Wilsnack, Bad 24/25 G3
Wiltz 34/35 A3
Windau (Ventspils) 58/59 E4
Windberg 24/25 C3
Windhuk 110/111 B4, 104.3 A1
Windsheim, Bad 34/35 F3
Windsor; Schloss, Burg 62/63 G6
Windsor; Stadt in Kanada 118/119 K5
Winisk 118/119 K4
Winnipeg 118/119 J4/5
Winnipegosissee 118/119 I4
Winnipesee 118/119 J4

Winnizja 54/55 N7
Winschoten 24/25 C2
Winsen 24/25 F2
Winterberg; Stadt in Nordrhein-Westfalen 24/25 D4
Winterberg; Stadt in der Tschech. Rep. 34/35 I3
Winterküste 84 C1
Winterswijk 24/25 B4
Winterthur 34/35 D5
Wipper 24/25 F4
Wische 24/25 G3
Wisła (Weichsel) 54/55 I5
Wismar 24/25 G2
Witebsk 54/55 O4
Witim; Fluss 86/87 L4
Witim; Stadt in Russland 86/87 L4
Witimplateau 86/87 L4
Witjastiefe 76/77 P8
Wittenberg 24/25 H4
Wittenberge 24/25 G2/3
Wittenburg 24/25 G2
Wittenoom 100/101 B3
Wittensee 24/25 E1
Wittingau 34/35 J3
Wittingen 24/25 F3
Wittlich 34/35 B3
Wittmund 24/25 C2
Wittow 24/25 I1
Wittstock 24/25 H2
Witzenhausen 34/35 E1
Wjalsee 58/59 H2
Wjasma 54/55 Q4
Wjatka; Fluss 84 D2
Wjatka; Stadt in Russland 84 C2
Wladikawkas 70/71 P4
Wladimir 86/87 E4
Wladiwostok 86/87 N5
Wohlen 34/35 D5
Wojwodina 70/71 CD3, 72.3
Wolchow; Fluss 58/59 G4
Wolchow; Stadt in Russland 58/59 G4
Woleai-Atoll 96/97 G3
Wolfach 34/35 D4
Wolfen 24/25 H4
Wolfenbüttel 24/25 F3
Wolfgangsee 34/35 I5
Wolfratshausen 34/35 G5
Wolfsburg 24/25 F3
Wolga 84 C3
Wolga-Don-Kanal 70/71 OP1
Wolgaplatte 84 C2
Wolgast 24/25 I1
Wolgograd 70/71 P1
Wolgograder Stausee 84 C2
Wolkowysk 54/55 L5
Wollastonsee 118/119 I4
Wollin 24/25 J2
Wollongong 100/101 F4
Wolmirstedt 24/25 G3
Wologda 84 B2
Wolokolamsk 54/55 Q4
Wolos 70/71 E6
Wolschsk 84 C2
Wolschski 70/71 P1
Wolsk 84 C2
Wolverhampton 62/63 F5
Wolynien 54/55 LM6
Wolynisch-Podolische Platte 38/39 G3/4
Wonju 92 B3
Wonsan 92 B3
Woodlarkinsel 100/101 F1
Woomera 100/101 D4
Wörgl 34/35 H5
Wörishofen, Bad 34/35 F4
Workuta 84 E1
Wörlitz 24/25 H4
Worms 34/35 D3
Woronesch 84 B2
Woronja 58/59 H2
Worpswede 24/25 D2
Wörth 34/35 D3
Woschnesensk 54/55 O8
Wotau 34/35 I3
Wotkinsk 84 D2
Wotkinsker Stausee 84 D2
Wounded Knee 120/121 C2

Wrangelinsel 86/87 RS2
Wrangell 118/119 F4
Wriezen 24/25 J3
Wrocław (Breslau) 54/55 H6
Wuhai 90/91 F3
Wuhan 90/91 G3
Wuhu 90/91 G3
Wu Jiang 90/91 F4
Wümme 24/25 E2
Wunsiedel 34/35 GH2
Wunstorf 24/25 E3
Wuppertal 24/25 C4
Wursten 24/25 D2
Würzburg 34/35 E3
Wurzen 34/35 H1
Wussuli Jiang 90/91 I2
Wüste Badain Jaran 90/91 F2/3
Wüste Gurbantünggüt 90/91 D2
Wüste Lut 89.1 D1/2
Wüste Taklimakan 90/91 CD2/3
Wüste Tharr 90/91 BC4
Wustrow; Insel 24/25 G1
Wustrow; Stadt in Meckl.-Vorpommern 24/25 H1
Wutach 34/35 D5
Wuwei 90/91 F3
Wuxi 90/91 H3
Wuzhou 90/91 G4
Wygsee 58/59 G3
Wyk 24/25 D1
Wyndham 100/101 C2
Wyschni Wolotschek 54/55 Q3
Wytegra 84 B1
Wytschegda 84 C1

X

Xaafuun 106/107 I4
Xaintois 34/35 AB4
Xai-Xai 110/111 D4
Xanten 24/25 B4
Xiaguan 90/91 F4
Xiamen 90/91 G4
Xi'an (Hsian) 90/91 F3
Xiangfan 90/91 G3
Xianggang (Hongkong) 90/91 G4
Xiangtan 90/91 G4
Xianyang 90/91 F3
Xieng Khouang 96/97 C2
Xigatse 90/91 D4
Xi Jiang 90/91 G4
Xingtai 90/91 G3
Xingu 127 G5
Xingyang 90/91 G3
Xining 90/91 F3
Xinjiang 78/79 JK5
Xinxiang 90/91 G3
Xisha-Inseln 78/79 M8, 80.1 E3
Xuzhou 90/91 G3

Y

Yakeshi 90/91 H2
Yakushima 92 C4
Yakutat 118/119 F4
Yalova 70/71 H5
Yalu Jiang 92 B2
Yamagata 92 E3
Yamaguchi 92 C4
Yamoussoukro 106/107 C5, 104.3 A1
Yampi Sound 100/101 C2
Yamuna 90/91 D4
Yancheng 90/91 GH3
Yanbu al Bahr 89.1 B2
Yangon (Rangun) 96/97 B2
Yangquan 90/91 G3
Yangzhou 90/91 G3
Yanji 90/91 H2
Yantai 90/91 H3
Yaoundé (Jaunde) 106/107 E5
Yapen 96/97 F4
Yapgraben 76/77 O9
Yapinseln 96/97 F3
Yaqui 120/121 C4
Yaraka 100/101 E3
Yariga 92 D3
Yarkant He 90/91 C3

Yarlung Zangbo Jiang 90/91 E4
Yarmouth 118/119 M5
Yazd 105/107 I2
Ybbs; Fluss 34/35 J5
Ybbs; Stadt in Österreich 34/35 K4
Yell 62/63 G1
Yellowknife 118/119 H3
Yellowstone 120/121 C2
Yellowstone-Nationalpark 120/121 C2
Yeşilırmak 70/71 L5
Yibin 90/91 F4
Yichang 90/91 G3
Yichun 90/91 H2
Yinchuan 90/91 F3
Yingkou 90/91 H2
Yining (Gulja) 90/91 D2
Yin Shan 90/91 FG2
Yipinglang 90/91 F4
Yitulihe 90/91 H1
Yli-Kitka 58/59 F2
Ylitornio 58/59 E2
Ylivieska 58/59 E3
Yoetsu 92 D3
Yogyakarta 96/97 D4
Yokohama 92 D3
Yokosuka 92 D3
Yola 106/107 E5
Yonago 92 C4
Yonne 62/63 I8
York 62/63 G5
Yorkton 118/119 I4
Yosemite-Nationalpark 120/121 B3
Yos Sudarso 96/97 F4
You Jiang 90/91 F4
Yozgat 70/71 K6
Ystad 58/59 C4
Yucatan; Halbinsel 120/121 E4/5
Yueyang 90/91 G4
Yukon; Fluss 118/119 D3
Yukon; Verwaltungseinheit 118/119 F3
Yukonplateau 114 G-I3
Yulin 96/97 D1
Yulin; Stadt auf Hainan, China 90/91 F5
Yulin; Stadt in Guangdong, China 90/91 G4
Yuma 120/121 B3
Yumen 90/91 E3
Yungas 130/131 D4
Yunnan 78/79 KL7
Yunnanplateau 90/91 EF4

Z

Zabern 34/35 C4
Zabol 89.1 E1
Zacatecas 120/121 C4
Zadar 66/67 M3
Žagań (Sagan) 24/25 K4
Zagreb 66/67 MN3, 42/43.1 F4
Zagrosgebirge 89.1 C1-D2
Zahedan 89.1 E2
Zaire Demokratische Republik Kongo) 110/111 BC2, 104.3 AB2
Zakopane 54/55 IJ7
Zalaegerszeg 56 G2
Zamboanga 96/97 E3
Zamora 66/67 C5
Záncara 66/67 D6
Zanjan 89.1 B1
Zaozhuang 90/91 G3
Zaragoza 66/67 E5
Zaria 106/107 D4
Zarqa 89.1 B1
Żary (Sorau) 24/25 K4
Zasieki (Forst) 24/25 J4
Zauche 24/25 H3
Zchinwali 70/71 P4
Zehdenick 24/25 H2
Zehn-Grad-Straße 96/97 B3
Zeitz 24/25 H4
Zelenograd 40/41 H3
Zell 34/35 C2

Zella-Mehlis 34/35 F2
Zell am See 34/35 H5
Zellerfeld, Clausthal- 24/25 F4
Zenica 66/67 N3
Zentralafrika 106/107 EF5, 104.3 AB1
Zentralafrikanische Schwelle 102 F6-G8
Zentrales Tiefland 114 M6-N5
Zentralgebirge 96/97 G4
Zentralindischer Rücken 136/137 QR7-9
Zentralindisches Becken 136/137 R7/8
Zentralmassiv 62/63 I9
Zentralpazifisches Becken 138/139 NO6
Zerbst 24/25 H4
Zermatt 56 B2/3
Zeulenroda 34/35 G2
Zeven 24/25 E2
Zgorzelec (Görlitz) 24/25 K4
Zhangjiakou 90/91 G2
Zhangye 90/91 F3
Zhangzhou 90/91 G4
Zhanjiang 90/91 G4
Zhengzhou (Tschengtschou) 90/91 G3
Zhongshan 133.2 C14
Zhuzhou 90/91 G4
Zibo 90/91 G3
Ziegenort 24/25 J2
Zielenzig 24/25 K3
Zielona Góra (Grünberg) 24/25 K4
Zigong 96/97 C1
Ziguinchor 106/107 B4
Žilina 54/55 I7
Ziller 34/35 G5
Zimljansk 70/71 O2
Zimljansker Stausee 70/71 O1
Zinder 106/107 D4
Zingst; Halbinsel 24/25 H1
Zingst; Stadt in Meckl.-Vorpommern 24/25 H1
Zinna 24/25 HI3
Zinnowitz 24/25 I1
Zinnwald-Georgenfeld 34/35 I2
Zittau 34/35 J2
Zlín 54/55 H7
Znaim (Znojmo) 56 G1
Znojmo (Znaim) 56 G1
Zomba 110/111 D3
Zonguldak 70/71 I5
Zossen 24/25 I3
Zruč 34/35 K3
Zschopau; Fluss 34/35 I1/2
Zschopau; Stadt in Sachsen 34/35 I2
Zuckerhütl 12 D5
Zugspitze 34/35 G5
Zújar 66/67 C6
Züllichau 24/25 K3
Zülpicher Börde 13 B3
Zunyi 90/91 F4
Zürich 34/35 D5
Zürichsee 13 C5
Zutphen 24/25 B3
Zweibrücken 34/35 C3
Zweifalten 34/35 E4
Zwiesel 34/35 I3
Zwischenahn, Bad 24/25 D2
Zwolle 24/25 B3
Zypern; Insel 140/141 O4
Zypern; Staat 70/71 IJ8, 42/43.1 H5

178 Quellenverzeichnis

Organisationen

ADAC-Verlag, München
Aggerverband, Gummersbach
Amt für ländliche Räume, Husum
Arbeitsgemeinschaft deutscher Verkehrsflughäfen e.V., Stuttgart
Auswärtiges Amt, Sonderstab Jugoslawien, Berlin
Bergisch-Rheinischer Wasserberband, Haan
British Petroleum AG, Hamburg
Bundesamt für Bauwesen und Raumordnung (BBR), Bonn
Bundesamt für Naturschutz, Bonn
Bundesanstalt für Forst- und Holzwirtschaft, Hamburg
Bundesministerium für Bildung und Forschung, Bonn
Bundesministerium für Ernährung, Landwirtschaft und Forsten, Bonn
Bundesministerium für Umwelt, Naturschutz und Reaktorsicherheit, Bonn
Bundesministerium für Verkehr, Bau- und Wohnungswesen, Berlin
Bundesministerium für Wirtschaft und Technologie, Berlin
Bundesministerium für wirtschaftliche Zusammenarbeit und Entwicklung (BMZ), Bonn
Bundesstelle für Außenhandelsinformationen, Köln
Bundesverband Braunkohle, Köln
Center for Urban Studies, Tokyo
DaimlerChrysler, Werk Sindelfingen, Sindelfingen
Deutsche Bahn AG, Mainz
Deutsche Gesellschaft für die Vereinten Nationen e.V., Bonn
Deutsche Verbundgesellschaft e.V., Heidelberg
Deutscher Bäderverband, Bonn
Deutscher Braunkohlen-Industrie-Verein e.V., Köln
Deutscher Wetterdienst (DWD), Zentralstelle Offenbach
Deutsches Atomforum e.V., Bonn
DWD, Zentrale Medizinisch-Meteorologische Forschungsstelle, Freiburg
Emschergenossenschaft, Essen
Erft Verband, Bergheim
Esso AG, Hamburg
EUREGIO e.V., Aachen
Europäische Föderation der Natur- und Nationalparke
Eurostat, Luxemburg
Food and Agriculture Organization of the United Nations (FAO), Rom
Freie und Hansestadt Hamburg, Amt für Strom- und Hafenbau, Hamburg
Gesamtverband des deutschen Steinkohlebergbaus, Essen
Glaziologische Kommission der Schweiz, Zürich
Hafen Hamburg, Abteilung Marktforschung, Hamburg
Hafen Hamburg, Verkaufsförderung und Werbung, Hamburg
Hansestadt Rostock, Amt für Stadtmarketing, Rostock
Idg informatie-en-Dokumentatiecentrum voor de Geografie van Nederland, Utrecht
Industrie- und Handelskammer, Frankfurt
Industrie- und Handelskammer, München
Informationszentrale der Elektrizitätswirtschaft e.V., Frankfurt/M.
Institut für Seeverkehrswirtschaft und Logistik, Bremen
Institut für Solare Energieversorgungstechnik (ISET), Kassel
Institut für Wasser-, Boden-, und Lufthygiene des Bundesgesundheitsamtes, Berlin
Institut für Weltwirtschaft, Hamburg
Internationale Koordinierungskommission MHAL
Kommunalverband Großraum Hannover, Hannover
Kommunalverband Ruhrgebiet, Essen
Kraftfahrt-Bundesamt, Flensburg
Kurverwaltung, Borkum
Länderarbeitsgemeinschaft Wasser / Hess. Landesanstalt für Umwelt, Wiesbaden
Landesamt für den Nationalpark Wattenmeer Schleswig-Holstein, Tönning
Landesumweltamt Nordrhein-Westfalen, Essen
Landesvermessungsamt Nordrhein-Westfalen, Bonn
Landeszentrale für politische Bildung, Stuttgart
Linksniederrheinische Entw.-Genossenschaft, Kamp-Lintfort
Lippeverband, Essen
Münchner Rückversicherungsgesellschaft, München
National Geografisch Instituut, Brüssel
National Space Science Data Center, Greenbelt
National Weather Service, Kansan City
Northern Region Councils Association (NRCA), Newcastle
Ordnungsamt, Borkum
Organisation for Economic Cooperation and Development (OECD), Paris
Ostasiatischer Verein e.V., Hamburg
Physikalisch-Technische Bundesanstalt (PTB), Braunschweig
Rheinbraun AG, Köln
Ruhrgas AG, Essen
Ruhrverband, Essen
RWE Energie AG, Essen
RWE-DEA, Aktiengesellschaft für Mineralöl und Chemie, Hamburg
Senatsverwaltung für Bauen, Wohnen und Verkehr, Abteilung Städtebau und Architektur, Berlin
Senatsverwaltung für Stadtentwicklung, Umweltschutz und Technologie, Berlin
Stadtmessungsamt, Frankfurt
Stadtplanungsamt, Frankfurt
Stadtplanungsamt, Stuttgart
Stadtwerke München GmbH, München
Statistische Ämter der Bundesländer
Statistisches Amt der Landeshauptstadt Stuttgart
Statistisches Bundesamt, Wiesbaden/Berlin
Umlandverband Frankfurt, Frankfurt
Umweltbundesamt, Berlin
US Bureau of Census, Washington D.C.
US Department of Commerce, Washington D.C.
US Geological Survey, National Earthquake Information Center, Denver
Verband der Automobilindustrie e.V., Frankfurt
Verband deutscher Freizeitunternehmen, Würzburg
Verband deutscher Zoodirektoren, Stuttgart
Vereinigte Energiewerke AG (VEAG), Berlin
Vereinigung deutscher Elektrizitätswerke, Frankfurt
Verlag Teiko-Shoin Co., Ltd., Tokyo
Wasserwirtschaftsamt Rosenheim, Rosenheim
Weltbank, Washington D.C.
World Conservation Monitoring Centre (WCMC), Cambridge
World Wide Fund for Nature (WWF), Frankfurt
World Meteorological Organization (WMO), Genf
Wupperverband, Wuppertal
Zentrum für Handelsförderung von Katalonien (COPCA), Stuttgart
Zweckverband Großraum Hannover

Literaturverzeichnis

Agrarbericht, Bonn
Atlas de Planificacion microregional de la Provincia Vallegrande, Santa Cruz-Bolivien
Atlas of Beijing, Beijing
Atlas zur Raumentwicklung, Bonn
Atominformation, Bonn
Bericht zur Strahlenexposition der Bundesregierung, Bonn/Berlin
Bevölkerungsgruppen und Minoritäten, Wiesbaden/Stuttgart
Börsen- und Wirtschaftshandbuch, Frankfurt
BP Statistical Review of World Energy, London
Bronger: Indien, Gotha
Buisiness Control Atlas, New York
Bundesanstalt für Geowissenschaften und Rohstoffe (BGR; 1994): Bodenübersichtskarte der Bundesrepublik Deutschland 1 : 1000000 (BÜK 1000), Hannover
Country and City Data Book, Washington D.C.
Das Buch vom Erdöl, Hamburg
Daten zur Natur, Bonn
Daten zur Umwelt, Bonn
Die Bewässerungsgebiete im Mittelmeerraum, Passau
Die Nationalparke Europas, München
Die schönsten Freizeit- und Erlebnisparks in Deutschland, Bad Soden
Die Umstrukturierung Nordost-Englands, Dortmund
Dritte Welt im Wandel, Stuttgart
Eurostat Jahrbuch Eisen und Stahl, Luxemburg
Eurostat Jahrbuch Energie, Luxemburg
Eurostat Jahrbuch Industrie, Luxemburg
Eurostat Regionen, Luxemburg
Eurostat Statistische Grundzahlen der Gemeinschaft, Luxemburg
FAO Production Yearbook, Rom
FAO Quarterly Bulletin of Statistics, Rom
FAO Trade Yearbook, Rom
FAO Yearbook of Fishery Statistics, Rom
FAO Yearbook of Forest Products, Rom
Fischer Almanach der Internationalen Organisationen, Frankfurt
Fischer Weltalmanach, Frankfurt
GAP Region and Master Plan Projekts, Ankara
Geografical Digest, Oxford
Hafenentwicklungsplan 1997, Hamburg
Hafenplan Hamburg, Hamburg
Handbuch ausgewählter Klimastationen der Erde, Trier
ILO Yearbook of Labour Statistics, Genf
International Petroleum Encyclopedia, New York
International Zoo Yearbook, Rom
IUCN United Nations List of Protected Areas, Cambridge
Jahrbuch für Bergbau, Öl und Gas, Elektrizität, Chemie, Essen
Kleine Geografie van Nederland
Kolars/Mitchel: The Euphrat River and the Southeast Anatolia Development Projekt, Edwardsville
Länderberichte des Statistischen Bundesamtes, Wiesbaden/Berlin
Laufende Raumbeobachtungen der Bundesforschungsanstalt für Landeskunde und Raumordnung, Bonn
Laufende Raumbeobachtungen der Bundesamt für Naturschutz, Bonn

Les Villes Nouvelles en France, Paris
Maurel: Cambio industrial y Desarrollo regional en España, Atlas de Catalunya, Barcelona
Metallstatistik, Frankfurt
OECD: Main Economic Indicators, Paris
Oeldorado, Hamburg
Pharus-Plan Berlin, Berlin
Raumordnungsbericht, Bonn
Schéma Directeur de l'ile-de-France, Paris
Schinz: Cities in China, Stuttgart
Statistisches Jahrbuch Deutscher Gemeinden, Köln
Statistisches Jahrbuch für das Ausland, Wiesbaden
Statistisches Jahrbuch für die Bundesrepublik Deutschland, Wiesbaden/Berlin
Straßenbaubericht, Bonn/Berlin
The Map of Singapore, Singapore
The Statesman's Yearbook, London/Berlin
UCPTE Jahresbericht, Wien
UN Demographic Yearbook, New York
UN Energy Statistics Yearbook, New York
UN Minerals Yearbook, Washington D.C.
UN Mouthely Bulletin of Statistics, New York
UN Statistical Yearbook, New York
UN World Urbanization Prospects, New York
UN Yearbook of International Trade Statistics, New York
UNCTAD: Handbook of international Trade and Development, Genf
UNESCO United Nations Educational, Scientific and Cultural, Paris
Urban Agglomerations, Washington
Urban Redevelopment Authority Singapore: Towards a tropic excellence, Singapore
Waldzustandsbericht des Bundes, Bonn
Weltbank Jahresbericht, Washington D.C.
Weltentwicklungsbericht, Washington D.C.
WMO Klima Atlas of Asia, Genf
WMO Klima Atlas of Europe, Genf
World Bank Atlas, Washington D.C.
World Facts and Figures, New York
World Resources, Washington D.C.
Zahlen der Mineralölwirtschaft, Hamburg

Bildnachweis

Bavaria / Martzig, München: 7 Staatsgrenze
Bavaria / Neuwirth, München: 7 Höhle
Bavaria / Wübbeking, München: 6 Strandkorb
Bildagentur Huber / Radelt, Garmisch-Partenkirchen: 11 Karw
Busslinger, Baar: 75 Salomon-In.
Deter, Spenge: 75 Wüste Namib
Deutsche Luftbild, Hamburg: 7 Straße
Deutsches Fernerkundungszentrum des DLR, Oberpfaffenhofe
Foto-Hauck-Werbestudios, Mannheim: 6 Stadt
Frank, Gelsenkirchen: 6 Bergbau
Gebhard, Neumarkt: 113 Monument Valley
Geospace, Jena: 4 Senkrecht-Luftbild
Geospace, Salzburg: 9 Foto der Vegetationsstufen
Grünberg, Lüdenscheid: 11 Ostfriesland
Gruner, Darmstadt: 75 Pamir
Gruner, Neu-Isenburg: 113 Grönland
Klammet, Ohlstadt: 7 Dorf
Lendl, Gotha: 4 Schräg-Luftbild, 4 Margarethenkirche, 4 Ratha
4 Schloss Friedenstein
Luftbild Brugger, Stuttgart: 7 Kloster
Luftbild Elsäßer, Stuttgart: 6 Industrie, 7 Wasserfall
Matziol, München: 37 Polignac/Auvergne
Mauritius / Albinger, Stuttgart: 7 Tunnel
Mauritius / Mehlig, Stuttgart: 7 Burg
Mauritius / Otto, Stuttgart: 7 Ruine
Müller, Dillingen: 6 Schleuse
Muuß, Altenholz: 6 Autobahn, 6 Kanal, 7 Staudamm
Pissarczyk, Dorsten: 11 Vogelsberg
Realfoto, Weil der Stadt: 6 Fährhafen
Schlotterbeck, Stuttgart: 37 Färöer-In.
Skaryd, Frankfurt/Main: 6 Flughafen
Spree, Berlin: 37 Geissler-Spitzen
Tony Stone, München: Umschlag
Valenta, Würzburg: 113 Cordillera Blanca
Wagner, Hünxe: 7 Eisenbahn
Zefa, Düsseldorf: 6 Denkmal